陈宪自选集

一位经济学者眼中的世界

自选集

陈宪——著

1

SELECTED
WORKS
OF CHEN XIAN

上海交通大学出版社
SHANGHAI JIAO TONG UNIVERSITY PRESS

内容提要

陈宪自选集分为两册,"以人为本"是自选集中文章收录的核心理念。本分册精选了陈宪教授于1998—2020年在《解放日报》《文汇报》《南风窗》等媒体上就公共议题发表的文章,内容包括服务经济、公共经济、区域经济、产业经济等主题。作为一位经济学者,作者在履行社会责任的同时,对大众进行经济学通识教育,这有利于让更多的人来关注社会公共服务的改善。本书的读者对象为对经济学和公共社会等话题感兴趣的读者。

图书在版编目(CIP)数据

一位经济学者眼中的世界 / 陈宪著. —上海:上海交通大学出版社,2021
(陈宪自选集)
ISBN 978-7-313-23967-9

Ⅰ.①一… Ⅱ.①陈… Ⅲ.①经济学—文集 Ⅳ.
①F0-53

中国版本图书馆CIP数据核字(2020)第207321号

一位经济学者眼中的世界
YI WEI JINGJIXUEZHE YANZHONG DE SHIJIE

著　　者:陈　宪

出版发行:上海交通大学出版社　　　　　地　　址:上海市番禺路951号

邮政编码:200030　　　　　　　　　　　电　　话:021-64071208

印　　制:上海盛通时代印刷有限公司　　经　　销:全国新华书店

开　　本:880mm×1230mm　1/32　　　印　　张:11.5

字　　数:243千字

版　　次:2021年1月第1版　　　　　　印　　次:2021年1月第1次印刷

书　　号:ISBN 978-7-313-23967-9

定　　价:78.00元

自 1983 年本科毕业后，我一直都在大学工作。大学有三项使命，首要的是培养人才；其次是创造知识，即做研究；最后是社会服务。大学里学科众多，不同学科的社会服务以不同形式展开。例如，在工科专业中，科研成果产业化是其主要的社会服务形式。又如，普及保健常识是医科专业重要的社会服务形式之一。我所在的经济学科，写时评政论是经济学者为社会服务的重要形式，也是经济学问题导向、经世济民的具体体现。

今天的中国，普通人已经有了较大的发声空间，我们能够自由思考、针砭时弊、建言献策。我们可以用文字来影响和改变社会，消除制度性弊端，摒弃由来已久的陋习，变革那些被权力保护起来的领域，需要积跬步以行千里的精神。所以，每当完成一篇时评或政论时，我都有一种莫名的快感，即便已经写了很多篇。

经济学研究始于观察。直觉比较好的经济学家能够从现象中发现有价值的问题，进而对它们进行实证研究，提出一个假说，即科学问题，再做出下一步的假设，即给出边界条件，然后通过选择模型、确定变量，并被可重复的经验（数据）所验证后，得出假说是否成立的结论。如果说这些是创造新知识的"阳春白雪"工作，那么，直接针对经济现象或其他社会现象，运用经济学原理和方法进行专业的分析和通俗的评说，就是直面大众、直面社会的"下里巴人"工作。其实，两者并无高下之分。

2008 年度诺贝尔经济学奖得主保罗·克鲁格曼，在国际贸易理论、经济地理学领域均取得了开创性的研究成果。同时，他也是《纽约时报》著名的专栏作家。他的专栏文章既深刻又风趣，鞭辟入里地解析经济社会现象和公共政策，对大众、对社会均产生了广泛的、建设性的影响。

20 世纪七八十年代，美国还有一位经济学家——加里·贝克尔，他在研究人类行为时，总是力图用经济学的方法和观点去揭示其中的经济动因，在分析影响人类行为的各种因素时，他始终把经济因素放在重要地位。在运用经济理论分析人类行为方面，贝克尔是一位成功的先行者。他是当代经济学家中最富有独创性思维的学者之一。他常常把观察到的明显不相关的现象与某些原理的作用相联系，从而开拓经济分析的新视野。为此，贝克尔获得了 1992 年度诺贝尔经济学奖。与此同时，他撰写了大量专栏文章，在《商业周刊》上每周发表一篇与上述研究和社会现实有关的时评，并且坚持了 19 年。

当然，经济学家关心公共话题，与他们用什么形式表达并没有特别的联系，只不过专栏文章是一种比较方便、常见的形式。美国经济学家、1976 年度诺贝尔经济学奖获得者米尔顿·弗里德曼于

1962 年出版的《资本主义与自由》，几乎包含了他关于如何改进公共政策的所有著名建议。1980 年，弗里德曼夫妇共同撰写的《自由选择》，则用更加具体、更加通俗的方式考察并分析了与这些建议有关的现实问题，如著名的教育券制度、社会保障体系私有化、单一所得税等。经济学家认为，商品和服务提供者之间的竞争，包括思想创造者和政治职位追求者之间的竞争，是为个体和家庭利益服务的最为有效的方式，对社会最贫困成员尤其如此。

当同事们和我谈起我在报刊上发表的那些文章时，我通常会告诉他们，写时评和随笔是我的业余爱好。人的业余爱好会在儿时的不经意间养成。我于 1960 年开始在上海交大子弟小学念书。从那时起，我就有了读报的习惯。我父亲在上海交大从事党务工作，每天下班都会带回几份报纸，如《人民日报》《解放日报》《文汇报》《参考消息》等。每天，我一做完功课，就到里屋和父亲一起读报，读到不懂的地方，就会问问父亲。记得那时最能说明哪位同学语文成绩好的表现是，老师经常在课堂上朗读他（她）的作文。我的一位语文老师曾对我母亲说，课堂上不能多读陈宪的作文了，他会骄傲。以前说一个人骄傲，是最常见的批评。无论如何，我比较喜欢写文章的习惯，得益于儿时养成的读报习惯，也得益于学校老师的熏陶。

1972 年末，我从插队的农村抽调到当地铁路派出所工作。当时，每个铁路局都办一份小报，发送到各基层单位。因为当时可以阅读的报刊极其有限，所以，每周一份的《铁道报》，成为铁路职工的精神食粮。我发现上面偶尔也发表一些学习体会或其他文章。

于是，我就开始投稿。然而，那时发表一篇这样的"豆腐干"文章实属不易，编辑会把作者叫到他（她）办公室，字斟句酌，一直改到他（她）认为的"滴水不漏"为止。尽管比较难，我还是在不长的时间里发表了好几篇文章，并被江西南昌铁路局公安处政治处的同志发现，因此调到处机关工作。

后来上大学后，我也给报刊投过稿，但几乎都石沉大海。我想，这里有我的水平问题，也有一些客观原因。变化是从20世纪80年代初开始的，但首先不是发生在主流报刊上，而是在一些非主流的报刊，它们开始刊登评论文章。1985年，我在中国人民大学读研后，我给《经济学周报》投过两三篇稿子，基本上都发表了。不过，那些文章并不是典型的评论，而是不伦不类的理论文章。坚冰的打破，往往就是这样开始的。

20世纪90年代初，我回到上海，经常在一些会议上接触到媒体圈的朋友。在他们的鼓励下，我陆续在《解放日报》《文汇报》等一些报刊上发表文章。开始时主要在理论版发，以后各报都专设了评论的栏目，就比较多地发表评论文章了，由此也反映出"评论"的地位在悄然变化。时下，我们可以清楚地看到，一份报纸的特色就是由它的评论和专版决定的，而新闻本身都是大同小异的。1998年4月，我的个人专栏"透视两难选择"在《解放日报》面世了。这个专栏历时近5年，共发了近30篇文章。专栏开篇文章的标题经时任理论版主编周智强先生改为"跷跷板上看天下——谈生活中的两难选择"，真是妙笔生花，生动之至。此后，当我把这些文章结集出版时，没有任何犹豫，就用"跷跷板上看天下"做了书名。那是我的第一本集子，以后又陆续出版了几本。

我发表的大部分时评政论，是与不同阶段从事的专业工作有关的。我是国内较早进入服务贸易领域的学者之一。在 20 世纪 90 年代中期，我出版了《国际服务贸易》的教科书，以后自然涉及服务产业和服务经济，做了中国服务经济发展的年度报告，承担了教育部第一个有关服务经济的重大项目。在我国服务经济与贸易起步发展的阶段，有许多启蒙以及与现实生活有关的话题，需要解读和评论，所以，我写了不少与此有关的文章。近些年来，与国家经济转型发展同步，我开始对创业创新、区域经济一体化等话题产生浓厚的兴趣。我在这些方面发表的演讲和文章，引起了政府高层和社会有关方面的关注。我在做博士论文时，研读了公共经济学和公共政策方面的一些文献，不难发现，运用其中的理论和工具，分析各种社会经济问题，是一件既有价值也十分有趣的事情。我乐此不疲，在这方面写了不少短文。

我有写时评、政论和随笔的习惯。我认为这是一个好习惯，既可以锻炼脑子，延缓衰老，又可以促使自己不停地学习，做到与时俱进。在有生之年，我将继续保持这个好习惯。

目录

Part 1
服务革命、服务化和现代产业发展　1

Part 2
公共利益至高无上   117

Part 3

大国经济中的都市圈　201

Part 4
跷跷板上看天下　255

Part 5
经济战"疫" 315

Part 1

服务革命、服务化和现代产业发展

我们需要做实做强的企业

进入 21 世纪以后，尤其是近段时期以来，耳边不断传来一些"巨无霸"企业陷入困境的消息，这些企业裁员甚至破产的新闻时有报道，是什么原因使得这些庞大的企业在一夜之间土崩瓦解呢？人们在寻找答案。

事实上，这些企业在其或长或短的发展过程中，大都蕴藏着一连串不同程度的困难与危机，只是在宏观经济形势好的时候，这些微观经济问题大都被掩盖了。不要说外部人无从知晓，就连公司内部的管理层也很少有人会真正地予以重视。然而，一旦宏观经济出现问题，泡沫破灭，危机发生，"问题企业"就不断冒出来了。前些年，日本、韩国不乏此例。近几个月来，当美国经济陷入衰退时，同样产生了诸如此类的问题。最近，美国申请破产的大公司接踵而至：安然、凯马特、德士古、环球和美国金融公司等。这些公司都是所在行业的巨头，它们的"轰然倒塌"（尽管有重组再生的可能性），会给社会经济生活投下了一道阴影，给人们留下些许不安。这些事实一再告诉我们，在"做实"的基础上"做强"，是企业生存、发展须臾不可忘记的要义。

一、"做实"，是企业生存的基础，是企业安全的保障

企业是否做实，至少可以从三个方面得以确认。

首先，财务状况是不变的晴雨表。企业的实际财务状况如何，是企业内在素质的直接反映。企业财务状况可由若干主要的财务指标反映。资产负债率不能过高，而且必须与企业的盈利水平保持某种联系。事实表明，企业的高负债率经常成为企业财务危机的导火索。充足的现金流量是企业财务状况良好的重要标志，也是企业应付各种问题的重要基础。各种利润率如资产利润率、销售利润率，从不同角度反映企业的经营业绩，达到行业或社会的平均水平是起码的要求。当然，企业财务状况必须由真实的财务报表反映出来，否则一切都将无从谈起。

其次，占有市场是永恒的主题。诺贝尔经济学奖得主科斯教授说，企业是市场的替代物。也就是说，企业总是要将本来市场的活动纳入企业内部。同时，企业又要不断地占有市场。唯有如此，企业才能收回投资，获取利润。为什么前几年轰轰烈烈的网络公司纷纷关门，就是因为它们没有市场，没有市场就没有利润，就会使投资沉没。因此，占有市场是企业存在的基础。

最后，好的制度是牢固的基石。俗话说：没有规矩，不成方圆。企业的顺利运作要靠一整套好的制度来保证。企业制度由产权制度和管理制度组成。前者界定投资人和经理人的权力边界，确认他们各自

的责任和利益，为企业的运作设定一个框架；后者则是具体的各个营运层面的制度。所谓好的制度，一是指制度必须是完善的，能够用来规范企业人的各种行为，且有可操作性；二是指制度必须具有导向性，能够起到激励和惩戒作用。在企业经营管理过程中，要通过制度化的约束引导员工弃恶扬善，按照制度规范来约束自己的行为。

二、"做强"，是企业发展的关键，是企业竞争力的支撑

"做实"的企业抗外部干扰的能力比较强，自主发展的能力也比较强。然而，一个企业仅仅做实是不够的，因为企业不仅要生存，更要能够得到发展，得到一种促使自身持续增长的动力。这就要求企业不断"做强"，在"做实"的基础上做强，这样企业的发展就有了更大的空间。例如，向外扩张，尤其是向海外扩张，成为真正意义上的国际化企业；又如，"做实"的企业要考虑持续发展的问题，在开发、拥有关键技术这一类问题上多下功夫。"做强"的企业，应当是国际化的、拥有持续发展能力的企业。

怎样才能使企业真正做强？这是很多人都十分关心的话题。笔者认为，从创新能力和文化培育入手，形成企业的核心竞争力，是问题的关键。

（1）创新能力是企业持续发展的源泉。一个企业要不断地向前发展，就必须拥有创新精神和创新能力，抱残守缺的企业终究要被市场淘汰。企业的创新力既包括产品创新能力、技术创新能力，也包括营销创新能力和管理创新能力等。创新是企业进步的动力，一

个具有创新能力的企业，往往能够把握企业发展的方向，能够敏锐地发现并抓住市场机会。

（2）文化培育是企业持续发展的保证。在企业发展的过程中，创新能力和文化培育是相辅相成的。有生命力的企业，往往在不断增强竞争力、扩大市场份额的同时，逐步形成有自己个性和特色的企业文化。企业文化是企业及其全体员工在长期的经营活动中逐步形成的价值观念、经营理念和行为规范。优秀的企业文化能够规范企业员工的行为，将精神、制度和物质三个要素整合起来，在企业内部形成一种强大的合力，以促进企业长期的发展。优秀的企业文化还能够形成巨大的凝聚力，以及由此产生能够创造物质财富的精神力量。在企业的各种资源中，人力资源是其中最重要也是最宝贵的一种资源。如何提升企业人力资源的价值，构建起外部人与内部人、管理者与管理者、管理者与员工，以及员工与员工之间亲密合作、和谐共处的良好关系，对于一个企业而言是至关重要的。关心人、爱护人、帮助人是增强企业凝聚力的一个方面，而建立起人尽其才、赏罚分明，充分发挥企业每一个成员的积极性和创造力，使企业的发展同每一个员工的个人成功密切相连的机制，显得更加重要。如果企业的所有成员都能够做到奋发有为、团结协作，那么，这样的企业是安全的、稳定的、有生命力的。

三、核心竞争力是企业持续发展的"重中之重"

企业核心竞争力由企业多方面的能力——生产经营能力、技术开发能力、形象策划能力和资源整合能力等组成，是企业综合竞争力的集中表现。培育核心竞争力，对于企业的领导者来说，不仅需要重视、需要付出，还需要耐心。任何短期行为都无助于企业核心竞争力的提高；培育核心竞争力，每个企业要根据自身的情况，夯实基础，把握重点，什么都想做，结果也许是什么都做不好；培育核心竞争力，最为关键的，是培育人的能力，即企业人力资本的提升。具体地说，就是企业拥有实力强大的技术开发队伍、市场营销队伍和管理者队伍。面对新的经济形态，这一点显得尤为重要。

就目前我国企业的实际情况来看，大多数企业首先必须"做实"，提高自身抵御市场波动的能力。在此基础上，逐步"做强"，增强自己的发展能力，以利于企业长期稳定地发展。

坦率地说，中国的"问题企业"不会比美国、日本、韩国少。为什么申请破产的大企业比较少，一定程度上可以用宏观经济状况来做解释。当然，这一说法的解释力是相当有限的。众所周知，目前中国的大企业尚未完全进入优胜劣汰的市场机制，它们即使达到了申请破产的条件，也会因为种种原因，没有申请破产。长此以往，微观经济活力和发展会受到很大的影响。因此，企业要在市场经济的竞争中存活、发展，必须"做实""做强"，但也可能被淘汰出局，这并不是什么坏事。我们希望企业在"做实""做强"的时候，也希望那些已经无法存活的企业，要么破产，要么重组。

（原载于《上海商业》，2002 年第 6 期）

服务业演进的历史与逻辑

　　近年来，在产业发展的话题中，关于服务业的讨论日渐增多，尤其在上海，"大力发展现代服务业"已经引起各方面的高度关注。然而，中国服务业发展水平偏低。近几年，中国服务业增加值占GDP的比重一直徘徊在33%左右，不仅远低于世界平均64%的水平，而且也低于低收入国家平均45%的水平。上海作为中国最大的经济中心城市，2003年，其服务业增加值占GDP的比重也仅为48.4%。这是什么原因？ 10多年前，自上海市委、市政府提出"三、二、一"产业发展战略构想以来，关于二、三产业发展次序的争论一直在持续，制造业和服务业究竟是什么关系？现在，政府文件、统计年鉴和学术论文基本在使用"农业、制造业和服务业"的提法，三次产业的划分和农业、制造业、服务业是等价的吗？如果不是，那么区别在哪里？长期以来，我们对服务业（或"三产"）的理解比较片面，常常把它和"灯红酒绿"联系在一起，认为它仅指餐饮、百货、旅游和娱乐。近年来提出的现代服务业，其内容究竟指什么？这些问题都需要从理论与实际结合的层面给出答案。今天我想从产业演进的历史与逻辑入手，谈一谈与服务业发展有关的几个问题。

一、三次产业的划分与农业、制造业和服务业

三次产业划分的思想是由英国经济学家费歇尔于 20 世纪 30 年代首先提出的。他当时是新西兰奥塔哥大学教授，在其所著的《安全与进步的冲突》一书中，他把第一产业、第二产业以外的所有经济活动统称为第三产业。按照三次产业发展的历史，第一产业是指通过人类劳动直接从自然界取得产品的部门，因此，农业和采掘业属于第一产业。第二产业是指对第一产业和本产业提供的产品（原料）进行加工的部门，工业和建筑业属于第二产业。第三产业是指对消费者提供最终服务和对生产者（包括三个产业的生产者）提供中间服务的部门。可见，这是一个历史的进程。人类最早的生产活动，就是狩猎、采集、捕捞等，直接从自然界取得食物；然后，进入了以种植、养殖为主要生产活动的农业社会。在第一次工业革命以前，工业和建筑业的加工（劳动）对象主要来自第一产业，而后，来自本产业的加工对象大大增加。第三产业也是一样，早期的发展主要是为消费者提供服务的部门，近几十年来，为生产者服务的部门得到了迅速发展。

这一产业演进的历史与逻辑是一致的。三次产业划分的逻辑起点，是经济体系的供给分类。这里的逻辑过程是，高阶（上游）产业的发展单向地依赖于低阶（下游）产业，在各产业内部是如此，

在三次产业间更是如此，即第二产业的发展依赖于第一产业提供的原料，第三产业的发展又依赖于第二产业和第一产业的产品供应。也就是说，从低阶到高阶的逻辑过程与产业发展的历史演进是一致的。然而，逻辑分类毕竟是理论上的，现实中的产业分类是一个应用性、操作性的问题。例如，采掘业的产品主要是工业的原料，其生产性质也与工业接近，因此，采掘业在统计时被归入工业，亦称为制造业。这样，所谓第一产业就剩下农业了。可见，农业、制造业和服务业的划分是以是否生产或提供各种类型的农产品、制成品和服务为标准的。

那么，第三产业和服务业这两个概念在划分上有什么不同呢？首先，第三产业的界定采用的是剩余法，即把第一产业、第二产业以外的所有经济活动统称为第三产业，而服务业的范围是以生产或提供服务来确定的。其次，如上所述，按三次产业划分的第三产业是供给分类，它与第一产业、第二产业间是单向依赖关系；服务业同农业、制造业的划分，是以经济体系的需求分类为基础的，它同农业、制造业之间是相互依赖关系。最后，第三产业的经济结构含义主要是相对于国内经济的，服务业的经济结构含义则是面向国内和国际两个市场的。我们知道，服务业中有服务的进口和出口，即从事服务贸易的部门。

二、服务与服务业的分类

这里，不可能介绍所有的服务分类，只能介绍一个比较重要的分类——核心服务和追加服务。这两者的区别，在于是否向消费者（包括生活和生产消费者）提供直接的、独立的服务效用。核心服务是市场需求与市场供给的直接对象，其核心价值就是服务。比如，购买旅行社的旅游产品，其核心价值就是旅游服务，支付的货币主要在买酒店服务、运输服务、景点和导游服务等。当然，其中也附着少量的货物价值，如餐饮中消耗的食品。追加服务是市场需求与市场供给的间接对象，是作为商品效用的派生效用，是附加于商品核心价值上的价值。例如，消费者购买家电，他既为核心价值的商品效用付费，也为售后服务的附加价值付费。

一个经济体系包括商品和服务两个部分，这两个部分都有产业分类的问题。1975 年，两位美国经济学家布朗宁（Browning）和辛格曼（Singelmann）根据联合国标准产业分类（SIC）的规则，对商品产业和服务产业进行分类。他们认为，一个省略公共服务（因为它是非营利的）的经济体系所提供的服务共有三类：其一，消费者服务，即消费者在市场上购买的，满足其最终需求的服务。其二，生产者服务，即生产者在市场上购买的，被企业用作生产商品与其他服务的中间服务，典型的生产者服务又被称为企业服务。生产者服务是围绕企业生产进行的，其特征是被企业用作商品和其他服务生产的投入。在服务业中，生产者服务被认为最具经济增长动力的性质。其三，分配服务，即消费者和生产者为获得商品和供应商品而购买的服务。分配服务是一种连带性或追加性的服务。这类服务的提供和需求都是由对商品的直接需求派生出来的。

如果将分配服务的"获得商品"部分划入消费者服务，将"供应商品"部分划入生产者服务，服务业则可合理地简化为消费者服务和生产者服务两个部门。这一分类的重要意义，就是给出了关于服务业、服务经济的分析框架。

三、服务业的增长

在人类历史上，服务活动早已有之。然而，服务业作为一个完整概念被提出并被系统研究，以及服务业作为一个产业在整体上的迅速发展，则是在 19 世纪末 20 世纪初才发生的。伴随着技术进步、收入水平的提高、消费习惯的改变，以及生产规模和流通规模等因素的变动，各发达国家的经济结构在 20 世纪发生了很大的变化。其突出特点是，服务业在经济结构中的地位迅速上升，主要表现在服务业产值和就业人数不断增加。在 20 世纪 30 年代，经济学家们开始关注和研究这一现象。"配第-克拉克定理"是这一时期经济发展同产业结构变动关系的经典理论，它揭示了一个国家内从事三个产业的劳动力比重会随着国民经济的发展、人均国民收入的提高而变动，农业劳动力急剧下降，从事制造业的劳动力比重与经济增长同步，而服务业的劳动力比例则不断增长。到 20 世纪 70 年代，服务业更是以前所未有的规模和速度迅速发展。

对服务业增长起决定作用并能做出一般解释的是"社会分工"因素。社会分工促进服务业的增长主要表现在两个方面：其一，促进了消费者服务业的发展。譬如，在现代社会中，家政服务的快速发展，其实质是市场服务取代了家庭服务，即由家庭自我提供服务发展成为向市场购买家庭服务；其二，促进了生产者服务业（现代服务业的主体）的发展。20 世纪 70 年代以后，生产者服务业的迅速发展则是原先作为企业内部的研发、设计、会计、营销、咨询等服务职能部门分离出来，成为独立市场主体的结果。服务业这种由"内在化"向"外在化"的演进趋势，是专业化分工逐步细化、市场化水平不断提高的必然结果。这一演进趋势得以实现并延续下去的内在机制，在于分工产生的收益大于因分工产生的交易费用。在激烈的市场竞争条件下，各制造业公司则更加专注于自身核心竞争力的培育，而把许多与产品有关的服务活动外包给相应的专业化公司。

在三次产业出现结构性变化的同时，服务业内部结构也在不断地发生着变化。具体表现为，服务业从传统的以劳动密集型为主转向以资本密集型为主，并正在进一步向技术、知识密集型为主的服务业转变。20 世纪 70 年代以来，生产者服务业作为服务业中最具活力的部门，其发展速度已超过了制造业；而在制造业增加值和就业比重不断下降的同时，生产者服务业部门增加值和就业比重呈现逐年上升趋势。经济越发达，这一现象越是明显。在许多国家特别是发达国家，目前生产者服务业增加值在服务业增加值中的比重已达 40% 左右。如果其服务业增加值在 GDP 中的比重为 70%，那么，生产者服务业的增加值占 GDP 的比重就接近 30%。这些现象引起了经济学家的广泛关注，并开始重新思考服务业在国民经济中的地位，以及服务业与制造业的关系问题。

与此同时，专家们认为，服务业增长的原因还来自以下因素，如人均国民收入水平、城市化水平、妇女参工率、政府规制、技术进步水平、人口密度、服务业劳动生产率增长相对滞后和服务外包的兴起等。

四、制造业与服务业的关系及其整合

这里，通过三个角度来分析制造业与服务业的关系。

第一，分别从制造业和服务业的角度看。① 制造业是服务业发展的前提和基础，服务业则是制造业的补充。许多服务业部门的发展必须依靠制造业的发展，因为制造业是服务业产出的重要需求部门，没有制造业，社会就几乎没有对这些服务的需求。② 服务业尤其是生产者服务业是制造业劳动生产率得以提高的前提和基础，没有发达的生产者服务业，就不可能形成具有较强竞争力的制造业部门。服务业部门的扩张有两条途径可以使制造业部门受益：引起进一步的专业化分工，有助于提高劳动生产率；降低了投入到制造业部门的中间服务的成本，将有效地提高产品的竞争力。

第二，从制造业和服务业互补互动的角度看。经济学家认为，制造业与服务业二者已表现为相互作用、相互依赖、共同发展的关系。随着经济规模特别是制造业部门的扩大，对服务业的需求会迅速增加；服务业部门的增长依靠制造业部门中间投入的增加。在现实的经济发展过程中，由于生产者服务业的异军突起，制造业和服务业之间彼此依赖的程度日益加深。生产者服务作为产品生产或其他服务的市场化中间投入，具有高人力资本、高技术和高附加值的特征，极大地提高了产业整体的劳动生产率和增长效率。

第三，从产业融合的角度看。一些经济学家指出，随着信息通信技术的发展和广泛应用，传统意义上的制造业与服务业的边界越来越模糊，两者间表现为你中有我、我中有你的融合趋势。这一现象在高科技产品中最为明显。在高科技产品中，服务价值的比重往往超过实物价值的比重。譬如，机械、电子设备制造企业事实上不再是简单的销售产品，而是在销售产品的同时，提供与该产品配套的包括电子控制、信息系统、软件包、操作程序以及维护服务在内的一个完整的服务系统，也称为"产品—服务包"。因此，许多制造业企业同时也是服务业企业。与此同时，信息技术改变了许多服务难以储存、生产和消费同时进行以及生产者与消费者需要实体接触等特征，使大量的服务物化，具有与产品同样的特征，从形态上已很难说它们属于产品还是服务，如录像带、软件光盘和电子书籍等。

基于制造业和服务业的这些密切关系，以及生产者服务业的重要性，显然，未来产业发展的战略思想和行动方案，都必须体现"整合"这一来自现实的要求。现在的关键是如何实现整合，以获得整合基础上的产业发展空间和最大化效率。我们认为，推动服务外包的发展，提高公共服务的水平，加强信息技术的应用，是现阶段实现制造业与服务业整合的主要途径。

五、我国服务业发展滞后的原因

现在我们来回答我国服务业发展滞后的原因。

首先，消费者服务业滞后的原因。一是我国消费率长期偏低

（约低于国际水平 15 个百分点），城乡居民收入和消费的增长长期低于 GDP 和投资的增长。这就表明，消费整体滞后，服务消费滞后当然不能幸免。二是城市化滞后导致消费者服务业滞后。到目前为止，我国的城市化水平还不到 40%。在农村人口占大多数的情况下，消费者服务业发展滞后是不难理解的。

其次，生产者服务业滞后的原因。这主要与市场化、产业化和专业化水平低有关。与商品市场相比，服务市场发育滞后。由于要素市场的发育在总体上滞后于商品市场，因此，属于要素市场的生产者服务市场滞后的程度大于消费者服务市场。这个滞后，一方面是由服务业行业垄断和市场准入，即服务业产业化水平低造成的；另一方面是由我国经济专业化水平低，具体表现就是服务外包水平低造成的。前者的典型行业是通讯业、金融业；后者的问题就是我们长期讲的"大而全""小而全"。在这些方面存在着深刻的体制问题。

消费者服务业滞后主要是需求的滞后。经济学告诉我们，消费是收入的函数，即收入增长决定消费增长，因此，收入增长不理想、低收入人群占比大，必然影响服务的最终需求。服务供给的滞后也显而易见地存在着。这既有来自政府体制和政策的管制，也有厂商自身不善于把握市场、细分市场等方面的因素。由此就会使许多现实需求无法实现，许多潜在需求无法转化为现实需求。

最近还有一些研究表明，诚信体系的缺失，对服务外包的发展有着不可低估的抑制作用。事实上，这与我们的经验是一致的。而且，事实还表明，不同所有制经济对诚信体系有着不同的敏感程度，民营经济和外资经济对诚信体系的敏感程度高于国有经济。可见，如果诚信体系的问题得不到改善，尽管民营经济和外资经济有更大的追求效率最大化的倾向，但仍然不可能达到较高的专业化水平。

最后，谈谈统计方面的原因。在各国以 GDP 为核心的核算体系中，三大产业分别所包括的部门是不尽一致的。如上所述，无论在世界贸易组织的服务部门分类中，还是在大部分国家的应用性统计分类中，建筑业都被列入服务业；而在我国，则将建筑业列入制造业。又如公共事业部门（主要是电力、供水和煤气），在有些国家被纳入服务业统计，在另一些国家则被纳入制造业统计，我国属于后一种情形。因此，服务业滞后也可能是统计口径所致。这一原因造成的滞后是名义上的，只要做统计口径的调整，滞后就不存在了。另外，在各国，服务业统计的遗漏也是客观存在的现象。在我国，服务业统计遗漏是比较严重的。这也是统计所造成的服务业名义上的滞后。

六、从制造到服务：我们别无选择

人类社会在继农业经济、工业经济时代后，已经（指发达国家）或正在（指发展中国家）进入服务经济时代。就像当年工业革命成为农业社会向工业社会转型的标志一样，今天，以信息化为平台的服务业革命正悄然而至。从制造到服务，将体现在社会经济生活的各个方面。今天，人们可能较多的是从服务业增加值在 GDP

中的比例大幅度上升，来看从制造到服务的过程。然而，早在 20 世纪 60 年代，美国经济学家富克斯就意识到，服务经济的兴起，使传统的衡量生产力的方法变得过时了，"消费者的知识、经验、诚实和动机，影响着服务行业的生产力"。就像从农业到工业，并不是农业不复存在一样，而是农业的工厂化、工业化；从制造到服务，最典型的表现是上述产业的融合。从居民生活的角度看，消费支出中购买服务的比重替代恩格尔系数，应成为衡量生活质量的重要指标。

当今发达国家和发展中国家在经济增长方面的一个基本区别就在于，前者已基本进入以服务业带动的阶段，而后者则还停留于主要由工业带动的阶段。这一基本区别决定了一系列具体的区别。例如，由于推动增长的产业结构不同，进而形成了不同的增长方式；又如，在服务经济中，由于客户得到的价值远大于服务的成本，它的柔性定价机制产生了更大的消费者剩余和生产者剩余，这也就意味着更多地增进了社会福利。

当中国尚未完成工业化时，提出从制造到服务，好像有点不合时宜。其实不然。从制造到服务的提出，是基于时代背景的变化提出来的。这既是一个前提，又是一大趋势。首先，尽管我们的工业化没有最终完成，但是，现在提出以信息化带动工业化，就是要走出一条不同以往的工业化道路。这对中国这样一个人均资源水平较低的国家而言，有着特殊的意义。其次，在全球化格局中形成的新的产业分工，在制造业和服务业两大领域都有具体体现。中国作为一个发展中大国，不仅在制造业的分工中有着重要的地位，而且要在服务业的相关领域参与分工。最后，这还要求我们认清发展趋势，把握发展机遇，更加有效地进行资源整合、市场整合和产业整合，以谋求更大的发展空间和发展效率。

（原载于《解放日报》，2005 年 3 月 9 日；《新华文摘》2005 年第 9 期转载）

我在欧洲坐廉价航空

学院 MBA 中心在安排我 4 月去法国鲁昂开会时，我打算会后顺访欧洲的几家商学院。第一站是瑞典首都斯德哥尔摩，访问三家商学院；第二站是比利时的安特卫普，访问安特卫普大学管理学院。在订票时，他们发现，从斯德哥尔摩到布鲁塞尔的机票约合人民币 8 000 多元，这甚至比上海往返巴黎的机票都贵，本想作罢。这时，一位曾去斯德哥尔摩大学商学院交换的学生说，可以试试 "RYANAIR"（莱恩航空）。果不其然，这家在欧洲享有盛名的爱尔兰低成本航空从斯德哥尔摩到布鲁塞尔的机票才 39 欧元（据说该公司的机票是一价制，除了促销时更加优惠之外，都是 39 欧元），换算成人民币才 400 多元。当要买下这张价格相差近 20 倍的机票时，我的同行者潘聪还有些担心，担心"便宜没好货"。

那天的航班是下午 6:30。从斯德哥尔摩火车站到机场，乘大巴约需一个半小时。我们坐 3:30 的大巴去机场。路上有点塞车，到机场时已 5:15。我们赶忙拖着行李到候机厅换登机牌和托运行李。由于机票一概是电子票，所以换票都是自助的，机器里不仅出来登机牌，如需要，还同时输出行李标签。当时有两个托运行李柜台有人值乘，将行李和标签交给他们即可。整个过程不到 10 分钟就完成了。不过，安检排队较长，过安检大约用了 15 分钟。离登机还有一段时间，我们便去喝点饮料，坐下来静静观察一下这个候机楼。整个候机楼不大，但很紧凑，各项功能基本齐全，登机口有 5 个，座位也能满足需要。

按惯例，提前半小时登机。这个低成本航空公司的专用机场没有"廊桥"，验票后旅客直接进入停机坪，飞机就停在不远处，前后舱都开门迎客，笑容可掬的空姐在门口招呼着每一位乘客。座位是自由选择的，看到空位坐下即可，而且要尽量往前坐，后几排有"请勿入座"的提示。为了降低维修成本，低成本航空公司的飞机往往是统一机型的，我们那个航班的机型是波音 737800。飞机上不免费提供食品和酒水，但提供售卖服务，包括食品、日用品和纪念品。机上也不提供报纸服务，座位后没有放置杂志（莱恩航空的杂志是在起飞后由空姐发放的，到达前又一一收回）、耳机、安全须知（安全须知被贴在座位背后的上方，坐下后就一目了然）和清洁袋的网兜。机舱内没有电视和音响系统，因此，座位扶手边没有任何按钮。座位也不可以自动调节。显然，和机场一样，这是低成本航空公司为自己量身定制的飞机。

经过近两个小时的航行，我们抵达了布鲁塞尔的低成本航空公司专用机场。感觉这个机场就规模和布局而言，与斯德哥尔摩的那个机场极为相似。乘客们除了一部分有车来接或打车，抑或去开停车场上的自驾车（在这两个机场，我都看到停车场上至少停有数百辆车，看来选择自助接送的旅客为数不少）之外，大部分乘客都乘坐机场巴士。遗憾的是，在巴士候车点，乘客站着等了一个小时左右，才登上这趟开往布鲁塞尔火车站的大巴。不过，几十名乘客居然没有一个发出抱怨，再次领教了欧洲人的文明举止。

消费者购买航空服务时，关注的第一个因素总是安全。到目前为止，欧洲的低成本航空公司都有着良好的安全记录。排在安全之后的因素是正点、价格、机场服务和食品服务等。我在莱恩航空的杂志上看到2003—2005年欧洲各大航空公司正点率的排行榜，莱恩航空都位居榜首。机票价格是低成本航空公司的最大优势，而且是其他航空公司很难企及的优势。根据我对两个低成本航空公司专用机场的体验，它们机场服务也很不错，即使你颇有身价，在这样的机场乘坐飞机，也不会感到不体面。至于食品服务，事前已告知不提供，故也无可厚非。而且，无论那份食品有多高档，与节省下来的机票成本相比，实在是微不足道。不过，我注意到，低成本航空公司起降的机场往往离城市中心比较远，乘客有较高的时间成本。但如果低成本航空公司的正点率比较高，那就会部分降低这一成本。

乘坐了一次真正意义的廉价航空班机，对它有了一些认识。其一，低成本航空是一个系统，从机场到机场服务，从飞机到机上服务，都是低成本的。其二，用"实用"两字来归纳低成本航空的特征，是较为准确的。以实用为原则，减掉一切可以减掉的环节和设施，如廉价航空没有也不可能有固定售票处或机票代理，一律网上购票，以减少服务成本。这是低成本的"秘诀"。其三，低成本航空是民用航空体系中的后来者。对于传统航空来说，它是一个补充，更是一个强有力的挑战者和竞争者。专家预测，5 年后，美国、欧洲低成本航空的比重要占到 50%。持续地保持低成本，是其必须精心打造的核心竞争力。做到了这三点，才有了廉价的机票，才有了对廉价机票的巨大市场需求。

从这些认识引申开去，产生以下联想。

首先，低成本航空在中国大发展还要多久？中国幅员辽阔、人口众多，随着经济社会的进一步发展，城乡居民收入的进一步提高，人们出行的需求量将持续迅速增长。现在每年春运期间和黄金周的情形，就是最有力的证明。尽管铁路和公路是我国大众的主要出行方式，但是，对于长距离大跨度的流动来说，如长三角、珠三角和京津唐之间，会产生不断增长的航空运输需求。设想，一旦有廉价的供给来满足这一需求，其增长速度会是怎样？答案不言而喻。此外，还必须指出的是，在欧美国家，低成本航空大多存在于热线城市和地区之间，道理很简单，只有在热线上飞，低成本航空才能得以生存和发展。

其次，在低成本航空中看到了转变增长方式的希望。如上所述，低成本航空的秘诀是实用，机场是实用的，飞机是实用的，整个系统都是实用的。低成本航空公司的目标函数和其他公司一样，是利润最大化。因此，在廉价机票这一硬约束下，就必须根据实用原则，确定一系列节约资源和降低消耗的措施。唯有低成本，才能兼得利润最大化和廉价机票。这里，微观的节约资源和降低消耗促进了宏观的增长方式转变。现在，不仅我们的航空公司和其他许多服务性公司很难做到莱恩航空的低成本，而且，许多产品都是在高消耗条件下生产出来的，再加上过度包装和不必要的附加功能，导致资源严重浪费，还有强制消费之嫌。厂商的低成本，对于消费者来说，就有了节约的可能，一如廉价机票省了消费者的钱；对于国民经济来说，就有了资源节约和降低消耗的微观基础。

最后，低成本航空与构建和谐社会也有很大关系。这似乎有点把话扯远了，实则不然。和谐社会的物质基础是每个社会成员享用大致公平的公共物品，同时，在包括衣食住行在内的物质生活方面，每个社会成员都有基本的保障。也就是说，在和谐社会中，除富人之外的其他阶层也都有不同水平的体面生活。在现代社会，当贫富差距不可避免地存在的时候，我们要从物质生活层面保持社会的和谐，就必须以大众化、平民化为基调，形成一些尽可能与各阶层都有关的共同消费地带。廉价航空就是典型的以大众化、平民化为基调的共同消费地带。再举一例，在瑞典与芬兰间来往的游轮，极容易被国人理解为高档消费的项目。其实，该游轮的票价约合人民币 200 ～ 2 000 元不等，尽管舱位不同，但都享有相同的免费项目。这艘看似豪华的游轮成为不同阶层的共同消费空间。

简而言之，无论从推动民用航空事业发展，还是从促进增长方式转变，乃至加快和谐社会建设，政府都要积极引导和支持低成本航空在中国的发展。首先，进一步放松对民用航空的管制，鼓励类似春秋航空这样的民营航空公司率先成为真正意义上的低成本航空公司。其次，在长三角、珠三角和京津唐地区，率先布局低成本航空公司的专用机场，将低成本航空作为一个系统来加以考虑和实施。笔者认为，既然低成本航空是一个潮流，在中国有着极大的潜在需求，而且它的发展又会产生超出自身的经济价值和社会价值，那么，我们还有什么理由使它远离我们呢？

（原载于《经济学家茶座》，2006 年第 2 期）

市场与组织关系中的民间组织

中国在经历了 28 个年头的经济体制转型和市场经济发展后，与民间组织有关的诸多问题摆到了我们面前。现代社会是由以居民和厂商为主体的私人部门、以政府为主体的公共部门和以民间组织为主体的"第三部门"共同组成的。我们现在讲构建和谐社会，和谐社会的一个重要标志就是这三个部门间的平衡与协调，进而在效率与公平的方方面面发挥各自不可替代的作用。我今天从经济学有关原理和经济体制改革的角度，将民间组织置于市场与组织关系的框架中，集中讨论组织存在的理由与组织失灵的纠正，以及以行业协会和商会为代表的民间组织（本文中的"民间组织"大多指行业协会和商会）的建设问题。

一、市场与组织的一般关系

从经济学的基本命题——资源配置出发，我们无非能看到市场配置和组织（非市场）配置（经济学也称为数量配置）两种方式。

所有经济问题的协调，也是市场协调或组织协调。按照通常的理解，市场配置和协调的效率要高于组织配置和协调，因为后者被视为前者在某些领域效率过低或成本过高时的替代方式。当然，任何一种配置和协调方式的效率都是相对的。更进一步说，市场配置和协调的效率或成本的高低，取决于替代市场行为的组织配置和协调的有效性与质量。同时，市场配置和组织配置有着自身的效率领域，它们之间经常是互补和互动的。而且，公共组织配置的效率领域通常是具有社会价值的"基础设施"，诸如界定和保障产权、环境保护、社会保障、公共安全、宏观经济稳定等。我们不能也不会因为市场配置存在缺陷，而放弃市场配置；我们也不会因为组织配置存在缺陷，以及市场配置与组织配置的配合比较困难，而放弃组织配置以及两者的互补与互动。一个简单的结论是：市场不是万能的，需要发挥组织的作用。现实经济中的资源配置和问题协调，总是在市场和组织的互补中实现的，尽管各国互补的方式和程度各有不同；每种类型的组织（这里指企业、政府和民间组织）也都不是万能的，它们之间同样有着互补的问题；组织的不同功能和效率领域是组织存在并发生作用的重要决定因素。

以前我们习惯将计划作为市场的对应物，这不仅不科学，而且将随着计划经济体制的不复存在，最终使市场与计划这一沿用数十年的提法销声匿迹。当我们把市场作为"看不见的手"时，政府就是所谓"看得见的手"。市场与政府是一个比市场与计划好得多的提法。计划是一种手段，国民经济和社会发展计划（现在叫"规划"，英文都是 planning）是政府配置资源、协调经济的手段之一。

广义地理解计划，它同样是企业配置资源和内部协调的手段。政府是一种组织，企业也是一种组织，此外还有非政府组织。事实上，这三种组织在资源配置和经济活动协调方面，都承担着各自的职能，尽管有微观、宏观及行业、部门之分，但是，它们毕竟有着组织的共性。因此，从资源配置的角度看，与市场对应的是组织。在市场与组织关系的框架中，可以分析许多经济或社会问题，其中包括民间组织的问题。

二、组织存在的主要理由及组织失灵

（一）企业存在的理由及组织失灵

关于企业存在的理由，经济学有两个公认的经典理论。

其一，是美国经济学家弗兰克·奈特的不确定性理论。奈特对完全竞争条件下利润的解释是通过风险与不确定性的区别来加以说明的。奈特的重要结论是，可度量的风险不产生利润，不可度量的风险即不确定性，才能产生利润。由于利润的出现必须通过一个充满不确定性的生产过程，因此，讨论应对不确定性的组织与职能就成为理论的逻辑必然。这就是奈特的企业组织理论。奈特将企业视作经历史演变而形成的制度，广义上讲是满足最大化的制度安排，狭义上则是在相关主体间有效分配风险的制度安排。奈特认为，企业之所以存在并不断发展，是因为经济活动中不确定性的存在。他指出，处理不确定性有两种基本方法，即将无数个别的不确定性合并归组的方法，或通过选择能"应付"不确定性的人（即企业家）

来减少不确定性的所谓"专业化"的方法。

其二，是诺贝尔经济学奖得主、美国经济学家科斯的交易成本理论。科斯认为，市场的运行是有成本的，通过形成一个组织，并允许某个权威（如企业家）来支配资源，就能节约某些市场运行成本。企业家不得不在低成本状态下行使他们的职能，这是鉴于如下的事实：他可以以低于他所替代的市场交易的价格得到生产要素，因为如果他做不到这一点，通常也能够再回到公开市场。这段话告诉我们：企业这一组织是在与市场对应的状态下存在的，它的重要使命是降低市场运行成本。这里的市场运行成本就是企业在市场上发生的交易成本。企业的产生有助于成本最小化（这是和利润最大化等价的说法）。企业的存在是为了节约市场交易费用，即用费用较低的企业内交易替代费用较高的市场交易，即著名的交易成本说。科斯给企业这种组织的产生和存在，以及企业规模扩张与并购，提供了一个从成本角度出发的解释。

奈特的企业理论与科斯的企业理论有异曲同工之妙。尽管两者在出发点上完全不同，但结论却惊人的相似。其相似之处在于，两人都是从成本角度出发来解释企业的存在与发展；不同的是，科斯所说的成本是交易成本，奈特所说的成本则是不可预见的不确定性成本。需要讨论的是，交易成本和不确定性成本可能为零，也可能大于零；不确定性成本可能为负，其绝对值就是利润；交易成本一般不可能为负。但这似乎是一个值得研究的问题。奈特和科斯的解释不仅是本原性的，而且隐含着好的企业的两个特性：成本最小化（等价于利润最大化）；理性地把握扩张和并购的边界。这两点对任何企业的重要性是不言而喻的。由此推论，企业失灵的两种可能性是：成本不能最小化，导致长期亏损；所有权或产权以及治理结构存在缺陷。

（二）政府存在的理由及政府失灵

我们从经济活动的角度讨论政府存在的理由及政府失灵。经济学在回答"政府之所以要干预经济"时，将"通过纠正市场失灵，改善经济效率"作为重要原因之一。另一个重要原因是追求社会价值。所谓市场失灵，是指市场机制在资源配置方面不能有效发挥作用的情形。一般来说，市场失灵有 5 种来源：不完全竞争、不完全信息、外部性、公共物品和市场缺失。尽管政府有时能够改进市场的结果，但是，并不是所有的市场失灵都能够由政府解决或提供。以公共物品为例。完全由政府提供的公共物品是纯公共物品。纯公共物品是必须对所有社会成员供给同等数量的物品，国防、治安和消防是人们熟悉的纯公共物品的例子。在现实生活中，除了私人物品和纯公共物品外，还存在大量的准公共物品，即由多元主体投入的物品，如高等教育就是私人、政府和其他组织共同投入的；行业协会、商会提供的"俱乐部服务"，是若干个法人，也可能有政府参与投入的。政府并不总是能够有效地解决市场失灵问题，也就是说在解决市场失灵时存在政府失灵的问题。

政府失灵是怎样提出来的呢？缪勒 1989 年在《公共选择理论》一书对此做了很好的说明："在表述只要存在公共物品、外部性和其他类型的有害私人物品就需要政府来纠正这些市场失灵的观点的过程中，经济学文献常常假设：纠正市场失灵的成本为零。政府被视为是一种万能的、仁慈的机构，它控制着各种赋税、津贴，以实现一种帕累托最优的资源配置。在 20 世纪 60 年代，大量的公共选择文献开始对政府的这种'天堂模型'提出了挑战。这种文献考察的不是政府可以或应该如何行事，而是它们会如何行事。它揭示出政府也会失灵。"

在"它们会如何行事"中，存在着一个两难选择。一方面，公共选择理论的方法论是经济学的，与经济学一样，公共选择的基本行为假设是，人是具有自利倾向的、理性的效用最大化者，即经济人假设。由此推及，政府官员也是经济人。另一方面，政府是公共机构，就机构的目标而言，公共利益最大化是不二的选择。政府官员和政府机构在行为目标上的差异，就是政府可能失灵的空间。大量的政府失灵案例可以证明这一点。因此，对于政府官员，需要"高薪养廉"，同时需要他们自身的道德自律，更需要法律和制度的严厉管束，以尽可能缩小政府官员和政府机构在行为目标上的差异。由此不难得到好的政府的规定性：公共利益最大化，也即最广大人民群众的利益最大化；维护并在最大限度上实现社会公平和公正。所谓政府失灵，就是政府在追求公共利益最大化和社会价值上，不能有效履行政府职责。

（三）民间组织存在的理由及组织失灵

同样从经济活动的角度看，民间组织存在的理由主要是市场失灵基础上的政府失灵，以及企业失灵。事实表明，存在着许多居民、厂商和政府都做不了也做不好，需要由民间组织来做的事务。例如，进行大范围公共问题决策（公共选择）的成本很高，因此，需要缩小公共问题的决策范围。这就产生了由既非市场、又非政府的民间组织，如行业协会、商会等，来处理和协调特定范围内的公共事务的可能性。这一分析问题的逻辑不一定符合成熟市场经济国家的历史，但比较符合中国目前的情形。在那些市场经济发展比较成熟的国家，它们的市场和社会（民间组织）几乎是同时发育的，政府、市场和社会在功能意义上的边界是比较清晰的。而在中国，社会发育滞后于市场发育，政府改革滞后于企业改革。因此，我们正在经历将政府失灵的领域重新交回市场，以及期待逐步发育的社会即民间组织，来做市场、政府都做不了也做不好的事务的过程。对于企业来说，民间组织是某些特定服务的提供者。例如，企业自律的履行、行业标准的制定、信息和培训服务的提供、反倾销应诉等。如果这些服务是有效的，它们将有助于企业降低成本、提高效率。

当然，民间组织也有失灵的情形：其一，职能不足或主要行使"二政府"职能，难以发挥自身应有的作用；其二，职能过度，影响其他组织的利益。前者在中国比较普遍，后者在其他国家时有发生。非政府组织同样有理性地对待其他组织的利益、不垄断话语权、慎提过高要求的问题。

上面的论述从两个角度纠正市场失灵理论的一般化：其一，纠正市场失灵是组织的功能，企业、政府和民间组织都有这种功能；其二，政府并非在纠正市场失灵时才出现自身的失灵，它在行使自身职能时就存在着失灵的可能性。特别要指出一点，组织和市场一样，都不是万能的，都会出现失灵，即组织在行使其职能时不能有效发挥作用。

三、民间组织纠正失灵的作用

我们先来看看有哪些途径或方式可能纠正市场失灵和组织失灵。第一，在不断完善市场游戏规则的前提下，将市场失灵内部化，即由市场主体通过谈判交易，或通过法律途径解决某些市场失灵的问题。第二，加强制度建设，监管组织的行为。制度建设的根本目的是使组织更有效地纠正市场失灵。企业尤其是上市公司这类公众企业需要监管，政府和民间组织也会失灵，都需要监管。而且，由于外生制度的监管和执行成本都比较高，因此，要加强组织内生的制度建设，即组织的自身建设。有效的组织，一方面可以有效地纠正市场失灵；另一方面可以有效地抑制和克服自身的失灵。第三，通过组织间的互补，来纠正市场失灵和组织自身的失灵。这事实上也是完善制度安排的问题。这三个方面都是不容易做到的。

首先，尽管以内部化方式纠正市场失灵的效率是很高的，但能够内部化市场失灵的市场，是行为规范、机制成熟和规制健全的市场。对于中国来说，形成这样的市场尚需较长的时间。其次，对组织的监管是一个世界性难题。对转轨中的组织进行监管，难度就更大些。最后，组织间的互补机制以组织的有效性为前提。显然，这对于当前的实际来说同样需要时间。

如果说政府对市场失灵是第一次纠正，那么，民间组织就是第二次纠正。这里值得注意的是，第二次纠正并不总是在第一次纠正后才发生的，第二次纠正包含对企业失灵和政府失灵的纠正。特别需要指出的是，民间组织是政府职能和行为的极好补充。其一，在有限政府和责任政府的前提下，政府职能是有边界的，诸如行业内的协调性事务是政府职能所不及的，需要行业协会、商会有所作为。其二，政府行为是公益性的，这也是纯公共物品没有价格的原因。准公共物品是非营利性的，可以适当收费，其最高点是成本（指单个企业或其他社会主体获得这一服务的成本）。由于规模经济、信息优势等原因，民间组织在大多数情况下，可以低于成本的收费方式提供准公共服务。对于民间组织来说，这一成本的把握十分重要。反过来说，现在为什么有一些企业不愿意加入行会或商会，就是因为有些行会和商会的服务成本过高，或实际作用很小，没有给企业带来实惠。由此也说明，民间组织自身建设的状况在很大程度上决定其能否有效纠正市场"失灵"。

四、今后一个时期改革的重点：纠正组织失灵

现在有好的市场经济和坏的市场经济的说法。概而言之，市场或市场经济好坏的区分，就是广义效率（包括经济效率、环境效率和社会效率）高低的区分。事实上，市场是客观存在的交易场所和交易关系的总和。它内生着竞争机制，并由此产生价格信号，进而引导资源配置。因此，它的效率高低，一方面与它自身的发育和成

熟程度有关；另一方面，更与市场中的主体即组织的状况，以及组织形成与实施的制度安排紧密相关。所以，我们与其说市场或市场经济有好坏，倒不如说市场中的相关组织及制度安排有好坏，因为主要是这些组织和制度安排的状况决定着市场经济的效率。

因此，笔者认为好的组织的重要性是由市场失灵和组织的社会价值决定的。但组织和市场一样，也有失灵的问题。如前所说，企业失灵是比较容易判别的，如长期（微观经济学意义上的长期，即所有生产要素都可以变化）亏损即失灵了，没有效率了。政府失灵的判断相对困难一些。美国经济学家斯蒂格利茨认为，在政府活动的许多领域，产出是难以度量的，或者个人贡献的质量难以评价。相应地，在这些领域，私人部门也很难设计出有效的激励体系。同时，在不同的情况下，公共组织、私人组织和民间组织的效率是难分伯仲的，谁的效率更高，要视问题和条件来判定。

站在主体的角度看，组织失灵和市场失灵的关系，有如内因和外因的关系。因此，在市场失灵以及纠正市场失灵时，尤其是在市场发育不足（这是中国现阶段典型的市场失灵）时，纠正组织失灵显得更加重要。而纠正组织失灵的重要途径是制度建设与制度执行。

当我们说让市场对资源配置起基础性作用时，事实上，这里还隐含着一个前提，即市场是好的市场，否则它是无法担此重任的。然而，现实中的市场，在距离好的市场还比较远时，就必须开始担此重任，这是中国经济凸显的两难选择。在这种情况下，组织尤其是政府和国有企业就不可避免地在较大程度上参与甚至在一些领域主导资源配置。我们知道，任何组织在做本来不该由它来做的事时，就很难成为好的组织。这再次说明，纠正组织失灵应当成为今后一个时期改革的重点。

五、以上海行业协会为例，看民间组织的问题与建设

自 20 世纪 90 年代以来，上海的行业协会和商会得到了较快发展。2002 年，上海把行业协会从众多的民间组织中区分出来，进行分类管理的试点，先后颁布了《行业协会暂行办法》和《上海市促进行业协会发展规定》等地方性法规，以地方性立法的形式探索民间组织分类管理制度。这些年来，上海各有关部门共同推动行业协会的发展改革，使行业协会在自主落实职能、依法自治办会等方面有了长足的进步；在发挥作用方面，行业协会明显领先于其他民间组织；在社会团体实施分类管理方面，行业协会成为先行试点，并取得了比较显著的成效。近年来，随着外资企业和国内其他省市大量企业进入上海发展，商会这一民间组织形式也有了较快的发展。

在形成与市场经济相适应的民间组织，也即行会、商会发育和发展的过程中，出现了以下四个方面的问题：其一，由于政府改革不到位，过多的政府职能对行业协会作用的发挥有着显著的挤出效应，这在很大程度上阻碍了行会、商会的发展。其二，由于市场发育不到位，企业对行业协会和商会的需求不足。这些需求主要表现在行业自律、行业标准、信息交流和培训等方面。经济活动的市场

化程度越高，企业在这方面的需求会相应提高。其三，由于行会、商会自身建设不到位，导致与此相关的准公共服务供给不足。这里的自身建设主要是队伍建设、制度建设和业务建设。目前，绝大部分行会和商会都缺乏一支职业化的人员队伍，制度不健全和业务活动不完善是普遍存在的问题。其四，由于法制建设不到位，一些深层次矛盾也相继出现。例如，有的行业协会活力不够，因此，在该行业出现"一业多会"的现象，这和"一业一会"的规定产生了矛盾；随着产业发展门类的增多与细化，行业协会的设立是否也要相应细化；越来越多的专业性、联合性社团（如工业联合会、商业联合会和服务业联合会）涉足行业活动，通常也被理解为行业协会，这与目前对行业协会的界定是不一致的。

　　上述问题的焦点显然是政府改革与自身建设。目前，政府改革表现出以下特征：首先，从重点进行经济领域的改革，到重点进行非经济领域的改革。其次，从重点发育、培育市场，到重点发育、培育社会。最后，从扩大和改善私人产品（服务）的供给，到扩大和改善公共产品（服务）的供给。与此同时，政府自身建设也在发生积极的变化：从全能政府、无限政府到责任政府、有限政府。这一政府改革的理念正在深入人心；从中央政府和地方政府分权、分税到各级政府界定职能、划分事权。这正在成为政府自身建设的一个重点；政府从重点调整与企业的关系，到重点调整与市场、与社会的关系。这些特征和变化与民间组织的发育和发展有关，与民间组织日益受到重视有关，这也表明了民间组织在未来社会经济发展中可能的作用空间。

　　因此，我们要采取更加积极的措施培育和建设民间组织。这些措施将主要围绕三个方面展开：其一，与政府改革有关的措施。通过加快政府职能转变，为民间组织发挥作用"腾出"空间。这是民间组织发育和发展的基本前提。其二，与民间组织自身建设有关的措施。一方面从法制建设的层面，对民间组织的职能进行定位，进一步解决组织合法性的问题；另一方面，提高民间组织的服务质量，使更多的企业自愿加入民间组织，并有效解决组织成本和"搭便车"问题。其三，从社会的角度，加强对民间组织的积极引导和必要监管。

　　（原载于《文汇报》，2006 年 3 月 19 日；《中国经济新问题十六讲》全文收录，上海辞书出版社 2006 年版）

从源头遏制垄断行业高薪酬

最近，垄断行业高薪酬问题引起了各方关注。实际上，这是一个由来已久的老问题。当下之所以又热起来，深层次的原因是，在市场经济体制与机制完善的过程中，公开、公平和公正地竞争，已经成为社会整体的价值追求，人们对垄断尤其是操纵公共政策的垄断，比以往任何时候都更加反感。其中诱发的因素是：其一，行业间收入差距扩大，形成收入分配体系中一个比较尖锐的矛盾；其二，部分垄断行业即使亏损，从业者仍然有高收入，甚至一边是亏损增加，一边是收入增加，由此引起社会各界人士的愤慨。

经济学对垄断有着严格的定义，即在市场上一种产品或服务只有一个卖方。事实上，这种完全垄断的情形现在已经很少了。像中国的铁路，大多数国家的邮政，仍然是这种完全垄断。时下所说的垄断，通常是指不完全竞争中的寡头垄断，即在一个行业中只有少数几个卖方，它们的产量占整个行业的绝大部分，它们之间具有决策上的相互依赖性。现实中的所谓垄断行业，主要是指那些寡头垄断行业，如通信、电力、民航、石油、银行、钢铁、汽车等。本来，如无自然垄断和行政垄断的因素，寡头间的竞争完全可能达到"白热化"的程度，使寡头垄断与完全垄断竞争并没有什么两样。然而，问题的复杂性就在于，在寡头垄断这一市场结构中，厂商为了获得和维护自己的超额利润，会采取一切正当的和不正当的手段，以求得到来自政府的行政性保护。这里的超额利润是垄断行业存在的与其贡献不成正比的高薪酬的唯一来源。在表现形式上，就是将一部分超额利润转化为成本。

垄断产生的基本原因，是存在行业进入壁垒，使得其他厂商不能或很难进入该行业，并与原有厂商竞争。进入壁垒有三个主要来源：垄断厂商掌握关键资源，政府授予垄断厂商某种特许权，生产成本上的特殊性。第一种来源的垄断，通常被称为资源垄断。这种依赖关键资源的排他性所有权形成的垄断，在现实中已经很少，因为许多原料可以在国际上进行贸易，而且随着技术的进步，原料的替代品也不断出现。第二种来源的垄断是行政垄断。这里既有出于公共利益考虑的制度安排，如城市公用事业的独家经营权授予，或某些行业的许可证管理，抑或政府直接经营邮政和铁路；又有制定和实施专利法，使专利产品在一定时期拥有排他性生产的经营权。第三种来源的垄断是自然垄断。当一家厂商的平均生产成本在市场可能出现的产量范围是递减的，就会出现自然垄断。自然垄断发生在生产该种产品或服务的技术，可能导致只有一家厂商提供时最有效率。这种技术大多具有"网络"状的特征，如供水、供电、供气的管网，以及通信的网络。

现在人们经常混淆自然垄断和规模经济。尽管自然垄断和规模经济都有在一定条件下平均成本递减的特性，但是，它们是不同的概念。前者的平均生产成本递减，是在市场可能出现的产量范围内；后者的平均生产成本下降，只是随着生产规模增加而发生的。可见，作为自然垄断前提的产量范围，一般是难以改变的，如管网的范围。当然，自然垄断和规模经济的生产规模，都要受到市场规模的限制。因此，自然垄断行业具有非竞争性，规模经济行业则完全可能是竞争性的。如果规模经济行业通过某种手段，如政府的管制，形成进入壁垒，那么，这就是行政垄断。如果某个规模经济行业的企业，在没有进入壁垒的情况下，通过自身的创新、品牌等优势，占有较大市场份额，获得较高收入，那是它具有竞争力的结果。基于这一区别，我们强调，同样是高薪酬，一定要将源头搞清楚，否则，说出来的话就会贻笑大方。我们上面提到的寡头垄断行业，有些属于自然垄断，如通信、电力；有些属于规模经济的寡头，如汽车、钢铁。但在现阶段的中国，无论是自然垄断的寡头，还是规模经济的寡头，大多享有政府行政保护，以致都有行政性垄断的背景。所以，我们都将它们归为寡头垄断行业。高薪酬的垄断行业就集中于此。中国当下反垄断问题与西方发达国家反垄断问题的基本区别之一，就是要以反行政性垄断为主。

各种形式的垄断，以及依赖公共政策形成进入壁垒的规模经济，一般都会导致低效率。垄断行业和不完全竞争行业的低效率（即垄断的缺陷），大致有四个来源：一是产量受到限制。厂商都是通过销售自己的产品和服务来获取利润的，但垄断厂商可以用竞争厂商无法做到的方式来获利，其中一种方法就是通过限制产量来提高产品价格。也就是说，它们可以迫使消费者多花钱，以获得超额利润。二是管理松懈。斯蒂格利茨认为，任何公司无论选择何种产量水平，都想使生产成本最小化。但是在现实中，那些不通过激烈竞争就能赚很多钱的公司，往往缺乏使成本尽可能低的动力。其三，研发投入减少。同"管理松懈"的道理一样，垄断厂商可能更愿意坐享现有的利润，而不是积极地推动技术进步。其四，寻租。为了维持垄断或不完全竞争带来的超额利润（亦可称为垄断租金），垄断厂商会将资源花费在非生产性活动上。例如，给说客和政客捐款，以便维持限制竞争的政策，其上限是一定时期的全部超额利润。

垄断行业存在与贡献不成正比的高薪酬，这只是垄断派生的问题之一，是一部分超额利润转化为成本的结果。垄断行业的超额利润是其高薪酬的源头，因此，超额利润如何平均化和合理分配，成为有效遏制垄断行业高薪酬的关键。我们分别就三种形式的垄断——资源垄断、行政垄断和自然垄断，讨论这一问题。

首先，尽管依靠资源垄断获得超额利润的现象仍然存在，尤其在某些资源供不应求时，资源垄断厂商有着可观的超额利润，但是，从总体上看，这些资源的贸易引入了竞争，同时资源替代品也加入了竞争，因此，竞争性在逐渐增强，超额利润也在减少。与此同时，国家进一步加强资源开发的规划，并合理收取资源税，资源垄断在现实中就会明显减少。

其次，如上所述，行政性垄断过多、过滥，是当前反垄断的重点和难点。在行政垄断行业，以及由行政性措施保护的自然垄断行业产生的高薪酬，是引起诟病最多的问题。对于在这一背景下产生的垄断，要认真进行清理，对于那些已经基本没有理由存在的行政性垄断，要坚决取消；要适应不断完善的社会主义市场经济体制的要求，严格控制新的行政性垄断措施的出台；要在提高透明度的基础上，改变获得行政性许可和授权的方式。在我国，垄断和寡头垄断企业基本是国有独资和国有控股企业，国家理所当然地要将其部分超额利润收入国库，同时要对这些行业的收费标准、收入标准进行严格管制，并进行制度化的审计监督。

最后，国际经验证明，当自然垄断没有行政性保护时，其竞争性是完全可能提高的，其产品和服务也难以维持高价格，超额利润也就不复存在。例如，将供水、供电和供气的管网与水、电和燃气分开经营，管网仍然是自然垄断的，但水、电和燃气是竞争的。如果在自然垄断行业已经通过某种方式引入竞争，但问题并没有得到有效解决，那恰恰证明还是行政性垄断在起作用。

最近召开的中共中央政治局会议，专题研究改革收入分配制度和规范收入分配秩序问题，提出了进一步理顺分配关系、完善分配制度的四项内容："提低"，着力提高低收入者收入水平；"扩中"，扩大中等收入者比重；"调高"，有效调节过高收入；"取非"，取缔非法收入。这四个方面的内容都需要具体措施来加以实现。例如，加大反贫困力度，增加对低收入者的转移支付，是"提低"的重要措施；进一步促进教育公平和建立完善的社会保障制度，是"扩中"的基本前提；加大反腐败及杜绝商业贿赂的力度，就能最大限度地"取非"。垄断行业的过高薪酬（包括显性的货币收入、隐性的非货币收入和职务消费），是构建科学合理、公平公正的收入分配体系过程中的一个极不和谐的"音符"，需要加大治理力度，进行有效调节。这是"调高"的重点之一。

我们清楚地知道，在市场经济条件下，完全有理由存在来自高效率的合理的高薪酬。对这一部分高薪酬，社会是采取再分配的方法，主要是通过征收所得税的方法进行调节的。与此同时，社会要形成有效的制度和宽松的氛围，使具有社会责任意识的企业家和其他高薪酬人群将他们的财富回报给社会。这当然也是一种调节。如果说合理的高薪酬是通过第二次分配（即再分配）和第三次分配（通过社会慈善事业分配）进行调节的，那么，不合理的高薪酬就要在初次分配时进行调节。垄断行业的高薪酬属于不合理的高薪酬，需要在初次分配环节进行调节。这也表明，追求社会公平公正，不仅仅是一个再分配的问题，与初次分配也有密切关系。企业家和企业高层管理者对此有着不可推卸的责任。

经济学告诉我们，在垄断行业会出现管理松懈、研发投入减少等激励失效的情形，由此说明，垄断行业高薪酬不仅造成社会的不公平，在其内部也不能产生相应的效率。因此，全面提高各类经济活动的竞争性，将各种形式的垄断限制在最小范围内，是治理垄断行业高薪酬的根本途径。经济学还告诉我们，收入一般具有向下刚性的特征，也就是说，收入一旦达到某个水平，提高容易，降低却不那么容易。这就表明，对降低垄断行业现有的高薪酬水平，不要有过高的期望，但对其收入水平的进一步提高要严加管理，尤其是对垄断行业高管人员的职务消费和各种非货币收入，要加以严格的控制。

（原载于《社会观察》，2006 年第 8 期）

发展服务经济是中国的选择

自从 20 世纪五六十年代以来，当今的发达国家先后开始进入服务经济社会。至此，对于这种新经济形态的研究日益受到关注。各国在进入这种经济形态后遇到的问题，以及这种经济形态的发展趋势，也成为社会各有关方面重视的课题。由于发展阶段、体制转型和思想观念等方面的原因，中国服务经济的形成滞后于许多国家。直到最近几年，这个问题才受到应有的重视。

一、服务经济是一种经济形态

关于经济形态的划分，一种是生产关系和社会制度意义上的；一种是生产力和经济发展意义上的。第一种意义上的经济形态，也称为经济结构、社会经济结构，或社会经济形态。马克思指出，人们在社会生产中发生一定的、必然的、不以他们意志为转移的关系，即同他们的物质生产力的一定发展阶段相适应的生产关系。这些生产关系的总和构成社会的经济结构。社会经济形态的概念有时与社会经济结构通用，但其含义更广泛。这一概念也指人类历史上以一定的社会生产关系总和为基础以及与之相适应的上层建筑有机地结合构成的社会总体，即社会制度。

　　第二种意义上的经济形态，是社会生产力发展和人类需求演进互为因果的产物。关于这一意义上的经济形态的划分，马克思认为，"动物遗骸的结构对于认识已经绝迹的动物机体有重要的意义，劳动资料的遗骸对于判断已经消亡的社会经济形态也有同样重要的意义。各个经济时代的区别，不在于生产什么，而在于怎样生产，用什么劳动资料生产。美国经济学家、诺贝尔经济学奖得主道格拉斯·C.诺斯依据第一次经济革命（农业革命）和第二次经济革命（工业革命），把人类经济史划分为狩猎和采集时代、农业经济时代以及工业经济时代。关于狩猎和采集时代，他认为，在人类脱离其他动物后的一百多万年里，他们在大地上漫游着，从事狩猎和采集植物的活动。关于农业经济时代，他认为，大约一万年前人类开始发展了一种固定的农业，放牧饲养牲畜和栽种粮食。定居农业的开端和罗马帝国相隔大约八千年。关于工业经济时代，诺斯认为开始于 1750 年至 1830 年之间持久的经济增长过程从根本上改变了西方所有人的生活方式和生活标准。他将工业革命带来的变化概括为五个方面：一是人口前所未有的增长。二是西方社会达到的生活水平是以往不可比拟的。在发达国家，平均寿命几乎翻了一番。三是在西方社会，农业不再是主导的经济活动；工业和服务部门在重要性上取代了农业。四是西方社会变成了一个城市社会，其含义为专业化扩大、分工相互依赖和不可避免的外在效应。五是技术变革已经变成了常规。诺斯强调，真正的革命是在 19 世纪后半期发生的，……过去一百年技术的巨大发展依赖于科学的革命；而科学与技术的融合才产生了第二次经济革命。

美国经济学家罗斯托大致是从经济发展过程和需求适应性变化结合的角度对经济成长阶段进行划分的。他在 1960 年提出了"传统社会阶段、为起飞创造条件阶段、起飞阶段、向成熟推进阶段、高额消费阶段"的划分。1971 年，他又加上"追求生活质量阶段"。英国经济学家希克斯则从经济市场化程度的角度做了以下划分：习俗和指令经济阶段、商业专门化阶段、商业扩张阶段（市场渗透阶段）、工业化阶段。

人类社会的现实画面是，两种意义上的经济形态的演进，从不同的侧面共同反映着社会生产方式的不断更替。这是社会发展规律。

从 1951 年美国服务业从业人员占全部从业人员的比重首次超过 50%，到 1968 年，美国经济学家富克斯出版专著《服务经济》，首次提出"服务经济"的概念，再到 1973 年，丹尼尔·贝尔对后工业化社会进行了比较全面的预测和阐述。他认为，前工业化社会的主导活动是农业和矿业，工业化社会的主导活动是物质产品生产，而后工业化社会的主导活动则是"服务"；前工业化社会的技术是简单手工工具，工业化社会的技术是机器，而后工业化社会的技术是"信息"。可见，贝尔的后工业化社会就是现在所说的服务经济社会。服务经济经过这几十年的发展，尤其是在信息技术持续且强烈的作用下，生产力和经济发展意义上的经济形态出现了新的演变和进步，一种崭新的经济形态呼之欲出。20世纪90年代，美国人提出了"体验经济"，英国人提出了"创意经济"。在这种新的经济形态还不能被准确命名时，我们模仿丹尼尔·贝尔先把它称为"后服务业化社会"，抑或"新兴服务经济社会"。

二、全球视野中的中国服务经济

从世界平均水平来看，2004年服务业增加值占GDP的比重为68%，其中，低收入国家为49%，中等收入国家为53%，高收入国家为72%。中国服务业增加值占GDP的比重较低，2006年，中国这一指标为39.5%。

从就业情况来看，与世界其他国家相比，我国服务业就业人员占全社会就业人员的比重也明显偏低。2005年，我国服务业就业人员占全社会就业人员的比重仅为31.4%，远远低于高收入国家和上中等收入国家平均水平（同期高收入国家这一比重为68.5%，上中等收入国家这一比重为56%），即使与发展水平和我国相当的下中等收入国家平均47.3%的水平相比，也相差了15.9个百分点。这表明，目前我国服务业扩大就业的潜力尚未充分发挥。

再从中国服务业的开放和国际竞争力来看。2005年，全球服务贸易出口额占全球贸易出口总额的18.9%，美国为28.1%，英国为32.7%，印度为42.9%，而我国服务出口额占全部贸易出口总额的比重仅为8.8%，仅为全球平均水平的一半；中国货物贸易出口额占全球出口额的7.3%，而服务出口仅占3.4%，不到货物贸易的一半。从 1992 年开始，除个别年份外（如 1994 年），中国均为服务贸易净进口国，近年来贸易逆差进一步扩大。2004 年，中国服务贸易逆差达 95.5 亿美元，2005 年逆差较上年有所降低，但仍高达 92.6 亿美元。同时，我国服务贸易结构也并不合理，服务贸易优势部门主要集中在海运、旅游等比较传统的领域，旅游和运输服务的出口占中国服务出口一半以上，而金融、保险、计算机信息服务、技术咨询、专有权利和特许、广告宣传和电影音像等知识密集型、技术密集型等高附加值服务产业，发展速度相对缓慢，比重仍然较低。

从服务业利用外资来看，在过去 20 多年中，国际资本进入中国，在三次产业间的配置是非均衡的，绝大多数外资在华投资的行业是制造业，协议投资金额达到全部协议金额的 60% 左右，而服务业仅占 20%～30%，与世界平均水平相距甚远。2000—2005 年，中国服务业实际利用的外商直接投资额分别为 104.64 亿美元、111.81亿美元、122.5 亿美元、133.25 亿美元、140.5 亿美元和 149.24 亿美元，分别占总投资的 25.7%、21.2%、22.9%、24.9%、23.2% 和 24.7%。可见，我国服务业吸引外资的金额在不断增长，其潜力正在逐步释放。但是，我国服务业吸收外商直接投资的比例仍然偏低，而且发展缓慢，这与全球 FDI（foreign direct investment，外国直接投资）流动格局不相一致。截至 2005 年底，全球服务业外国直接投资存量约占全部外国直接投资存量的 60%，在每年 FDI 新增流量中约占 2/3。可见，尽管我们的国际贸易和利用外资的总规模都很大，但服务贸易和服务业利用外资的占比都偏低，说明中国经济在整体开放度较高的同时，服务经济的进一步开放还有较大的空间。

上述数据表明，我国在服务经济发展过程中还存在较多的不足。根据我多年来的观察，这些不足主要表现在以下方面。

其一，知识准备方面。例如，以现代服务业为主导的经济增长使得人力资本要素成为主要的促进因素。人力资本既不同于劳动，也不同于物质资本，有着自身的产权形式和定价方式。关于人力资本的理论，就成为发展服务经济必需的知识准备。又如，工业革命以后，规模经济成为商业模式得以盈利的关键。然而，制造业规模经济取决于生产量、服务业规模经济取决于消费量的特征足以说明，服务经济的发展挑战了经济学的一些基本概念和原理，需要来自理论实证和经验实证的研究成果，以完善现代经济学的知识体系。此外，还有服务业劳动生产率、服务创新等一系列前沿课题，都有着全新的知识含量，要求我们加以研究和把握。

其二，战略规划方面。以上海为例。上海现代服务业的发展现状，与中央对上海发展的战略定位，与长三角、长江流域和全国发展对上海的需要，还有较大差距；对上海现代服务业中的战略性产业，如金融业，也还缺乏动态把握和整体推动。这些问题对上海现代服务业"短板"的影响是不可低估的。同时，这也难免使发展服务经济的相关政策措施定位不准、力度不够。面对全球制造业向中国转移，以及上海自身在产业结构调整、发展方式转变方面的瓶颈，上海发展服务经济还需更具深度和广度的战略规划。就全国范围而言，关于现代服务业对整体提升农业、制造业和传统服务业，对发展方式转变和城市功能转型的作用，还缺乏战略性的思考。

其三，观念更新方面。从目前一些服务行业出现的问题，可以看到普遍存在的观念问题。例如，银行排长队所折射的服务问题，可能有人手不够、网点分布不合理和电子银行发展滞后等原因，但缺乏客户利益至上的服务理念是最重要的原因。又如，从政府已实施的政策来看，对于现代服务业中存在的垄断和管制可能产生的危害，对于现代服务业发展所需要的市场环境，还缺乏足够的认识。再如，存在于所谓事业单位体制中的服务业，像公立学校、公立医院等，这些主体服务观念较为落后，而且它们不断改善自身服务的动力不足。现代服务业发展中的观念问题，主要与现行体制有关。深化改革尤其是深化政府管理体制改革，深化垄断行业和公立机构改革，对于促进服务经济发展是至关重要的。

其四，公共服务方面。公共服务对现代服务业的供应商和消费者意味着什么？其一，意味着良好的发展环境。政府提供的公共服务是"软"的基础设施。如果这一基础设施基本到位，服务的供应商和消费者都将感到便利和自由。其二，意味着低廉的成本支出。根据公共服务的性质，它是纳税人用所缴纳的税收购买的、没有价格的服务。服务的供应商和消费者享受的公共服务越多，就表明他们的生产成本或生活成本越低，相应地，他们的收益和效用也越高。我们现在说商务成本高，与公共服务供给不足有很大的关系。其三，意味着正外部性。每一项公共服务的提供，都会对社会的各个方面产生有利的影响。因此，政府推动服务经济发展的一个重要举措就应当是提高公共服务的质量，增加公共服务的种类。

三、中国服务经济发展的战略构想

为了顺应经济形态演进的客观进程，推动服务经济在中国的发展，中央提出了形成服务经济结构的战略构想。2007年2月，国务院根据"十一五"规划确定的服务业发展总体方向和基本思路，制定了未来一个时期《加快服务业发展的若干意见》，提出了到2010年和2020年，我国服务业发展的主要目标：到2010年，服务业增加值占国内生产总值的比重比2005年提高3个百分点，服务业从业人员占全社会从业人员的比重比2005年提高4个百分点，服务贸易总额达到4 000亿美元；有条件的大中城市形成以服务经济为主的产业结构，服务业增加值增长速度超过国内生产总值和第二产业增长速度；到2020年，基本实现经济结构向以服务经济为主的转变，服务业增加值占国内生产总值的比重超过50%，服务业结构显著优化，就业容量显著增加，公共服务均等化程度显著提高，市场竞争力显著增强，总体发展水平基本与全面建成小康社会的要求相适应。从上述战略目标的表述中不难发现，在中国二元经济结构的背景中，服务经济的发展有一个从大中城市走向城乡共同发展的过程。今后一个时期，在有条件的大中城市形成以服务经济为主的产业结构，成为服务经济发展，乃至国民经济可持续发展的重要任务。

笔者认为，要实现上述战略目标，并根据当下中国服务经济发展的约束条件——真正意义的城市化滞后，充分竞争的产业化滞后，分工深化的专业化滞后，以及影响服务供给的制约因素，如专业人力资本瓶颈，就必须处理好若干重要关系。

第一，城市化与服务业化的关系。服务业化的一个重要前提，就是真正意义的城市化。尤其在我国现阶段，唯有在城市化方式下生存与发展的居民和厂商，才有可能较多地购买服务，这是不言而喻的。但是，改革开放以前，我国的工业化超前于城市化，也就是说，工业化没有带来相适应的城市化发展；改革开放以来，城市化又没有与农民自由迁徙、土地自由交易等城市化的基本条件相联系，因此，出现了虚假的城市化、冒进的城市化。这个意义上的城市化并不会对服务业的发展带来多少实质性的推动。由此可见，推进城市化的制度创新，不仅对于城市化本身，而且对于服务业化，都有着重要的意义。

第二，工业化与服务业化的关系。我国正处于工业化的中期、服务业化的初期。没有工业化的充分发展，服务业化能否同步发展？服务业化的发展，对于工业化的作用如何认识？这些问题要放到当下信息化、市场化和全球化的大背景下来认识。如果说这一大背景不存在，那么工业化和服务业化是有先后顺序的。但是，当这一大背景已经深刻地影响着中国经济社会生活的方方面面，我们就必须提出，同步推进工业化和服务业化，并以服务业化来加快工业化。这是一种新的发展模式，有利于在转变经济发展方式、改善资源环境状况的基础上，保持国民经济又好又快的发展。

第三，三大产业协同发展、融合发展的关系。党的十七大报告在阐述"加快转变经济发展方式，推动产业结构优化升级"时指出："促进经济增长……由主要依靠第二产业带动向依靠第一、第二、第三产业协同带动转变。"毋庸讳言，自觉或不自觉地将农业、制造业与服务业的发展对立起来的看法，是存在于人们认识中的。目前有一种典型的观点是，服务业发展会导致"产业空心化"。所谓"产业空心化"，是指制造业转移了、式微了，服务业又没有相应地发展，而产生了增长衰退、失业增加等经济不景气现象。这一现象曾经出现于工业化后期的某些城市或地区，对当地经济造成了不同程度的影响。然而，这并不是发展服务业的结果，而恰恰是服务业尤其是生产者服务业发展不足所导致的。我们知道，农业劳动生产率提高的一个基本原因，是制造业投入的大幅度增加，也就是所谓的农业机械化、电气化，使农业的大规模生产成为可能。同理，当今时代制造业劳动生产率提高的一个重要来源，就是生产者服务业投入的增加，也即制造业的服务业化。生产者服务也称为企业服务，是企业向服务提供商购买的中间服务。数据显示，在发达国家先进制造业的增加值中，75%左右是来自生产者服务的投入。这一指标就是制造业的服务投入率，它可以被先进制造业产品的价值构成所验证。这也是产业融合的一个具体表现。因此，国民经济三大产业是紧密联系、互动发展的。当经济形态演进到服务经济社会时，发展现代服务业就是在提升农业、制造业及服务业自身的发展水平。

第四，服务经济发展与相关体制改革的关系。在我国体制转型的阶段发展服务经济，每一步发展都需要改革的推动和深化。以事业单位体制改革为例。我国发展服务经济的一个特殊背景是，有相当一部分服务产业，如文化产业、中介服务业等，是以既非政府，又非市场，也非非营利组织的事业单位体制存在的。这种体制严重束缚了这部分服务产业的发展。从目前的情况看，由于与此相关的体制改革涉及复杂的利益关系，改革难度较大，进展并不顺利。即使在那些市场化水平已经比较高的服务行业，也不同程度地存在行业准入等管制因素，竞争并不充分，或多或少地影响到这些服务行业的发展。此外，还有人力资源管理方面的问题，现有人才流动、培养和选拔的体制仍然有着许多既阻碍人的全面发展，又影响现代服务业发展的不合理因素。因此，唯有进一步加大改革的力度，才能更好更快地发展服务经济。

（2007 年 2 月在上海学术年会上的演讲）

文化，下一个要素，下一个产业

　　长期以来，在社会生活中，文化和经济是两个相对独立的体系，有着各自的话语系统和运作方式。然而，一如不同的产业的边界在模糊，其内容在融合一样，文化和经济也在融合，以前所未有的速度和方式在融合。在经济学人看来，这种融合是文化日益成为生产要素使然，是现代产业演进使然。和文化学人主要强调文化的精神价值、道德教化作用不同，经济学人已经看到，人类社会已经从产品的时代、服务的时代，开始步入文化的时代。从本源上说，这是人们的物质性需求，包括产品和服务两个方面的物质性需求在很大程度上得到满足后，精神性需求上升到重要位置的结果。能够满足精神性需求的要素和产业，是文化要素和文化产业。然而，如果试图对文化要素、文化产业与经济增长之间的关系提供一种理论解释，那么，如此简单的逻辑分析是远远不够的。我们首先要对文化和文化产业做出界定，并根据理论实证的方法，提出两者间关系的假说，然后通过建模和经验实证，对假说进行验证。今天，我主要讲前面两个问题，即对文化和文化产业的界定，以及经过理论实证得到的三个假说。

一、问题的缘起

在新古典经济增长模型中，作为主要增长源泉的"索洛剩余"包括庞杂的内容，文化要素也位于其中。韦伯从宗教角度，探讨了新教伦理与资本主义精神，进而与经济增长之间的关系。森岛通夫遵循韦伯的思路，研究了儒教对日本经济成功增长的作用。德龙通过对经济史的研究，在经验上证实了韦伯和森岛通夫的观点。邹恒甫则为韦伯的命题建立了数学模型，分析了宗教所代表的文化要素对经济增长的作用。发展经济学的先驱之一刘易斯曾经指出，在经济增长的三个直接原因中，首要的就是经济主体的态度、价值观和制度这些属于文化范畴的因素。显然，经济学家已经充分认识到文化要素与经济增长的逻辑关系。

随着服务业在现代经济中的作用不断增强，并由附属型产业转变为依赖型独立产业，再转变为知识和智力密集型主导产业，经济增长已经并将继续显现两个相关的典型化事实：一是制造业服务化和服务业流程化导致的经济活动报酬递增，会提高长期经济增长率；二是知识和智力密集型服务业对经济增长的贡献率将不断提高，具体体现为经济产出的无重化，即"经济价值正在不断非物质化"，这在相当程度上是通过文化产业的增长而实现的。现在侧重谈上述的第二个典型化事实。为此，我们在把握服务业变化趋势的基础上，探讨文化要素对经济增长的作用机制，探讨文化产业的性质及其增长效应，这样既能深化对增长过程的认识，具有重要的理论意义；也能启发服务业结构变迁条件下的增长政策思考，进而有重要的现实意义。

二、相关概念及评述

费孝通认为，文化包含三个层次：一是生产、生活的工具，这是器物层次；二是组织层次，即这个社会怎样把个人组织起来，让一个个单独的人能够结合在一起，在一个社会里面共同生活，以及他们之间怎样互动，这包含很多内容，比如政治组织、宗教组织、生产组织、国家机器等；三是价值观念的层次，包括宗教信仰、风俗习惯、伦理道德、意识形态与科学假说等多种价值观集合。他认为，三个层次不可分割，是一个有机整体，它们构成"文化"的完整含义。我们则把文化概念限定在费孝通定义的第三层次上，并且具体地界定为"惯例"和"信仰"，前者是世代相传下来的、规则的、可以预测的公众行为方式，后者是一套价值观念和伦理规范。这符合一般性的认识。因为文化通常特指精神层次的因素，它与物质资料和组织存在明显的区别。文化植根于公众和民族的心理结构之中。文化对人的心理或思维是不自觉的影响，通过日常生活中的教育、引导、惩戒等多种方式，得以从一代人相当完整地传递到下一代，除非受外来文化的冲击，本土文化一般是相当稳定的。为了检验基于文化对经济增长的解释，在一个相当狭义的范围内给文化下定义，便于人们辨析文化与经济绩效之间的联系。

与文化—储蓄率—资本形成—经济增长的逻辑线索不同，韦伯、森岛通夫、德龙、邹恒甫、刘易斯和诺斯等人的分析，着重于文化对经济主体行为的影响，这更能触及问题的本质，因为各种要素只有通过经济主体的行为，才能导致经济增长，并且，资本积累、技术进步也决定了经济主体的节俭、冒险、创新等行为。所以，按文化—经济主体行为—经济增长的逻辑线索，可能更易于理解文化的作用。

与增长相关的主体包括个人或家庭、企业、政府、学校和研究机构等，不论是私人性的、还是公共性的、竞争性的，抑或是合作性的，都是在某种文化的作用下逐渐演化和成长的，并在不同程度上决定或影响着经济增长的复杂过程。企业作为现代经济增长的行为主体，通过探讨文化要素对企业行为、进而对增长的影响，为认识文化对增长的作用提供了一种新视角。

文化产业被认为是21世纪经济全球化时代的"朝阳产业"或"黄金产业"。文化产业的界定与文化的理论定义并不严格对应。20世纪90年代初，美国提出"文化产业"概念，大致包括文化艺术、音乐唱片、出版、影视、传媒、网络服务等。不久，英国提出"创意产业"概念，并定义为源于个人创意、技巧和才华，通过知识产权的开发和运用而形成的具有创造财富和就业潜力的产业。新加坡将创意产业分为三大类：第一类是艺术与文化，包括摄影、表演及视觉艺术、艺术品与古董买卖、手工艺品；第二类是设计，包括软件设计、广告设计、建筑设计、室内设计、平面产品及服装设计；第三类是媒体，包括出版、广播、数字媒体、电影。2004年，中国国家统计局在与有关部门共同研究的基础上制定的《文化及相关产业分类》，将文化及相关产业界定为：向社会公众提供文化、娱乐产品和服务的活动，以及与这些活动有关联的活动的集合，具体包括了六大类产业活动。

经济增长的行为主体是企业，增长过程则表现为产业部门的扩展和升级、调整和整合，以及产业结构的演化。只有在企业和产业层次上，才能把握技术进步和经济增长的机制。此外，某种新产业的形成和扩展，对经济体系会产生扩散效应和结构（分工）效应，由此影响经济增长率。这可以解释为什么一次较大的技术应用和新产业形成时期，经济增长率会高于长期的平均水平，从而导致长期的经济增长率会波动。具体到这里的分析，文化产业的扩展、升级和整合也会影响增长率，只是需要一个理论框架解释其中的机制。

三、文化要素的增长效应

作为影响人们行为的惯例和信仰，文化是一种传统，一种集体性意识，一种决定经济、社会活动的外生因素。尽管它会随着自然、经济、社会的变迁而逐步演进，但文化的变化是极其缓慢的，一种文化的内核是难以变化的，否则就不会有千百年之后的华夏文化、欧美文化、中东文化等不同区域文化类型，甚至一个国家内的不同区域，也会形成局部差异的次级文化类型，如中国的吴越文化、湘楚文化、客家文化等。因此，把文化作为外生要素，探讨它对增长的影响，而不考虑文化本身的演进，也不考虑增长对文化的反馈作用，并不意味着文化演进和经济增长对文化的反馈作用不存在或不重要，而是出于理论分析的需要。

经济增长的传统分析是探讨不同要素的贡献，以及均衡增长路径的存在。近来的研究侧重技术内生化和不同国家增长率的趋同或趋异，但较少涉及增长主体及其作用，即使考虑相关主体，也是假定其偏好、动机和行为给定，其作用也仅仅是一种象征，并不起实际作用。这种缺少企业行为及作用的增长分析，就像没有主角的剧本，终究存在很大的缺憾。

熊彼特把企业家及其创新行为作为增长的最终动力。他认为，企业家创新导致的"创造性破坏"，形成企业产生、成长，以及被新企业替代这样的动态过程，打破经济的循环流转，实现持续增长。舒尔茨指出，经济增长理论存在两个缺陷，一是忽略了增长过程的不均衡性质和特点；二是忽略了企业家在处理这些不均衡时所作贡献的价值。他认为，当这种不均衡出现时，就存在着通过资源重新配置以取得收益的机会，那些了解这个机会存在，并能抓住机会的人就是企业家。鲍莫尔也对企业家行为与经济增长的关系进行了深入探讨。他认为，一个经济体系中的企业家资源既可以用于生产性的价值创造活动，从而促进增长，也可以用于非生产性的寻租活动，从而对增长产生破坏性作用，所以，企业家与增长关系的性质，取决于企业家资源在两种用途中如何配置。鲍莫尔分析了发达国家的经济增长，发现这些经济体令人羡慕的增长纪录在很大程度上归功于创新，而使得创新规模较大的原因在于，自由市场的压力迫使企业把产品和市场创新作为最重要的竞争手段。纳尔逊认为，新古典增长理论把技术进步处理为生产函数曲线的移动，过于简单，无法使人了解这种移动的原因，把这种未经解释的生产函数曲线移动作为增长的最终原因，实际上是用假设来代替解释。他分析了决定企业生产率高低的因素。他认为，企业不是简单的投入产出转换器，而是一个"社会体系"，这一体系对其成员的激励作用有高有低，也影响着管理决策的执行方式，影响着如何识别和评价可供选择的方案，由此决定不同企业的效率差异。

经济学通常把企业作为"黑箱"，较少考虑其内部的关系，科斯的早期研究经过许多经济学家的发展之后，情况有所改变，但仍然没有对增长的研究产生影响，没有在企业生产率决定与总生产率水平决定之间建立逻辑联系。上述研究显示，理解企业生产率的决定因素，可能是把握总体生产率的基础；理解企业层面的技术创新和扩散，可能是把握宏观技术进步的关键。由此，可以得出以下命题：企业层次的技术创新和扩散以及生产率水平，决定了一个经济体的总生产率水平和经济增长率。接下来的问题自然是，企业或企业家的行为是否会受文化的影响，以及在多大程度上受到文化的影响。首先，只能从企业层次的技术水平和生产率，推断出经济体系总体的一般技术水平和生产率，而不能反向推断。其次，企业层次的生产率无疑取决于自然资源状况、市场需求状况、基本的经营支持条件等，但最根本的因素还是企业内部的核心能力，正是这种核心能力使得企业的技术创新动力和压力等条件得以保证。最后，这种核心能力是什么，至今仍是见仁见智。有人认为是专有性技术，有人认为是管理，也有人把它概括为企业资源或企业知识。而且，这种资源具有稀缺性、不可模仿性和不可分割性。

笔者认为，上述各种对企业核心能力的界定，在不同层次上都是有道理的，但企业家能力是最关键的，正是在这里，文化要素凸显出它的作用。

首先，文化要素决定了企业家的选择机制。假定一个人在就业时面临两种选择：一是雇员，一是创业者，作为经济人的考虑当然是综合成本—收益来权衡。如果他的习惯或信念偏向于个人成功和承担风险，他会选择成为创业者；反之，则会选择雇员。林毅夫关于中国"李约瑟之谜"的分析说明了这一点。中国古代经济处于"高水平均衡陷阱"，而没有发生技术革命，与中国文化形成的激励结构有关。传统中国社会把进入统治阶层看作人们在社会中不断向上爬的最终目标，最有才华的人自然被吸引到这一工作中去。这样，必然限制从事科学研究、实业经营方面的资源。哈里森的研究也显示，由于拉丁美洲文化中有一种反企业家精神和反节俭因素，这种文化压抑了企业家本能，从而阻碍了经济增长。

其次，文化要素决定了企业内部管理者的选择机制，进而影响总体生产率。与人有生命一样，企业也有相应的生命周期，很少有一家企业能够长期存在。当然，正常技术变化、产业调整导致的老企业退出、新企业进入，恰恰是增长的动力之一。但在正常情况下，企业经营持续和业务规模扩展，一定是基于企业层次生产率的提高，这对总生产率和经济增长具有积极作用。要保证这一点，关键就是企业成长过程中管理人员的选择机制和企业内部的激励机制。文化要素在这方面具有相当的影响。如果一种文化倾向把最有经营能力的人挑选出来，并安排在适当的管理岗位上，企业生产率会得到提升，从而也有较高的总体增长率。有专家根据对美国、法国、德国、英国共732家企业的实证研究发现，不同文化背景下管理者的选择机制不同，对企业生产率产生显著影响。首先，管理经验和水平与反映企业绩效的多项指标具有很强的正相关性，绩效指标包括生产率、利润率、销售规模和企业存活率等。其次，管理经验显示了明显的跨国差异，美国企业的平均管理水平高于欧洲国家的企业。市场竞争力越弱、家族拥有且长子继承的企业，管理水平通常较低。最后，研究也发现，欧洲企业面对较弱的产品竞争市场，企业生产率水平低于美国，同时，英国和法国企业由于受诺曼法规和家庭财产继承传统的影响，从而较多的是长子继承，它们的生产率也低于德国。

最后，文化要素也会影响企业内部的劳资关系，以及企业之间的分工协作关系，从而影响企业生产率，这方面有大量关于日、美企业以及日、欧企业的比较研究，尽管结论不同，甚至互相矛盾，但有一点是确定的，不同文化背景下企业内部及企业之间的关系呈现不同的特征，相应地对企业生产率差异具有部分解释力。

为此，我们得到假说一：文化通过对企业家职业选择、管理者选择和企业内及企业间关系的影响，决定了企业生产率，进而影响社会总体生产率和经济增长率。

四、文化产业的增长效应

增长分析的传统是总量分析，所以，对结构因素一般不加以考虑，从而导致具体产业的增长效应自然不会进入增长理论的范畴。然而，以罗斯托为代表的增长部门分析法，则强调增长过程的不均衡性，因为经济增长来自技术进步，它对增长的作用一定体现在应用中，即技术进步必然体现为某一部门的产品创新、流程创新或工艺创新、组织创新，所以，增长必然是由这些技术应用部门的增长拉动的，并通过这类部门与其他部门的联系，带动更多部门的增长，进而形成增长过程。这类最先应用技术的部门就是某个时期的主导部门，原有主导部门潜力逐渐减小，增长就会减速，这时出现另外的新技术应用部门，增长的主导部门就发生变化，继续新一轮增长，现实的增长就是在主导部门形成和替换中实现的。增长的总量分析是主流，而增长的部门分析方法影响较小，但并不意味着后一种方法有错，而是出于不同的研究目标，这两种分析思路并不矛盾，而是互补的。

增长过程中的部门结构变化，除了扩散效应之外，还有分工效应，即经济活动过程的分工越来越深化，分工深化导致的报酬递增收益，只要大于分工深化导致的交易成本增加，分工过程就会继续，一直持续到报酬递增收益等于增加的交易成本，达到均衡分工水平。并且，在分工深化的过程中，经济主体也会同时寻求提高交易效率的技术，节约交易成本，所以，在一定范围内，结构变化导致的分工过程与增长率之间存在着互相促进的强化作用。

文化产业作为新兴产业，其规模迅速扩大，它在现代经济中能否作为主导部门，产生上述扩散和分工效应，是我们关注的重点。首先，文化产业的范围广泛，具有强大的扩散效应。按照我国的分类，文化产业包括核心层、相关层和外围层，有数十个子产业，从产业链看，具有很强的扩散效应。例如，一个创意的题材，可以形成电影、电视剧、动画、漫画、形象产品、音乐、舞台剧、纸质出版物等大量衍生产品。文化产业还会带动相关设备制造、设计、研发等后向部门发展，也会为前向推广、知识产权交易等提供条件。其次，文化产业的最大特殊性在于，它主要提供精神产品，除了给产品或服务购买者提供娱乐、休闲等直接经济效用外，还具有不同程度的教育效用，从而具有附带的人力资本投资功能。通常的人力资本投资是教育和培训，需要相应的投入成本，但文化产业的人力资本投资是一种溢出效应，相当于无成本的投资。因此，文化产业具有显著的增长效应。最后，文化产业中除了创意部分之外，还有一个重要的部分是以人文资源为基础的旅游和相关产业开发，这类产业的主要投入是历史形成的人文形象和符号，其边际成本为零，环境成本也为零，它的扩展和整合对增长的效应无疑是很大的。

由此，我们得到假说二：随着经济结构的服务化和需求结构的进化，文化产业将成为主导产业之一，通过扩散效应和分工效应对经济增长产生影响。

五、未来经济增长的典型化趋势

增长的研究大致可分为两种思路：一种是动态一般均衡方法，另一种是演化论方法。动态一般均衡分析侧重于增长均衡路径的存在性，以及技术因素内生—外生性处理，但存在一些不足。首先，这种分析的结论并不符合长期增长过程的典型化事实，特别是发达国家早期从马尔萨斯陷阱向持续增长的转换，以及 20 世纪 50 年代以来各国增长绩效的巨大差异。其次，它完全忽视了增长的复杂过程及其微观基础，无法揭示技术进步的具体机制。实际上，增长是极其复杂的动态过程，它由不同企业竞争行为导致的经济结构变迁所推动，是一种非均衡的过程，而动态一般均衡模型恰恰忽视了这种过程。演化论方法虽然不很成熟，但对增长非均衡过程的方向和速度给出了比较合理的解释，补充了增长的动态一般均衡分析。

首先，演化论方法强调增长是一个选择过程。企业的创新、模仿、扩散这三种类型的行为，导致其多样性。这些多样性在企业之间的互动，形成不同的增长速率和生存状态，市场选择使得增长速率高的企业生存下来并获得更多资源，增长速率低于平均水平的企业被淘汰，从而形成不同企业分布的变化，由此引致结构变化，这就是增长的现实过程。可见，宏观增长是对微观多样性进行市场协调的产物，尽管我们总是在宏观层次上衡量增长，但只能将增长理解为微观驱动的现象，这样既把握了技术进步的实现机制，也确定了技术创新的主体。

其次，演化论方法认为，企业之间的竞争行为是增长的初始动力。但这里的竞争概念不同于新古典经济学均衡分析中的竞争概念。后者的完全竞争理论基于完全市场、价格接受者和自由进出思想，将竞争视为一种均衡状态；前者把竞争理解为对抗，基于企业多样性事实再添加垄断因素，定义为熊彼特式竞争，即竞争的驱动力不是价格调整而是创新。正是追求生存、适应和成长的竞赛，使得企业不断创新，使技术更迭进一步加速。

最后，演化论方法把企业创新行为与市场协调及信念和制度背景联系起来。创新包括现有企业实施的，或者新进入企业进行的，哪些创新会在市场上成功，并得到模仿或扩散，只有通过市场选择才能确定，创新的经济和社会后果直接取决于它们运用于一般用途的范围以及扩散程度。扩散程度则取决于市场对相互竞争的创新进行协调的方式。上述的创新及其市场协调，也是与广泛的信念和制度背景相适应的，这些信念和制度决定了创新的速率和方向，同时，技术创新及其增长作为快变量，迟早会影响信念和制度这类慢变量，所以，技术、经济与属于文化范畴的信念、制度之间，不同程度地存在共生演化的关系。

长期增长过程清楚地显示出由农业部门主导，经历工业部门主导，向服务部门主导的结构变迁。相应地，起主导作用的要素大致经历了土地、资本、技术、智力资本的转换，创新从工业部门主导阶段开始，其重要性逐渐增强，熊彼特归纳的创新内容包括产品、工艺、市场、资源和组织等方面，均与工业部门主导阶段相适应；而服务部门主导阶段创新的主要内容是创意，如构思、设计、程序等，特别是现代知识密集型服务业中的创新，其物质形态的成分越来越少，更多地表现为思想或意识形态的东西。所以，未来的发展趋势逐渐与服务业、智力资本、创意相联系，而这些方面均与文化因素和文化产业具有天然的共生关系。

生物学和生态学中的"共生"，是描述植物、动物、微生物等物种间关系及其与环境关系的概念。共生过程是不同单元的一种自组织过程和共同进化过程，合作协同、相互适应、相互依赖、共同发展、共同进化是共生现象的本质特征。正是由于服务经济发展趋势及其与文化的密切联系，我们把经济和文化的共生演进作为未来经济增长的典型化事实，正如工业革命后，基于科学的技术与经济共生一样，当今服务业结构不断优化，文化与经济共生是一种必然。

在服务经济条件下，增长的主要源泉是人力资本或智力资本，增长的创新动力是创意，一方面，智力资本的规模和创意的数量，更多地受到文化要素的制约，即人们的价值观、信仰、惯例等对增长的影响在增强；另一方面，基于智力资本创意的增长也在推动文化变革，从而产生两者的共生演进。相对于工业化社会的增长，经济与文化共生演进导致的一个重大变化，可能就是增长方式的转变，即主要依赖物质资源投入转变为主要依赖智力资源投入，因为智力资本的积累更多地依赖于文化要素和文化产业，而智力资本积累本身的大部分内容就是文化；文化产业的发达有利于智力资本积累，从而促进创意规模的扩大，同时，更多创意的产生带来文化产业门类的增加。可见，这种文化产业与经济增长的共生演进会产生正反馈效应，对两者均产生规模报酬递增。

在服务经济条件下，企业组织形态也会出现新的特点，由传统的层级制为主，转变为多种组织形式并存的情况，联盟式、网络式的企业组织形式大量增加，层级制形式本身也会逐渐减少纵向层次，向扁平式、集团式等形式转变。企业组织形式的转变，导致企业竞争方式的变化，由侧重于彼多此少的竞争，转变为侧重于合作式竞争，更多地关注共赢。在智力资本作为主要生产要素的条件下，企业管理的理念也越来越关注人力资源的激励作用；相应地，企业文化对企业经营战略和绩效具有越来越重要的作用，这反映了微观层次上文化与增长的共生演进。

最后，我们得到假说三：随着服务经济的发展和结构升级，经济与文化的共生演化成为趋势，由此改变经济增长方式和经济竞争方式。

（2008 年 6 月在上海交通大学的演讲）

出租车的不能承受之重

也许是因为今年以来写了几篇关于出租车的文章，我对近来发生的与出租车行业相关的新闻特别敏感。就在上海，前后不到一个月，媒体报道了多条这样的新闻。分析这些新闻背后的东西，不难看出，小小的出租车承载着当今社会的诸多矛盾和问题。这是它所不能承受之重。

新闻一：出租车运价上涨

上海市发改委于今年 10 月 9 日宣布，从次日起再次实施出租车运价油价联动，调整出租车的运价。据管理部门的测算，此次运价上涨，乘客平均要多支出 10%。有关专家测算的这一指标的结果是 12.5%。此次运价与油价的联动主要体现在两方面：一是本市实施"沪 IV"标准后，出租车主导用油标号发生变化；二是自上次调整运价以来，受油价上涨因素的影响。第一个理由充分且必要，第二个理由只能部分成立。尽管油价的长期趋势是上涨，但在一个具体的时期，涨跌互见是常态。与其把油价上涨因素放到这次涨运价的缘由中，还不如突出强调此次运价调整后，现行的临时性政府油价补贴将停止。事实上，政府用公共资源补贴出租车乘客的方式不可取。显然，这里有一个一直没有厘清的问题：出租车是不是公共交通？

在上海出租车运价上涨这条新闻被报道后，上海法学界人士即提出质疑，其程序是否合法？难道有了运价油价联动，出租车运价上涨就不需要经过听证程序吗？作为一名经济学者，我对此的反应是，运价上涨必然影响市场对出租车的需求，而且一次性涨幅高达10%，这对需求的影响是不可低估的。市民对出租车的需求减少，就将影响"的哥"们的收入，这是毋庸置疑的。有关负责人在解释出租车运价上涨的影响时，讲到上海出租车市场需求的增长，甚至还提到世博会期间将会增加的需求。事实上，就上海出租车市场需求而言，既有使其增长的因素，如经济增长、人口增长等，也有使其下降的因素，如轨道交通和私家车的发展。至于世博会，对于"的哥"们来说，这只是画的一个"大饼"，而不是真实的"饼"，而且，世博会只有半年。常识告诉我们，当讲到某种商品或服务价格上涨或下跌对需求的影响时，是假定其他条件不变的。也就是说，当其他条件不变时，这次运价上涨必然使上海的出租车需求减少。因此，我认为，当因油价上涨而要涨运价时，是否可以减少"的哥"们的"份儿钱"？殊不知，"份儿钱"已成为运价的重要组成部分，"份儿钱"下降可以部分抵消运价上涨。然而，"份儿钱"有下降空间吗？如果有，通过什么办法能够降低？

新闻二："钓鱼执法"真相曝光

2009 年 10 月 26 日，上海闵行区政府承认，"张晖非法营运"一案的行政执法行为取证方式不正当，导致认定事实不清，区交通执法大队在区建设和交通委员会责令下已撤销行政处罚行为。同一天，引起舆论更广泛关注的另一起"钓鱼案"受害人孙中界亦得以"平反"。上海浦东新区区长表示："10·14 事件现已查明，原南汇区交通行政执法大队（南汇区已并入浦东新区）在执法过程中使用不正当的取证手段。浦东新区人民政府责成有关部门依法终结对该案的执法程序，对当事人做好善后工作。"

分析这两个案例可以发现，在向服务型政府转型的过程中，政府有关部门在公共服务的定位、提供与管理等方面，存在着一系列需要认真学习、深入思考和深刻反省的地方。与此同时，我们还是要问，为什么"黑车"屡禁不止？这背后深刻的经济动因是什么？

新闻三：严打"黑车"

"钓鱼执法"真相公布后不久，上海市交通行政执法总队和公安交警部门从 11 月 1 日起，联合启动新一轮打击"黑车"专项整治行动，重点整治非法营运的出租车等违法行为。这一行动当然必要，但还是可以考虑是否需要多一点社会宽容，"黑车"不允许，"摩的"是否可以在特定范围内存在，就像现在对一些无证经营的小商小贩，只要无大碍，也不伤大雅，在一定范围内允许他们做点小生意，以维持生计。按照常规的推论，我们还是会问和上面类似的问题，开"黑车"的为什么不愿意开"白车"？人除了趋利倾向外，还有最基本的安全需求，开"黑车"终归提心吊胆。这足以说明，开"白车"也有负担过重的问题，也就是我们已经反复提到的"份儿钱"问题。

梳理一下，小小的出租车，有着与当下法律、政治、社会和经济相关的多个问题。限于专业背景，我还是进一步分析与经济相关的问题。

出租车是不是公共交通？这是一个需要厘清的问题。公共服务（public service）是对应于经济学中公共物品（public goods）概念的。由于这里的所谓物品大多是以服务形式存在的，因此，公共物品和公共服务通常是等价的。所谓公共物品，目前有不同的定义。从其特征角度看，公共物品是具有非竞争性和非排他性的物品。具有非竞争性的物品在数量一定时，多增加一个人的消费，成本并不会随之增加，即增加一单位该物品使用的边际成本为零。具有非排他性的物品是指一个人使用某种物品时，不能排除其他人同时从该物品中获得效用。一般来说，同时具有这两种性质的物品不多，国防、知识和不拥挤且不收费的高速公路，属于这一意义上的公共物品，也称纯公共物品。然而，人们通常习惯将私人物品以外的所有物品都称为公共物品，就像现在将除私人服务以外的服务都称为公共服务一样。这既容易造成误解，又将引起政府职能和行为的混乱。目前出租车市场上的乱象，就与此有一定的关系。这就表明，政府在出租车行业和出租车市场上究竟应当扮演一个什么角色，是一直没有解决的问题。

在现实生活中，我们所说的公共服务大多是混合服务，即私人资源和公共资源同时投入而生产出来的服务，如公共交通；还有一些服务，尽管是私人服务，但由于存在自然垄断倾向或存在管制，也经常被认为是公共服务，如自来水、出租车。由此可见，广义上的公共服务包括纯公共服务、混合服务，以及与自然垄断、共有资源和管制有关的服务。由于公共服务和混合服务中有公共资源，且政府通常是提供者；由于自然垄断、共有资源行业和被管制的有关行业，都有政府行为在其中发挥作用，因此，其中存在着比较特殊的供求关系和均衡机制。出租车的市场均衡及定价，就是典型的例证。

这里的问题看似都和"份儿钱"有关，其实不然。"份儿钱"只是一个现象，其背后是出租车运营模式问题。长期以来，关于出租车行业应当实行许可管制，还是放开经营；应该实行个体化经营，还是公司化经营，经济学界、法学界和有关管理部门对此一直有争论。基于比较现实的考虑，笔者首先同意"出租车行业需要许可管制"的观点。

专家将出租车数量许可管制的基本方式归结为：其一，控制和管理经营主体，只有具有出租车经营权的主体才可以经营出租车业务。其二，控制和管理出租车的经营权，只有取得车辆经营权，并经工商登记后，方可经营出租车业务。前者简称为主体管制模式，后者简称为车辆管制模式。主体管制模式肯定是公司化经营，车辆管制模式可以是个体化经营，也可以是公司化经营。

无论从经济学、法学理论的层面，还是从实践中的问题来看，主体管制模式都受到更多的批评。这一模式的要点：其一，政府将特许经营权以行政审批的方式无偿给予公司，而公司则通过"份儿钱"从司机那里获得特许权收益。其二，由于公司从政府那里无偿获得了特许经营权，事实上形成了"政企不分"的关系。其三，在主体管制模式下，有可能是公司购买车辆，车辆产权归公司所有，如上海的情形；也有可能是司机购买车辆，带入公司运营，如北京的情形。即便是后者，由于营运证属于公司，所以，实际的车辆出资人并没有车辆的所有权和运营权，而公司管理层成为事实上的车辆所有者和运营者。

专家认为，这种模式严重扭曲了经济关系，既不符合公平原则，也不符合效率原则，由此可能引发的问题是多方面的。首先，许可自我增值，即如果一项许可制度在其建立之时，没有采取措施防止可能产生的弊端，那么，原有的许可规制随着时间的推移会使负面的问题越积越多，并继而引发新的、更多的许可规制。这类情形在现实生活中并不鲜见。其次，由于特许经营权带来的利润丰厚，引致各类市场主体甚至政府部门、事业单位都打算进入，但许可有限，又是通过非公开竞争的方式审批，于是导致各种寻租行为，阻碍公民通过生产性的活动创造财富。最后，由于存在数量管制，经营主体的经营权又无期限限制，使已审批的许可与社会需求脱节，同时，被许可人形成近乎排他性垄断，进而造成管制失效，无法产生良好的管制秩序。

从世界各国的情况看，实施数量许可管制的常用办法，是政府公开和直接拍卖特许权。《中华人民共和国行政许可法》第53条也规定，行政机关应当通过招标、拍卖等公平竞争的方式实施特许。由于没有引入公开竞争的方式，主体管制模式无论与市场原则，还是与法理原则，都是格格不入的。因此，即便"出租车行业需要许可管制"，也只能是实行车辆管制模式。更进一步地说，要建立符合市场经济规律，有利于保护财产权利和经济自由的出租车管制模式。

车辆管制模式的许可，是指出租车车辆的经营许可，不是经营者的经营许可。当然，还有与此相关的许可有偿发放的方式、许可能否转让、许可是否附有期限、个体化经营和公司化经营的选择等问题。对此，专家比较一致的意见是，以车辆管制模式为主体制度，以有偿竞争方式发放附有期限的经营许可，对个体化经营和公司化经营持开放的态度，由此就有了建构出租车管制模式的基本思路。

当我们肯定车辆管制模式，再加个体化经营模式时，质疑的人们会以温州为例反驳我们。温州自1998年以来实行这一模式后，曾经出现出租车市场的乱象，将原本"政府—车主"两个环节演变为"政府—车主—中介—司机"四个环节，其状况一度是"政府收费在先，但疏于管理；车主成为投资人，坐收渔利；组织化黑中介'合法'存在，无本万利；累死累活的司机，不够交'份儿钱'"，进而酿成罢工事件。那么，这里的问题出在哪里？是否可以将其归咎于车辆管制模式和个体化经营模式呢？答案在很大程度上是否定的。

事实上，1998年，温州出租车行业进行重大改革以来，对行业的发展与城市形象改善起到了积极的作用。由此表明，这一改革的方向没有错。此后产生的问题集中在以下方面。

其一，出租车主管部门在有偿发放牌照和营运证后，如何尽管理之责？这是一个需要认真学习其他国家和地区的经验，并根据各个城市的情况，形成有效的管理模式。也就是说，在"市场的归市场"后，政府要明确还有哪些归自己，或需要由政府来加以协调的。

其二，车辆牌照和营运证是否可以成为投融资的对象？笔者原来也曾设想，在政府拍卖牌照和营运证后，（相当于一级市场）可以形成转让牌照和营运证的二级市场，如此这般，能够反映出租车市场的供求状况，为政府拍卖牌照和营运证提供可参照的依据。但是，在现阶段投资品匮乏且缺乏配套管理的情况下，是否需要对转让做出限定，就是一个需要政府、业内人士和专家审慎研究，并充分听取出租车驾驶员意见后才能决定的事情。

其三，在"政府—车主"两个环节之间，缺少了行业管理这样的中间环节。已有的实践证明，低成本的行业管理更能与出租车司机达成利益均衡，也符合出租车行业的特点。这里，行业管理的重要内容是从驾驶员行业自律和维护驾驶员利益两个方面入手，利用民间社团力量，形成健康的出租车行业发展格局；也可以考虑放开社会企业进入出租车行业。所谓社会企业，其经营活动不是以挣钱为目的，企业的发展目标是为了解决某个社会问题，企业的发展理念是以产生社会效益为基础。笔者认为，对出租车行业来说，选择个体经营加行业管理，或社会企业模式，是再恰当不过了。

（2009 年 11 月）

服务革命、服务化与现代产业发展

一、服务革命与农业革命、工业革命的比较

在现有的文献中，关于农业革命、工业革命都是宏大叙事，都被称为人类历史上的伟大革命。当我们试图在有关文献中查找服务革命时，却没有发现类似的表述。难道服务革命不是与农业革命、工业革命同样伟大的革命吗？答案当然是否定的。

服务革命，即服务业革命。从这个意义上来看，它也是产业革命。现在，对服务革命的认识，尚停留于比较具体的层面。我们可以在有关报道和文章中看到"服务革命"的提法。例如，"2008年地产关键词：沿海400体系引发的服务革命"。所谓沿海400体系，是指中国房地产首家全国性呼叫中心，堪称2008年度房地产市场从卖方市场到买方市场的一个标志性事件。从关注房子品质到关注服务提升，代表着传统地产商由开发商向服务商的一种转型尝试。又如，"瘦身银行搬进店，'兴业通'引领银行结算服务革命"。所谓"兴业通"，是利用智能刷卡终端作为设备支撑，依托中国银联

跨行交换和清算网络，为银行卡持卡人提供面向个体工商经营者支付需求的一种自助刷卡支付新业务。该业务不但保证清算资金实时到账，而且费用低廉，还具有附加的理财功能，尤其适合自己做生意的个体老板们。再如，"网络视频会议引导售后服务革命"；"方正科技的服务革命：超越消费者需求"；"'4S模式'引燃家电行业服务革命"；等等。可见，这些服务革命的提法都还停留在比较具体的描述层面。当然，我们已经在一些著名企业和研究机构的报告中看到相关比较深刻的研究，如德勤咨询公司的《全球制造业中的服务革命》，IBM倡导的服务科学研究中的有关成果。尽管如此，对服务革命的意义、特征还需要做具有一般性的研究和概括。

限于现在的认知能力，我们尚无法逐条梳理出服务革命的意义和特征，不过，在与农业革命、工业革命的比较中，还是可以有一些发现的。

其一，基于动力及来源的比较。农业社会的动力是可有限再生的人力和畜力。我们知道，第一次工业革命、第二次工业革命都是基于动力的革命。然而，无论是蒸汽动力还是电力，都主要是以不可再生的化石能源为来源的。这也是导致工业社会环境问题的根源之一。即便是可再生的水力发电，也是以不同程度地破坏自然环境为代价的。进入服务经济社会后，各种可再生的绿色能源，如风能、太阳能和生物能源，逐步成为其动力的来源。尽管在转化风力、阳光为能源时，也会产生环境问题，但是，随着绿色能源革命（也许就是第四次产业革命）的深入发展，这类问题是可以也必须解决的，否则，绿色能源革命就不成立。服务革命所引发的产业结构的深刻变化，为绿色能源技术的广泛应用创造了积极的条件。

　　其二，基于要素及其利用的比较。在农业社会，人们利用的要素主要是劳动和土地。由于劳动的低增值性和土地的有限性，并受制于当时的动力和技术条件，劳动和土地的生产率都是低下的。在工业社会，人们利用的要素主要是劳动和资本。由于动力和技术条件的极大改善，以及资本的增值性，专业化分工和大规模生产成为现实，劳动生产率和资本生产率得以极大地提高。除了技术革命的因素外，分工和规模经济成为解释工业经济社会发展的基本因素。然而，在其他要素（主要指技术）投入保持不变的条件下，劳动和资本都具有边际报酬递减的特性。同时，工业经济社会使用的化石能源和原材料均不可重复利用。这就使资源环境问题无法修复，进而在技术层面制约了该经济形态的进一步发展。

　　就要素及其利用而言，服务经济社会发生了两个方面的重大转变。第一，人力资本在越来越大程度上替代劳动（这里，人力资本表现为技术劳动和管理劳动，即复杂劳动；劳动仅指具备基本技能的简单劳动）成为重要的生产要素。诺贝尔经济学奖得主美国经济学家舒尔茨指出，我们的经济系统的最突出特点就是人力资本的增长。没有它，除了那些从财产中获得收入的人，就只有艰苦的体力劳动和贫穷。他认为，现在我们有大量的数据显示，在生产力增长方面存在着巨大的未得到解释的剩余，这种剩余体现了我们对经济增长无知的程度。在这些未得到解释的增长的组成部分中，隐藏着各种报酬递增的因素。在各种报酬递增的因素中，人力资本的重要性不言而喻。据此，舒尔茨提出了"专业人力资本是报酬递增重要来源的假说"。以后的经济学家对此做了大量的经验实证工作。第二，当基于互联网的信息资源在越来越大程度上成为人们生产生活的基本要素或条件时，其边际成本几乎为零，非排他和可重复利用等特性就显示出极大的优越性，进而成为解释服务经济社会各种要素的生产率都得以提高的一个重要因素。

其三，基于组织结构及其改变的比较。农业社会的基本经济组织是家庭，以及一些以家庭为基础的手工作坊。这些经济组织基本不和外部发生分工和协作的关系，自身承担从事经济活动的无限责任。这也是其在农业经济社会生产率低下、技术进步缓慢的一个原因。工业社会的经济组织除了继续保留家庭外，先是工厂（场），然后是有限责任公司和股份有限公司，逐一成为基本的经济组织。家庭作为经济组织，其基本功能是消费和投资，工厂和公司的功能是专业化生产和投资。随着市场失灵的出现，政府也日益成为公共意义上的经济组织。家庭、公司和政府成为工业经济社会推动经济发展的三大组织形态。现今，我们可观察到的服务社会在组织结构方面的主要变化是：第一，互联网使家庭（自然人）再度成为具有广义生产功能的经济组织，淘宝网上的商户就是例证；第二，基于信息技术和信息产业所构建的平台，公司制度产生了前所未有的可调整性，或曰弹性。这些就从组织灵活性的层面，拓宽了技术创新、管理创新和制度创新的空间，进而为经济组织的活力形成创造了更多的可能性。

其四，基于商业模式及其演进的比较。农业经济的商业模式比较简单，小规模生产、自给自足，是其基本特征。服务经济和工业经济在商业模式上的基本区别，可以从规模经济的角度给出解释。经济学关于规模经济的定义是，基于在固定投入较大的制造业行业，随着产量增加，平均成本下降这一事实而得出的。在服务业的大部分行业，都不存在类似制造业的规模经济。但是，降低单位产品或服务的平均成本，是任何商业模式得以成功的必备条件。也就是说，如果制造业降低平均成本，其来源主要是固定成本，那么，服务业降低平均成本，其来源就主要是可变成本。在服务业，可变成本主要是人工成本，这就意味着，要让单位员工为更多的服务需求者提供服务。那么，怎样做到这一点呢？服务业发展的经验事实（不同规模的品牌化连锁经营，就是典型的经验事实）表明，以品牌—渠道—网点（终端），锁定一定规模的消费者，以社会化的供应链管理为基础，支撑多品种、小批量的产品和服务提供，构成其商业模式的经典特征。当然，这一商业模式不是规模经济理论所能解释的，尽管范围经济理论可以给出部分解释，但还需要理论创新，以进一步给出更加完整和一般化的解释。

　　我们知道，动力来源的可再生性、要素利用的报酬递增性、组织结构的弹性和商业模式的新特性，是服务经济社会中的一些比较典型的现象。尽管这还不足以概括服务革命的意义和特征，但是，由此产生的推动社会经济发展的现实意义，是十分重要的。而且，据此观察农业经济、工业经济和服务经济的历史进程，可以发现其中有着否定之否定的革命性意义。譬如，农业社会使用的是可有限再生的动力；到了工业社会，就基本是以不可再生的能源为动力来源；再到服务社会，可再生能源逐步成为主要的动力来源之一。此外，还要特别指出的是，服务革命的社会意义是不容忽视的，经济活动的法治理念、契约精神和商业道德，一方面在服务社会充分地表现出广泛且深刻的必要性；另一方面也在服务社会中得到充分的发育和完善。

二、服务化是新型工业化的内涵之一

无论是我们原来所说的工业革命，还是更加一般意义上的产业革命，其内涵都是技术革命。它们的区别是，前者主要指制造技术革命，后者则包括制造技术革命和服务技术革命。在人类发展的历史上，第一次工业革命以蒸汽机为代表，是机械技术革命；第二次工业革命以电力为代表，是电气技术革命；第三次工业革命以计算机为代表，是信息技术革命。如果说机械技术和电气技术主要是制造技术，至少在早期是如此，那么，信息技术就是制造技术与服务技术的结合，并日益以服务技术为主体。基于技术进步这一主线，在工业经济形态的后期，经济学家、社会学家都提出了关于后工业社会的经济形态划分问题。因此，我们认为，服务化是新型工业化的另一个内涵，这个内涵同样体现着经济发展方式的转变。

三、现代产业体系的形成和发展

在服务革命和服务化的背景下，现代产业体系将如何形成？其发展又将呈现怎样的趋势？ 这些是我们必须高度关注和正确把握的。唯有如此，我们才能根据动态比较优势的原则因势利导，推动现代产业体系的形成和发展。

在一个高度市场化的经济体中，产业体系首先是在市场需求的影响下形成的。尽管由此可能出现某种滞后性，但是，该产业体系的基本面是健康的、有活力的。这可以通过比较计划经济体制和市场经济体制曾经的实践得到证明。由此给我们的启示是，中国经济体制的市场化改革还必须继续深化，这对现代产业体系的形成至关重要。

值得一提的是，在企业和居民的服务需求比重不断提高，服务需求日益呈现潜在性特征的背景下，产业体系的形成和发展要能够更加灵敏地反映需求及其结构的变化。也就是说，现代产业体系要具有一定的超前性。尽管这是一件有较大困难的事情，但并非不可以做到。然而，靠什么做到这一点呢？并不是靠政府的规划或产业政策，而是靠活跃的创业、创新活动，靠企业家精神。在一个充满着企业家精神的社会，自主创业、自主创新是市场主体的自发行为，而这种行为在缺乏条件和环境的时候，就将受到极大的抑制和扭曲。正是创业者、企业家孜孜不倦的"试错"，才得以更好地满足市场需求，进而才得以形成现代产业体系，并推动其持续发展。因此，现代产业体系的形成和发展总是与企业家精神联系在一起的。

政府的规划和产业政策只是在存在外部性或提供公共服务的情况下，才有可能对市场产生补充作用。这里比较典型的就是教育溢出和技术溢出。实践证明，政府在教育，包括义务教育、职业教育和高等教育，以及技术创新的公共平台和制度建设等方面，如果能够做得更好一点，那么就有可能对促进现代产业体系的形成和发展起到应有的作用。然而，现状是不尽如人意的。在未来的10年、20年里，我们必须在建设人力资源强国、建设创新型国家的实践中取得突破，这将对现代产业体系的形成和发展产生重大的影响。

现代产业体系不同于以往产业体系的一个方面，就是文化产业成为其重要的组成部分。正如产业的边界在模糊、内容在融合一样，文化和经济也以前所未有的速度和方式在融合。这种融合是文化日益成为生产要素使然，是现代产业演进使然。这就预示着，人类社会已经从产品的时代、服务的时代，开始步入文化的时代。从本原上说，这是人们的物质性需求，包括产品和服务两个方面的物质性需求在很大程度上得到满足后，精神性需求上升到重要位置的结果。能够满足精神性需求的要素和产业，正是文化要素和文化产业。随着服务业在现代产业中的作用不断提高，并由附属型产业转变为依赖型产业，再转变为知识和智力密集型主导产业，经济增长已经并将继续显现两个相关的典型化事实：一是制造业服务化和服务业流程化导致的经济活动报酬递增，会提高长期经济增长率。二是知识和智力密集型服务业对经济增长的贡献率将不断提高，具体体现为经济产出的无重化，即"经济价值正在不断非物质化"，这在相当程度上是通过文化产业的增长而实现的。为此，我们在把握服务业变化趋势的基础上，重视文化要素对经济增长的贡献，文化产业在现代产业体系中的地位，有着重要的现实意义。

现代产业发展还有赖于生态文明建设和经济社会协调发展。胡锦涛总书记最近在省部级主要领导干部深入贯彻落实科学发展观、加快经济发展方式转变专题研讨班上的讲话，对生态文明建设和经济社会协调发展都做了专门的阐述。他指出，要加快推进生态文明建设，深入实施可持续发展战略，大力推进资源节约型、环境友好型社会建设，加快推进节能减排，加快污染防治，加快建立资源节约型技术体系和生产体系，加快实施生态工程，推动整个社会走上生产发展、生活富裕、生态良好的文明发展道路；要加快推进经济社会协调发展，针对社会发展和民生领域的突出问题，大力推进以改善民生为重点的社会建设，加快提高教育现代化水平，加快实施扩大就业的发展战略，加快社会保障体系建设，加快发展面向民生的公益性社会服务，更好地推进经济社会协调发展。可见，生态文明建设、经济社会协调发展与现代产业发展是互为因果的关系，我们要在转变经济发展方式的战略层面处理好它们之间的关系，使它们相得益彰、共同发展。

（原载于《探索与争鸣》，2010 年第 4 期）

美国病,中国病

在美国金融危机的当口——2007 年的 9—10 月间,我到美国走了一圈。就像有人说,在宏观经济不确定性较大的时候,10 个经济学家会有 11 种预测一样,在危机开始的时候,每个去美国的人也都会得出不尽相似的结论。这很正常,因为去美国的每个人接触的人不同,观察的行业或地点不同,再加上每个人的专业背景,甚至风险偏好不同,会得出差距较大的结论。然而,这并不重要,重要的是要在危机"病因"的分析上达成共识。这无论对研判危机的走势,以实施针对性较强的对策,还是分析总结经验教训,以利形成中国经济和金融的后发优势,都是有益的。

一、什么是"美国病"

这场金融危机所暴露的"美国病",不仅是一场"大病",而且是典型的"综合征"。从实体经济看,生产、消费等环节都出了问题;从市场体系看,房地产市场、信贷市场和衍生品市场都出了问题；从美国联邦政府的角度看，其经济政策和金融监管也都出了问题。更加根本的问题是以美元为中心的国际货币体系的"助纣为虐"，"使得美国在过去 25 年能够不断扩大经常账户赤字"（索罗斯语），成为美元流动性泛滥的源头。这也是"美国病"殃及全球的源头所在。

"美国病"是"富贵病"。长期的高消费，就是其"富贵病"的一个征候。简单地将美国的高消费归咎于美国人及时行乐的文化，是违背经济学常识的。所谓美国的高消费，就是其消费率高于世界平均水平。在第二次世界大战后的几十年里，美国的高消费是建立在人均占有资源水平较高、长期和平稳定的社会环境、经济持续增长带来的财富效应、比较完善的社会保障制度等基础上的。而且，在第二次世界大战后的大部分时间里，美国收入分配差距调控得比较好，也是保证其高消费的一个原因。20 世纪 90 年代以后，信息技术和信息产业革命使美国经济保持了较长时期的增长，由此，一方面带来了前所未有的财富效应，另一方面也积累了大量的风险和泡沫。正是由于这些因素的综合作用，形成了美国人高消费的消费文化。

"美国病"的另一个征候是"发高烧"。20 世纪 90 年代以来，信息技术和信息产业革命引发的新经济，使美国政府和经济学家都热昏了头，进而为所欲为，酿成大祸。美国研究宏观经济的著名学者多恩布什曾在 20 世纪 90 年代说，经济周期可能不存在了。如果此话成真，那就意味着经济会持续增长，不会出现衰退，更不会出现危机。美联储和格林斯潘对金融市场不加监管的理由是，金融市场是最有效率的市场，它能够吸引足够多的参与者，通过充分竞争实现资源配置，从而进行自我校正和自我管理。研究金融市场的诺奖得主们也认为，金融市场上的价格上升不是泡沫，而是效率的体现。如此看来，美国人在 21 世纪初叶再次上演了一场"人有多大胆，地有多大产"的闹剧，只是其包装得更加具有欺骗性，最终把他们自己也给骗了。

二、什么是"中国病"

"中国病"的表征，在于多年来我们一直试图要转变的经济增长方式（现在改称"经济发展方式"）。它也是"综合征"，其征候就是中国经济中的各种结构性矛盾。中国的产业结构，过度依赖和发展制造业，快速成长的生产能力，势必导致大量出口，造成国际贸易的长期不平衡。这是"中国病"的一个症结。与这一产业结构相适应，供应结构的状况是，工业制成品及其生产能力供大于求，有些甚至还很严重；能源、原材料供不应求，靠大量进口补充；服务供不应求，可由服务业增加值占 GDP 的比重低于低收入国家的平均水平得到部分说明。分配结构在近几年中趋于恶化，初次分配后的劳动所得、资本所得和税收收入，后两者的占比上升，前者的占比下降，消费率之所以下降，在这里得到最充分的解释。这样的分配结构就决定了支出结构，即消费支出水平不断走低，投资需求占比居高不下。就像现在要刺激内需，仅靠刺激消费需求肯定不行，必须主要靠刺激投资需求，只是希望新的投资项目能够满足人们日益增长的公共服务需求，而不要再增加已经过剩的生产能力。此外，还有投入结构的问题，即比较粗放的投入格局没有得到根本性的扭转。以能源结构为例，在我国一次能源消费结构中，石油、天然气消费比例明显低于世界平均水平，煤炭消费的比例明显高于世界平均水平。目前，我国新能源、可再生能源的消费比例也明显低于世界平均水平。

"中国病"是"贫困病"。消费不足，尤其是农民的消费水平较低，是"贫困病"最直接、最具体的征候。在经济学看来，消费是收入（指个人可支配收入）的函数，唯有收入较快增长，消费才可能相应增长；唯有消费持续增长，才能表明老百姓福利的提高。无论是科学发展，还是要构建和谐社会，都必须以老百姓福利的提高为基础和目的。然而，就这一点而言，中国的差距不小。

统计数据显示，目前我国消费率大大低于国际平均水平。与国际平均消费率高位稳定并趋于微升的趋势相比，我国最终消费率（包括政府消费和居民消费）仅在1978—1981年有一定幅度上升，即从62.1%上升到67.5%，居民消费率从48.8%升至53.1%；此后长期趋于下降，1997年最终消费率降至58.2%，居民消费率降至46.5%；2003年和2004年最终消费率又进一步降至55.4%和53.6%，同期居民消费率则降至43.3%和41.9%。与此同时，世界平均消费率却从2000年的77.2%上升到2003年的79.0%。与钱纳里等的标准结构中工业化中期阶段的消费率65.0%相比，我国目前消费率还低了12个百分点。按照世界银行的统计，目前全球的平均消费率约为77.0%，固定资本形成率为23.0%。由此，不难看出我国消费

率的低下和投资率的高企。总体上看，世界各国消费的增长与
GDP 同步或略高于 GDP 的增长，平均消费率稳中趋升。绝大多数
国家在经济达到中等收入水平后消费结构升级加速，消费率通常会
出现一定幅度的上升，然后稳定在一个比较高的水平，成为支撑经
济增长的主要动力。与国际的消费率比较，我国的消费率显然远低
于世界平均水平，并长期呈下降趋势，明显偏离了世界经济发展的
一般趋势和标准结构。因此，积极扩大消费需求，逐步提高消费
率，是治疗"中国病"的"良方"。

三、"美国病"和"中国病"的比较及思考

"美国病"的根源，从美国本土来看，是金融监管的缺失，也
就是政策和制度设计的缺失，而这一缺失又与现行的国际货币体系
有关。那么，"中国病"的根源何在呢？显然，既在于发展阶段，
又在于现行体制。发展阶段是一个不可以更改的事实，因此，后发
国家要谋求更好更快的发展，都必须提供一个良好的社会政治环
境，一个逐渐优化的制度安排，与现实的发展水平和发展瓶颈达到
某种均衡，唯有如此，才有可能获得追赶效应。事实上，第二次世
界大战后的几十年里，获得这一效应的国家和地区并不多。中国改
革开放后的 30 年，应当说获得了这一效应，但还存在制度安排滞
后，即改革滞后的问题，这些滞后构成"中国病"的根源。

"美国病"和"中国病"不仅"病因"不同，而且，"身体"的
"底子"也不同。美国的人均占有资源和人均拥有财富都大大高于

中国，且其国民收入的一大部分来自高科技、人力资本、行业标准和品牌等的"溢出"，因此，两国的"抗病"能力是有差异的。现在中国经济的确有较大的成长性和调整空间，在发生危机时可以有回旋的余地。虽然当前大国间格局及中国的国际地位都发生了不同程度的变化，但是，中国的整体发展水平还相对落后，中国的强大还需要时间。因此，关键还是要把自己的事情做好。

中国和美国的"底子"不同还表现在，美国处于产业的高端、市场的高端，其"病灶"主要在虚拟经济，而中国处于产业的低端、市场的低端，其"病灶"主要在实体经济。这就决定了各自要用不同的"药方"来"治病"。美国要加强对虚拟经济即金融市场的监管，譬如，金融机构要将资本充足率的底线与其承担的资产风险挂钩，并对债务杠杆率设置上限。中国则要从全面深化改革入手，切实转变经济发展方式，有效解决实体经济的产能过剩问题，以及服务业、农业"短板"问题。

区分中国和美国的这些不同，还告诉我们，尽管市场制度会发生失灵，就像这场金融危机有市场失灵的问题，但是，政府干预不可能替代市场制度。而且，从酿成这场金融危机的事实中，可以清晰地看到，美国政府和美联储的政策失灵才是这场金融危机的真正元凶。当然，我们还必须承认，在这场金融危机的背后，有着人类目前对金融发展不能认知的问题。而对中国来说，现在的主要问题是市场发育不足，需要建立和完善市场制度，然后才是市场失灵的监管问题。这里的"然后"，不是具体时间的先后，而是问题的逻辑顺序。特别需要指出的是，政府监管并不是解决市场失灵的唯一

"药方",更不是最好的"药方";政府监管与政府失灵相伴而生,因此,对于转型经济体的中国来说,更加坚定地推进市场化,审慎地选择监管和干预,是至关重要的。

这些年来,我们经常说美国是世界最大的发达国家,中国是最大的发展中国家,两者的经济有很强的互补性。在常态时,此话无大错。在非常时期,这种互补就成为互斥了。对这一现象的深入思考,使我们认识到,对非均衡条件下的全球化,要有更加完备的前瞻性制度设计,新兴经济国家对此要承担更大的责任,由美国主导全球化进程的时代,一定要随着这场危机的结束而结束。从某种意义上说,"美国病"和"中国病"是全球经济长期不均衡发展的结果,因此,如果全球化的机制对这一不均衡熟视无睹,那么,其后果是十分可怕的。

（原载于《国际市场》,2010 年第 6 期）

分享经济能够颠覆资本主义吗？

如果说商品经济比自然经济多了两个字——"交换"，其重要前提是"剩余"的产生，那么，分享经济就给交换增加了一种可能性，交换"闲置"。近年来，"分享经济"（与"共享经济"同义，本文中两者混用）这个词很热，分享经济这个商业模式备受推崇。对于分享经济将带来一场资源利用的革命，人们大多可以接受，但是，对于它是否会带来一场颠覆性的制度革命，则有着根本的分歧。本文试对上述观点做一个梳理和评析，并给出笔者本人的观点。

一、资源革命，抑或制度革命？

杰里米·里夫金的《零边际成本社会：一个物联网、合作共赢的新经济时代》的中文版于 2014 年 11 月由中信出版社出版后，在中国赢得了远比在美国更多的积极评价。《读书》杂志 2016 年第 1 期的开篇《当"分享"成为"主义"：物联网开启新时代》中，刘方喜认为："里夫金在三次工业革命的历史脉络中，勾画由'物联网'开启的'分享经济'新时代，而这关乎'西方道路'这样的'大问题'：所开启的并非只是一种全新商业模式，同时也是一场静悄悄的革命。"分享经济将要革资本主义的命，里夫金就是这么断言的，他在《零边际成本社会：一个物联网、合作共赢的新经济时代》中提道："拥有超过百年历史的资本主义体制已经力不从心……21世纪下半叶，它能否在经济体制中保持主导地位是极不确定的……到2050年，协同共享很可能在全球大范围内成为主导性的经济体制……这也就意味着，资本主义体制将丧失在经济中的主导地位。"里夫金是一位未来学家，他的这些表述都是在做预测。当然，准不准就拭目以待了。

为了不至于使问题的讨论"南辕北辙"，我们先要来界定本文所说的资本主义是什么意义上的资本主义。中信出版社于2015年出版的《从资本家手中拯救资本主义：捍卫金融市场自由，创造财富和机会》，作者写道："资本主义，或者更准确地说，自由市场经济，是人类创造的最有效的组织生产和安排分配的方式。"笔者认为，这是西方国家学者最为典型的关于资本主义的定义。尽管马克思对资本主义做了社会制度意义上的批判，但其后资本主义自身也经历了曲折的发展，到了"最高阶段"后，又"峰回路转"，获得了较快的发展。因此，社会制度意义上的资本主义走向如何，还需要进一步观察。这是一个更大且更复杂的议题。本文关于资本主义的讨论，仅在"组织生产和安排分配方式"的意义上讨论。里夫金根据分享经济的发展，挑战资本主义体制，显然也是从这个意义上出发的。

　　刘方喜在《当"分享"成为"主义"：物联网开启新时代》一文中肯定里夫金观点的同时，谈到了马克思。他认为："以'蒸汽机'为代表的'革命家'彻底革掉了封建主义的命，资本主义'开机键'被按下了；但作为历史唯物主义辩证法大师，马克思指出，资本主义'关机键'也被同时按下了：大机器生产也葬送了资本主义——但是，资本主义似乎并没有迅速被'关机'或'死机'，二十世纪尤其'二战'后的第二次工业革命使其躲过了灭顶之灾，其死亡'暂停键'被按下；而现在，第三次工业革命则再次按下资本主义死亡的'重启键'，其死亡已进入倒计时。"刘方喜似乎根本不怀疑再次发生"暂停键"被按下的情形，他说，"《零边际成本社会：一个物联网、合作共赢的新经济时代》可谓一份语调温和的死亡判决书，而这回扮演革命家角色的是'物联网'，由其开启的'分享主义'，作为一种消解资本价值逻辑的新的价值原则，则可谓这场静悄悄革命的新式武器。"仅仅根据"物联网"这些年的运作，若干家基于分享模式的公司的实践，就得出"分享主义"是"一种消解资本价值逻辑的新的价值原则"的判断，笔者以为，这可能过于武断了。

　　这场革命究竟是一场什么性质的革命？是一场资源革命，现在就已经达成共识；是一场制度革命，则有革命的内容和程度的分歧。里夫金和刘方喜已经肯定地认为，这是一场瓦解资本主义的制度革命。

　　笔者在罗宾·蔡斯的《共享经济：重构未来商业新模式》（浙江人民出版社 2015 年版）一书的"赞誉"部分看到了更多的观点。

姜奇平认为："共享经济正成为自法国大革命以来，人类的又一次产权制度革命，正在创造一个既非公有经济，亦非私有经济的混合所有制的新产权制度。"其实，混合所有制是先于分享经济出现的，分享经济是否会加速混合所有制的发展，还需要进一步观察。吴甘沙指出："本书揭示的不仅仅是一场资源革命（资源使用最优化），更是前所未有的生产关系革命。"他说的"生产关系革命"主要是指"生产资料所有制演变为租用制"。魏武挥说："共享经济是另外一种路径的资源革命，不仅具有极大的商业价值，还有极其深刻的社会意义。"这里，社会意义可能主要是指资源节约。

二、业界人士眼中的分享经济

《共享经济：重构未来商业新模式》的作者是美国分时租赁互联网汽车共享平台 Zipcar 的创始人罗宾·蔡斯。作者根据已有实践提出了共享经济的三个理论，并在此基础上将其概括为"人人共享模型的核心要点：第一点，利用过剩产能（分享资产）实现实际的经济效益。第二点，科学技术可以让我们建立共享平台，使分享变得简单易行。第三点，个人是具有影响力的合作者"。通过互联网、物联网技术，充分利用过剩的或暂时闲置的资源，这种商业新模式对参与的个人有一定的要求。不过，已经有评论者说了，从本书的英文书名 *How People and Platforms are Inventing the Collaborative Economy and Reinventing Capitalism* 看不出"新商业模式"的意思，倒是要"再造资本主义"。但是，纵观全书的内容，以及上述的"核心要点"，蔡斯主要在告诉我们一种新商业模式，她特别强调，人类要共同面对资源——气候、水源和食物的问题。

我们看到，分享经济正在比以往更快地发展，分享经济模式正在迅速成为某一类公司的扩张工具。在过去的一个时期，Uber 和 Airbnb 分别成为全球估值第一和第三的创业公司。Uber 是没有汽车的全球最大出租车公司，Airbnb 则是没有自有房产的全球最大的住宿服务提供商。可见，它们是创造并提供一个交易平台，以充分利用全社会的闲置资源，为需求方带来便利，为供给方带来收益。它们和其他互联网公司迅速扩张有一个共同点，那就是这个交易平台不需要实体门店，闲置资源的拥有者和使用者都在网上下单和付款，给快速增长带来了可能。业内人士已经发现，类似 Uber 和 Airbnb 的分享经济，有着比较严苛的必要条件：一个可预期的全球化的市场，并且没有明显的文化和地域障碍；有广泛的、符合人性共同特征的需求；有可供唤醒和整合的供给，且不需要做大量投资和建设；轻资产公司，有快速扩张的商业模式。

笔者在"老虎财经"网站看到一篇主要引用业界人士观点的有关分享经济的文章。美国凯托研究所在线杂志《自由凯托》发表克里斯托弗·库伯曼的文章称，大家通常看到的所谓"分享型"经济，其实根本不存在什么分享，"事实上，人们从互利的交往中获益"。长期关注分享型经济的自由记者阿维·阿什萨皮罗也认为，分享型经济的确存在，如沙发客、借给邻居一把电锯、顺路送亲戚去机场。但是，付费搭乘、收费过夜，或有偿的家务劳动，与从面包店买面包并无二致。他认为，利用智能手机或网站作为交换的途径并不能使交易变身为分享，因为这并没有从本质上改变消费者、劳动者和管理者三方之间的关系。他反对将利用互联网平台所从事的交易都作为"分享经济"。在路边招手打车和通过Uber预订专车，真的有什么实质性的区别，以至于前者只是传统经济，后者可以被称为"分享型经济"？他们的答案是否定的。总之，他们反对滥用"分享"一词。他们认为，至少到现在为止，共享经济的本质是通过整合线下的闲散物品或服务者，让他们以较低的价格提供产品或服务。对于供给方来说，通过在特定时间内让渡物品的使用权或提供服务，来获得一定的经济回报；对需求方而言，不直接拥有物品的所有权，而是通过租、借等共享的方式使用物品。由于供给方提供的商品或服务是闲置的，而非专门为需求方提供的，因此，需要一个平台对数量庞大的需求方和供给方进行撮合，就产生了主营共享经济的平台公司。与传统的酒店业、汽车租赁业不同，共享经济平台公司并不直接拥有固定资产，而是通过撮合交易，获得佣金。共享经济的另一个核心特质是，"共享"是指将个人所有的暂时闲置的资源拿来共享，获得一定的收益，这才是共享经济的核心实质。因此，虽然一些业内人士极力从道德价值的角度描述分享型经济对人类未来的好处，但分享型经济显然并不是单纯的公益概念。

腾讯研究院最近发布的《中国分享经济全景解读报告》指出，分享经济是公众将闲置资源通过社会化平台与他人分享，进而获得收入的经济现象。分享经济是一种非公益性分享，供方和平台方在分享过程中获取经济收益，不同于互联网常见的知识分享、开源软件、信息和数据分享等。

三、边际成本为零就免费了吗？

里夫金的逻辑是，分享经济之所以能革资本主义的命，是因为在新技术的作用下，边际成本为零，出现了免费的商品（服务），它们在惠及广大民众的同时，将颠覆资本主义的内在矛盾。这里需要讨论三个问题：一是边际成本为零是怎么回事？二是这里的免费商品就是经济学原来所说的"free goods"吗？三是里夫金提出的资本主义内在矛盾指什么？

边际成本是每增加一单位产量所导致的总成本增加量。在短期（存在不能改变的固定投入时）成本函数中，总成本是固定成本与可变成本之和，边际成本只与可变成本有关。因为产量增加时，固定成本不变，只有可变成本才随着产量的变化而变化。此时，边际成本随着产量增加而减少的范围是有限的，而且，由于边际生产力递减规律的作用，这一递减达到最低点之后，就随着产量增加而递增。在长期，所有投入要素均可变化，也就意味着不存在固定成本和可变成本之分。此时，固定成本高的行业，其边际成本下降就有较大的空间。包括里夫金在内，现在人们所说的边际成本为零（严格地说是趋近于零），就是针对这种情形说的。在产品或服务中，越是固定成本占比较高，可变成本占比较低时，随着产出不断增加，边际成本就越有可能趋近于零。这是因为，在现实的生产过程中，可变成本往往是不变的。在充分理解了边际成本的概念后，就不难发现，边际成本趋近于零，甚至为零，不是也不可能是平均成本为零。只要为零的边际成本不等于平均成本，价格就不会为零，因此，里夫金所说的"免费商品"几乎是不存在的。

有些经济学教科书为了说明作为经济学研究对象——资源是"economic goods"，就会相应提出"free goods"，就此说明，一个是收费的资源或物品，另一个是免费的资源或物品。这里，免费是因为资源充足，如空气，使用者都不需要付费。然而，里夫金并不是在说这一类资源或物品，而是在说"economic goods"。因此，即便当"economic goods"的边际成本为零时，使用者确实没有付费，却总是有人在付费的，例如，现在流行的第三方付费模式。而且，当消费者在免费消费互联网上提供的信息、娱乐或知识服务时，至少他们使用的终端是不免费的，同时，这些终端是在快速折旧的。"天上不会掉馅饼"，无论是对经济学家，还是老百姓而言，都是一样的。

四、何为资本主义的内在矛盾？

尽管我们在《零边际成本：一个物联网、合作共赢的新经济时代》中没有看出里夫金从分享经济到颠覆资本主义的严密逻辑，但是，他的资本主义内在矛盾的观点还是有必要讨论一下。他说："行业领袖会争取市场份额以建立垄断，这样他们就能够以高于边际成本的价格出售商品，阻碍'看不见的手'引领市场达到商品或服务近乎免费的最有效模式。这一困境就是资本主义理论与实践的内在矛盾。"由这一段表述可以看出，在里夫金看来，资本主义的这一基本矛盾也就是市场经济的内在矛盾：一方面企业家试图通过垄断（实为规模经济）获得超额利润，另一方面市场竞争不断地将利润率平均化。其实，这恰恰是市场经济的内在动力所在，也是企业家和市场之间的良性互动。企业家区别于企业主或商人，有着更大的获取超额利润的动机和能力，规模经济、持续创新和承担风险，就成为他们获取超额利润的主要途径。说这个矛盾是导致资本主义颠覆的内在矛盾，似乎很难有说服力。

长期以来，我们有一个关于资本主义基本矛盾的表述：生产社会化与资本主义私人占有之间的冲突。在现实社会经济生活中，这个基本矛盾演化的具体结果是什么？纵观资本主义 500 多年的历史，不难发现，这个基本矛盾直接表现为资本主义深刻的内在矛盾，那就是效率与公平的矛盾。资本主义或者说自由市场经济，创造了史无前例的经济效率，但是，它自身无法克服社会公平的矛盾，无法解决社会公平的问题。所以，社会主义作为一种制度，现实中更作为一种因素或一种政策，在资本主义国家得到实践，社会保障制度的广泛建立就是最为有力的证据。

可见，在效率这个资本主义因素起作用的同时，社会公平正义的进一步改善，一直是并将继续是缓解资本主义内在矛盾的主要措施。只要这些措施仍然在发挥作用，那么，我们在可以预见的将来，就看不到资本主义即自由市场经济被颠覆的可能性。至少到目前为止，人类社会还没有发现可以替代市场经济的有效组织生产和分配方式。一如已有分析所指出的，目前的分享经济并不具有公益性，所以，它的社会价值主要在资源节约，而不是再分配。解决资本主义内在矛盾的措施，肯定要在分配和再分配格局上发生革命性变化，不然基尼系数如何缩小？公平正义如何弘扬？目前，北欧国家的一些实践在较大程度上实现了这些变化。

五、共享发展才是制度本质的彰显

如果说商品经济比自然经济多了两个字——"交换"，其重要前提是"剩余"的产生，那么，分享经济就给交换增加了一种可能性，交换"闲置"。这里的"闲置"是拥有者暂时不用的"剩余"。大致符合上述若干"必要条件"的"闲置"，成为分享经济的基石。互联网、物联网技术使汇集和交换这些"闲置"变得更便利，进而使边际成本趋近于零。这是分享经济的充分条件，是另一个基石。由此，作为商业模式的分享经济成为一种现实，带来的主要变化是闲置资源的充分利用。分享经济的本质和意义大致就在于此。

然而，与共享发展相比，分享经济只是技术，共享发展才是制度。我们在编制"十三五"规划时，提出了五大发展理念，其中之一是共享发展，让广大人民群众共享改革发展成果，是社会主义的本质要求。共享发展注重的是解决社会公平正义的问题。"十三五"规划建议要求从增加公共服务供给，实施脱贫攻坚工程，提高教育质量，促进就业创业，缩小收入差距，建立更加公平更可持续的社会保障制度，推进健康中国建设，以及促进人口均衡发展等八个方面，落实共享发展的理念和任务。显然，这里的共享发展与分享经济有着根本的不同，一个是在讲制度变革，一个是利用技术变革形成商业模式。

怎么看资本主义和市场经济的未来？对于如此宏大的命题，一些具有不同学科背景的未来学家感兴趣，并基于一些已经发生的客观事实，做出研判，本来是值得肯定的。但是，这里最为忌讳的也是过去我们常犯的错误——急躁。看到历时不长，仅仅是一种新的商业模式的分享经济（甚至有学者和业界人士对分享经济是否为新的商业模式，都表示怀疑），就有人惊呼：资本主义要被颠覆了。还有一个例子。有人预测，大数据和云计算技术可能会在对接需求和供给上发生革命性变化，因此会产生一种新的计划经济。这也要继续观察大数据和云计算技术的发展，以及它们在运行机制和商业模式上带来的进一步变化，特别是要等待关键性制度变化的出现，才好做出比较确定性的判断。

人们为什么总是急躁？笔者认为，一是因为人的主观能动性总是在起作用，特别是在那些有话语权或决策权的人身上表现得比较强烈。所以，有话语权的人尤其要谨慎；决策权则要关在"笼子"里，使其受到约束。二是现实社会各种矛盾和问题的倒逼。人们在这些矛盾和问题面前，总想做些什么，加上有任期限制，人生又苦短，急躁就在所难免。但是，急躁的危害很大，容易搞出泡沫，把好端端的持续发展给破坏了。这方面的教训实在太多。所以，现代国家要通过治理体系和治理能力的建设，来解决这个可能致命的问题。

（原载于《文汇报》，2016 年 4 月 1 日）

工业4.0还是产业4.0,这是一个问题

德国提出的"工业4.0",现在是一个热词。但是,德文原文的industrie 4.0,究竟译为工业4.0,还是产业4.0?我一直有困惑。也许有人会觉得,译为工业还是产业,没有必要那么苛求,有些用词已有约定,这里的工业和产业是等价的。对于专业人士,他们可能会在这个等价的意义上理解 industrie 或 industry,但是,在全社会意义上,还是会引起误解的,毕竟在很长的时期,我们所说的工业只是一个主要对应制造业的概念,产业则是一个整体性的概念,不是也不可能是仅指制造业。思来想去,这不是一个翻译的问题,而是如何理解和把握产业演进、产业革命,以及如何思考和推进产业升级和发展的问题。

德文的 industrie 对应的英文单词是 industry,它既译为工业,也译为产业。那么,在什么情况下译为工业,在什么情况下译为产业?这很重要。工业和产业的内涵与外延有着质的区别。这里,首先需要引入历史的线索。"First Industry Revolution"译为第一次工业革命是合适的,因为它意味着工业1.0(机械化)横空出世,新

动力和新工具革命性地产生，它同时革了手工业和农业的命，一个被称为制造业（manufacture 或 the manufacturing industry）的产业诞生了，农业的新生产方式亦成为可能。"Second Industry Revolution"译为第二次工业革命也说得过去，可以无处不在、无时不在的电的发明，使工业（这里主要指制造业）从它的 1.0 时代到了 2.0（电气化）时代，将制造业、农业（在大规模农业地区尤为明显）革命性地提升到了一个新的阶段和层次。因此，人类社会从单一的农业社会进入了工业社会。这里，工业即制造业。这两次工业革命打造了一个新的产业——制造业。

"Third Industry Revolution"和"Fourth Industry Revolution"译为第三次工业革命和第四次工业革命就有些勉强了。这是因为代表 3.0 的信息化和 4.0 的智能化，产生革命性变化的内容已经不是来自制造业，而是来自服务业。这里的服务业主要是指生产者服务业。我们不必从大家都已经熟悉的信息化开始说（信息技术革命将信息产业裂变为信息技术制造和信息技术服务业），而只要从智能化说起即可。

一、智能化让农业和工业"没有了"

所谓"化"都比较抽象，我从一个实例来剖析智能化。2015年，我在以色列特拉维夫大学游学期间，正值学校举办以色列农业科技展览，校方安排游学团去参观了这个展览。在以色列，农业科技有着极其特殊的地位；在全球，以色列的农业科技也有着强大竞

争力和影响力。看完这个展会，我的感觉是：农业没有了，农产品
还在。以色列前任总统佩雷斯说，真正的农业"95%靠科学，5%
靠耕种"。我的感觉和佩雷斯这句话虽然角度不同，我是从产业和
产品出发，他是从科学和技术出发，但想表达的意思是差不多的，
那就是，传统意义上的农业已经不存在了，人们期待已久的农业现
代化已经在以色列实现了。展会上的一位工作人员告诉我，由于环
境和需求的倒逼，以色列的农业科技在许多方面是超过美国的。如
果说以色列狭小的国内市场从一开始就决定了创业在这里必须独辟
蹊径，进而形成了高科技创业的特色，那么，极其恶劣的自然环
境，决定了以色列必须在农业领域实现高水平的创新特色，才能养
活这个国家的老百姓，使他们得以生存和发展。

在展览会上，各家农业科技公司在提供什么？我走马观花，主
要看到如下几类。

第一，各种解决方案（solutions），涉及农业科技、农业生产、
农产品流通、农业工程设计和施工、农业设备安装和服务，甚至还
有农作物种植和牲畜养育的大数据分析方案，以及工程和设备的融
资或租赁方案。第二，技术与设备交易。第三，工程承包，如滴灌
工程建设、智慧大棚（smart house）安装。所以，我们可以说"农业
没有了"；再假以时日，可以说"工业没有了"。这些当然只是现象。

从本质上说，"农业没有了"，是技术进步条件下产业融合乃至
全产业融合的结果。因此，这个现象要放在产业融合的背景下才能
得以正确认知和把握。自工业化开始，农业和制造业的融合就已经
开始，机械化的工具进入农业的生产环节。此后，电气化、信息化

的工具和服务也陆续拥抱农业，直到今天在以色列看到的农业智能化，其实还包含着工业智能化、服务智能化。至此，在农业的产出即农产品上，土地和劳动的作用都显著地下降了，科技、服务、人力资本的作用显著地增强了。这在美国这样的大规模农业国家，在以色列这样的农业自然条件极其恶劣的国家，首先凸显了出来。在其他国家，包括中国，科技、服务和人力资本对农业的作用也不同程度地表现出来了。因此，农业就越来越像其他产业了。之所以像，是因为有了共同的内涵，那就是智能化的技术和服务在产业中普遍发挥作用。

由此可以发现，智能化是先由创意，到解决方案，再到智能技术（包括制造技术和服务技术），进而形成为客户所使用的智能化产品或服务。

二、产业 4.0 是全产业融合

自信息技术革命以来，产业发展的一个基本特征和趋势就是产业融合。农业、制造业和服务业相互渗透和融合，今天的农产品、工业品和各种服务几乎都是在全产业融合中生产出来的，这意味着全产业融合将会从根本上改变产业体系。但是，由于用数据反映产业体系演变的统计体系总是滞后的，导致我们仍然按照农业、工业（制造业）和服务业来认识产业体系和产业发展。事实上，在全产业融合和国民经济信息化、服务化和智能化的背景下，一、二、三产业，或农业、制造业和服务业的分类，不仅不能充分反映产业发展的内涵，而且会产生各种错误的认识和政策。当然，统计分类滞后是一个很难避免的问题，新的调整和分类需要很长时间才有可能出现。在这种情况下，我们要充分研究和揭示这一滞后的现实及可能产生的问题，并尽可能吸取和采纳理论界与国际组织关于产业分类的最新研究成果，在准确把握产业演化内涵和全产业融合的基础上，研究产业发展战略和发展政策。

在第一次工业革命以前，农业单打独斗，历经数千年，进步十分缓慢。工业革命以后，农业生产工具和其他生产资料搭上了工业革命的快车，发生了革命性的变化，尤其在大规模农业发展较快的国家和地区，农业劳动生产率得到了极大提高。以全要素生产率提高为标志的制造业发展，是在信息技术革命以后，生产性服务业突飞猛进的裹胁下得以实现的。服务业一方面依赖国民收入提高，带来消费性服务业的发展；另一方面，随着分工水平和专业化水平的提高，生产性服务业成为异军突起的产业部门，并成为经济增长的主要解释。所以，三次产业的第一、第二和第三是序数词，本身就蕴含着产业演进的深意：首先是制造业提高农业的劳动生产率，其次是服务业（主要是生产性服务业）提高制造业的劳动生产率和全要素生产率，最后是以生产性服务业为关键变量，引发一、二、三产业的革命性融合，形成新的产业链、价值链架构，进而提高全产业的劳动生产率和全要素生产率。正是在这个意义上，我们认为，全产业融合是产业结构调整升级的关键路径。

在三次产业的框架中观察过去数十年的产业发展，由专业化分工深化而逐步形成和壮大的生产性服务业，是成长最快、对经济增长和结构优化贡献最大的产业，尤其是其中的研究开发、创意设计、金融、通信、物流和专业服务等部门，成为国民经济的先导产业或主导产业。然而，过去的一个时期，我们对生产性服务业的认知存在偏见，仅仅将它们作为为制造业提供服务的部门，所谓生产性服务业是"2.5 产业"的说法，就是这种认知的具体表现。其实，生产性服务业是一个为全产业提供中间服务的部门，农业和制造业一样，都是其提供服务的对象，服务业自身是其最大的服务对象。在现行的 GDP 增加值法（生产法）的统计中，服务业增加值的占比，最好地说明了这个问题。

智能化服务是目前生产性服务业提供的最高端的服务。德国提出工业 4.0 这一概念本身，一方面带有深刻的反思；另一方面是要试图大规模发展智能服务，整体提升德国经济的能级。德国是一个高端制造大国，制造业贡献了经济增长的重要部分，使其在金融危机、欧债危机中持续保持一定的增长。但是，德国的制造业始终以产品为主，德国人在反思，为什么自己的产品主要是生产功能的价值，而缺乏服务的增加价值。为此，智能化的融合、智能工厂的建设，可能是未来的发展方向。基于自身较强的装备制造工业，在国家战略下合作建设互联的智能工厂系统可能是重要的路径，进而使德国成为新产业革命的先行者。

三、"互联网 +" 助力智能化和产业 4.0

产业 4.0 的实质在于，工业、工业产品和服务的全面交叉渗透。

这种渗透借助软件，通过在互联网或其他网络（如物联网）上实现智能化的大规模定制。这里，服务的核心在于智能化，即制造智能化和服务智能化。在很大程度上，制造智能化是通过服务智能化实现的。互联网成为产业 4.0 和智能化的基础性平台。

2012 年，美国提出"工业互联网"；2013 年，德国提出"工业4.0"；2015 年，中国提出"中国制造 2025"与"互联网 +"。互联网的发展进入了一个全新的阶段。新阶段的关键特征是其应用从消费及服务领域进入工业制造领域和其他各个领域。

鉴于制造业在现代经济中的核心地位，互联网进入工业制造领域意味着经济核心部分的互联网化。"互联网 +"则意味着，互联网应融入经济与社会的各个环节。所谓经济与社会的各个环节，大而言之，包括工业、服务业与农业，互联网融入这些产业部门，分别称为"工业互联网""服务业互联网""农业互联网"。中而言之，既包括工业中的各个产业，如钢铁、汽车、电子、化工与能源等，也包括服务业中的各个产业，如金融、零售批发、教育、旅游与体育等，还包括农业中的各个产业，如种植业、林业、牧业与渔业等。互联网融入这些行业，分别称为"互联网汽车""互联网能源""互联网金融""互联网旅游""互联网种植"等。小而言之，则包括各个企业的生产、销售、购货、管理与运作过程等，这些过程都可以由互联网技术与平台来优化。微而言之，还包括各种产品的制造、设计、检验、研发与控制环节等，这些环节也都能通过互联网技术与平台来改进与完成。

当然，这将是一个逐步融入的过程。就现状而言，"服务业互联网"已先行，下一步的关键是"工业互联网""农业互联网"的跟随，然后在逐步融入中观、微观各行业和环节的过程中，实现以智能化为核心的深度融合。而且，这个深度融合的"黏合剂"就是智能服务。

这样的"互联网＋"意义何在？简而言之，"互联网＋"的意义在于从根本上提升经济运行效率，同时节省成本，并提高产品和服务质量。如何做到这一点呢？关键在于"互联网＋"通过大数据的应用、云计算的手段与互联网平台的使用，实现人—人联结、物—物联结、人—物联结，进而通过这些联结所产生的逼近完全信息（信息对称），来处理经济运行过程中出现的各种问题。完全信息是决定性因素，基于完全信息的决策准确、迅速，意味着智能化，从而在根本上改变经济运行方式，极大地优化效率、降低成本与提高质量。我们需要进一步观察的是，这种完全信息对于制度完善的倒逼。因为现实生活中的不完全信息（信息不对称）很多是由制度安排造成的，再加上技术服务手段的落后，使其成为常态。如果基于"互联网＋"的大数据应用、云计算手段与互联网平台的整合，能够倒逼制度安排的改变，实现完全信息，这无论是在经济学意义上，还是在经济社会发展的意义上，其作用都是不可估量的。当然，必须承认，这里还有许多问题需要研究和回答，也需要实践的进一步检验。

（原载于上观新闻，2016 年 8 月 3 日）

"中国式创新" 集聚中长期增长动力

    中国经济正面临较大的下行压力，确实有些反映短期运行的数据波动比较大。但是，同样有数据表明，由创新驱动的结构优化、新旧动能转换持续向好。近年来，直到 2019 年第一季度，高技术制造业、战略性新兴产业增加值的增长，基本保持在两位数以上。

    由中国国情、时代背景和创新生态等因素综合作用，中国的创业创新呈现出强烈的自身特点。由这些特点决定的中国式创新正在集聚中长期增长动力。

一、理由一：大国规模优势

    经济学家认为，市场规模是决定经济活动的关键因素。同样，市场规模也是影响创新的关键驱动因素之一。人口容量巨大且收入增长较快，使得企业的创新试错更容易实现；较大的市场规模，使得企业更容易收回研发成本，并不断加大研发投入。这就是大国创新和中国式创新的优势所在。这一优势持续影响着中国的创新，以及由创新推动的增长。规模优势是中国式创新的第一个特点。

二、理由二：技术红利阶段

中国式创新的第二个特点是时代红利，具体表现在技术红利。中国改革开放的进程与第三次工业革命从萌发到勃兴的过程大致吻合。技术创新成果以各种可能的方式，推动着中国的经济增长。概括起来，这些可能的方式主要是三种：模仿、集成和原创。或者如通常所说的，"引进、消化、吸收、再创新"。与发展阶段相适应，我们走过了主要从模仿获得技术红利，到通过集成获得技术红利，再到以原创获得技术红利。这三种方式从一开始就交织在一起，只是比重在发生变化。华为的 5G 原创技术，就是创新紧扣时代变迁和技术革命的极好例证。

三、理由三：区域集群创新

创新及其成果产业化有着强烈的区域集群特征，这是由创业创新生态、新兴产业生态需要人才、环境等多种因素综合作用，进而高度集聚决定的。在美国，创新及其成果产业化集聚在硅谷、波士顿和圣迭戈等为数不多的地方。中国式创新不仅与此有关，同时也和中国国情和地理特征联系在一起。中国是一个区域发展不平衡的大国，东部地区，尤其是粤港澳和长三角，经济相对发达、创新生态相对完善。这些区域已经出现像上海、深圳、杭州等科创资源集聚、新兴产业发展的城市，成都、长沙、合肥甚至贵阳，也在朝着这个方向大步迈进。

中国式创新——规模优势、时代红利和区域集群创新，是我们说中国经济持续向好的基本面没有变的主要理由。

（原载于《文汇报》，2019 年 5 月 31 日，标题有改动）

Part 2

公共利益至高无上

公共利益至高无上

  在社会经济生活中，各行为主体都会遇到自己的两难选择，但不同主体化解两难选择的方式是不同的。一般来说，居民和厂商按照理性原则，"两害（利）相权取其轻（重）"，在市场供求与竞争的运行机制中化解两难选择。政府是现代社会中公共权威和公共利益的代表者，因此，政府化解两难选择的方式、机制不同于居民和厂商，政府的选择是公共选择，政府理性是公共利益最大化。

  公共选择有着不同于私人选择的实现方式和实现机制。公共选择所做的是非市场决策，即集体决策。所谓非市场，是指公共选择的决策范围是公共物品的资源配置问题，即有关国家、政府、国防、治安、消防、教育、环保、财产权和再分配等问题。在这些领域，经济市场的运行规则难以对资源进行合理配置，所以，只有通过非市场的集体决策来决定公共物品的供给。所谓集体，是指单个自然人或法人的决策不在考虑范围之内，但凡有人群的地方，集体决策就不可或缺，因而公共选择成为必然。对于非市场的集体决策，最为重要的是制定规则。在人与人之间存在偏好差异的情况下，必须以规则使人们的行为协调起来。因此，在决策问题之前，首先要决策规则，以选择那些能够反映和满足一般人偏好的规则。因此，非市场的集体决策规则成为公共选择理论研究的主要内容。唯有这些集体决策规则，才能保证政府在两难选择中做出合乎公共利益的选择。

追求公共利益最大化是政府行为的最高目标，是政府选择的最高原则。然而，政府既是由个人选出也是由个人组成的群体，因此，选举规则和个人的目标追求是决定政府选择和政府行为的重要条件。在任何不合理的选举规则下产生的政府，以及政府官员为满足不合理的个人追求而采取的行动，都将损害公共利益。由此可见，建立高效、廉洁的政府体制和公务员队伍，以保证政府行为和政府选择的公益性、科学性和前瞻性，已被视为推动社会经济持续发展的基本因素。在当今的国际背景中，各国政府的选择行为还要考虑国际社会和国际组织的反应。

政府优化两难选择的方式和机制的过程，正是不断改革自身的过程。在我国，政府改革的任务是双重的。在建立社会主义市场经济体制的过程中，要对传统体制中作为社会经济唯一主体的政府进行重新定位，逐步还其公共服务机构的本来身份，以适应新体制的要求；在社会文明进步的过程中，也有一个不断改革政府任务的过程，这是政府把握社会经济发展全局、引导社会经济发展方向的一般要求。譬如，当发达国家领潮流之先，正步入知识经济时代的时候，中国从整体来看，还处在工业化的进程中。但是，对处于中国经济"高地"的上海来说，政府就有一个重大的两难选择，即如何在传统制造业与服务业以及高科技制造业与服务业之间重新配置资源的问题，从而做出有所为有所不为的选择，率先提升上海产业、产品和服务的科技含量，以增强上海可持续发展的能力。因此，政府只有准确地为自己定位，并形成科学的选择方式和机制，才能为有效地化解两难选择，完成自身的历史使命，提供基础性的条件。

政府化解两难选择的具体操作，还要求进一步提高政府决策体制与机制的科学化，这既包括程序的科学化，又包括手段的科学化。两难选择都是一些复杂的社会经济问题，化解并非易事，因此，对政府的操作提出了很高的要求。决策程序和手段的科学化，是实现这些要求的基本保证。政府决策的科学化还需要一系列条件，诸如政府机构设置合理化，政府官员素质不断提高，政府议事、办事程序健全，政府决策所需信息充分和可靠，等等。

政府在现代社会中扮演着重要的、不可替代的角色，尤其在中国改革与发展的特殊历史时期，政府更是责任重大。一个时期以来，东西方国家都在呼吁改革政府，要求政府更多地向社会转移职能，以试图建立所谓"小政府、大社会"的模式。这固然是一个方向和目标。这里，我们不能忽视一个重要的前提，即社会的发育程度。我国政府改革的进程正是社会发育的过程，现在由政府化解的两难选择，以后将由社会自己来操作。然而，在充分认识必须达到这一目标的同时，要审慎地把握达到这一目标的每一个具体环节，困难也许正在于此。

（原载于《解放日报》，1998 年 10 月 20 日）

还政府与企业本来的关系

在市场经济中，政府和企业是什么关系？答案是：政府是服务者，企业是主体，是被服务者。这么一个本来十分简单的问题，在中国经济转轨的过程中，被搞得比较复杂，甚至有些"异化"：企业的主体地位并不完整，有时还会受到侵犯。因此，从这个意义上说，中国推进建立社会主义市场经济体制的改革，就是要还原政府与企业本来的关系，让企业这个财富主体具有应该有的活力和权利，以创造更大的效率和福利。

从今年（指 2003 年）8 月 1 日起，上海市工商行政管理部门按照"界定距离、突出重点、分类监管、强化效能"的原则，在全市推行企业分类管理制度，就是向这一"本来的关系"迈出了实质性的一步。这一制度的主要创新点在于理念的转变：从"违法推定"转变为"守法推定"，即从推定所有企业都有可能违法，面面俱到地实施监管，转变为推定多数企业守法，优化配置管理力量，对少数企业实施重点监管。套用一句技术创新的话来说，这一创新是一种模仿性创新，因为在成熟市场经济国家，政府对企业都适用

"守法推定"，这是国家法律对所有主体"无罪推定"的自然延伸。事实上，只有在"无罪推定""守法推定"的前提下，才能摆正国家与公民、政府与企业的关系。

"违法推定"不仅在理念上与现代文明格格不入，而且根据其隐含的假定，似乎政府始终要看管着所有企业，大有防不胜防之势。在现实生活中，经常会出现芝麻没捡到，又丢了西瓜的情形：政府不该管的管了，既增加了不必要的管理成本，又束缚了企业手脚，企业并不欢迎；该管的没有管，或没有管好，市场秩序总是不尽如人意，守法企业和消费者不满意。因此，变"违法推定"为"守法推定"，将使那些违法企业的市场秩序的"死角"得到有效监管，必将受到广大守法企业和消费者的欢迎。

这一制度的另一创新点，是制定者考虑了中国转轨经济的特殊性和国际惯例的一般性，如转轨经济中市场主体发育水平不一致，行为差异比较大；又如对不同行业的企业具有不同的监管要求，因此，需要实行分类管理的方法。分类管理制度将从对所有企业实施一视同仁的无差别监管，转变为界定距离、差别监管：对长期守法经营的企业实施"远距离"管理，一般不予检查，让守法企业感觉不到政府的存在；对重点和热点行业企业，实施"近距离"管理，根据行业特点和要求，密切关注，适时开展检查；对有严重违法行为记录的企业，实施"零距离"管理，加强日常检查和突击检查，让违法企业感到政府的监管无处不在、无时不在。由此实现监管工作的两个转变，监管方式从原来的体力型、粗放型向智力型、集约型转变。这无疑将提高政府管理效率，进而提高市场运作效率；同时降低政府管理成本，并减少企业的交易成本。

笔者认为，由分类管理制度引发的思考是深刻的，政府应当举一反三，牢固树立政府与企业间的平等关系、服务关系。即使在执行监管职能时，也必须认识到，监管是服务的功能之一，是为了营造让绝大多数企业自由、便利和高效经营的环境，而不仅仅是为了查处违规行为。纵观发达国家市场经济成熟的过程，我们可以发现，市场在自然发育的过程中，是由市场主体、消费者、投资者和监管者共同培育出来的，不是也不可能是监管出来的。因此，任何有效的监管都应当顺应市场发育的需要。"守法推定"的监管与这一理念和思路是一致的。

如上所述，推行分类管理制度是政府职能在理念层面的革命，同时也是操作层面的重大转变，在实施过程中会遇到这样或那样的具体问题。笔者认为，以下几个方面应特别予以注意。首先，工商行政管理部门对企业的分类，要求掌握充分的信息。无论是市场主体，还是行政主体，正确的决策、科学的管理都以充分的信息为前提。分类管理亦如此。其次，企业的生产经营活动是一个动态的过程，因此，工商行政管理部门对企业的分类管理也必须是动态化的。事实上，这里的动态化同样是要求掌握企业动态的信息，及时对分类做出必要的修正。最后，为了适应这一管理制度，工商行政管理干部要"干前学"（培训）和"干中学"，在政府职能转变的大背景下充分认识这一全新管理方式的意义，从而自觉地更新观念、提高素质、积累经验，使推行分类管理制度的实践，成为实现服务政府、责任政府改革目标的重要组成部分。

（原载于《上海工商》，2003 年第 9 期）

"霸王条款"如何治理?

　　市场经济体制是否完善的一个重要标志，就是主体的成熟程度。国有企业改革、民营企业发展，都是为了形成与市场经济相适应的合格主体。消费者也是市场经济的基本主体之一。近一个时期以来，消费者以及各地的消费者协会对电信业、金融业、民用航空业、旅游业、房地产业、餐饮业、零售业、中介服务业，甚至医疗和教育部门的"霸王条款"展开了比以往更加全面而深刻的批判。这一方面是消费者日益成熟的表现；另一方面表明"霸王条款"已成为完善社会主义市场经济体制的众矢之的。

　　"霸王条款"中的"霸王"是谁？它通常是指拥有行政权力的有关部门，或是具有自然垄断和寡头垄断倾向的部门。在现实生活中，这两个部门之间又有着天然的联系，因为后者往往受到前者的规制。在这些规制中，既有保护性的内容，也有约束性内容。最近，信息产业部提出，2004 年底将出台电信服务标准，就是减少对电信行业的保护性规制，增加约束性规制。因此，这里有加快政府改革、进一步转变政府职能的问题，也有引进市场竞争机制，彻底打破垄断，弱化垄断部门的垄断优势，努力促成消费者与经营者"势力均衡"的问题。

事实上，现如今的"霸王条款"已远不是以上两个部门的"专利"。像旅游业、房地产业、餐饮业、零售业等，都是竞争比较充分的行业，行政部门也不可能赋予它们制定"霸王条款"的权力，那么，为什么还存在如此之多的"霸王条款"呢？笔者认为，在这些部门存在"霸王条款"的原因有二。

其一，是信息不对称。经营者拥有比消费者更多的信息（包括专业知识），房地产商总是比购房者更清楚房屋的质量，保险合同中多有消费者难以理解的生涩词汇；经营者又总是试图夸大对自己有利的信息，如不实的价格折扣；同时，隐瞒对消费者不利的信息，如旅游景点和酒店的实际服务水准。因此，经营者就利用信息不对称，炮制了一系列"霸王条款"。纵观目前存在的"霸王条款"，在信息不对称条件下产生的不在少数。

其二，是不确定性。在商品尤其是服务提供的过程中，总会发生由不确定性引起的意外情形，如各种意外引起的航班误点，由此对消费者权益造成的损害，经营者应当如何承担责任？目前，许多格式合同都没有很好解决这个问题，每每遇到这一情形，消费者的权益无法得到保证。当然，要考虑双方合理承担，但更要充分注意到消费者处于弱势的事实。也就是说，由不确定性产生的不良后果，经营者理所当然地要多承担责任。

如果说治理行政权力和垄断部门的"霸王条款"，主要将通过深化改革，让行政权力退出，使垄断尽可能减少，对其采取釜底抽薪的措施，那么，治理由于信息不对称、不确定性形成的"霸王条款"，主要将依靠以合约管理为核心的制度建设，做到信息发布、信息透明、信息公正、不确定性后果承担等方面的制度化，以解决各种形式的商业欺诈和不公平待遇。毋庸讳言，中国目前是一个不完全具备契约制度和契约精神的国家，这就导致消费者与经营者之间保持信息对称，以及合理承担不确定性后果，缺乏法制、制度和文化基础。因此，从根除"霸王条款"入手，将十分有利于培育消费者和经营者权利平等的现实环境，并使与市场经济相适应的契约制度和依法治理得以完善。

在比较一致地反对"霸王条款"的声音中，也有为经营者说话的声音，两种声音都听一听很有必要。有人认为，当我们注意到消费者利益的同时，也不能忽视经营者的利益。现在也时有消费者恶意侵犯经营者利益的事件发生。这些消费者被厂商称为"刁民"。笔者认为，除了极少数别有用心的消费者外，消费者侵犯经营者利益的案例，大多是消费者过度维护自身利益而做出的不当反应。与"霸王条款"相比，这些都是"雕虫小技"了。如果有对消费者利益受损的明确补偿机制，通常就不会有过激行为的发生。我们在清理和废止"霸王条款"时，呼唤消费者和经营者之间的平等条款和平等权利，并通过依法治理和公共服务促成消费者与经营者的"势力均衡"，从而保证这些平等条款和平等权利的充分实现。

完善社会主义市场经济体制，还有许多艰巨的任务等待我们去完成，克服"霸王条款"就是其中重要的一个方面。有报道称，面对媒体就"霸王条款"的追问，几乎没有企业出来表态。由此可见，消除"霸王条款"需要企业的自觉性，但更需要良好的竞争环境和制度环境，使企业在"霸王条款"难以存在的环境中自觉放弃"霸王条款"，自觉理解市场经济是消费者主权经济的真正含义。

（原载于《解放日报》，2004 年 10 月 14 日）

彩票的经济学透视

作为新闻事件的陕西彩票案已经尘埃落定。尽管该案的涉案人员已经被绳之以法，然而，由此引发的关于社会公正的思考，是广泛而深刻的。本文拟从经济学的视角，对彩票以及相关的公正、公平和公开的问题进行初步的探讨。

一、彩票的经济学本质

彩票、支票、汇票等都有一个"票"字，所以，从纯粹的字面分析，它们存在着共同的经济实质——票据，也就是信用工具，或者叫金融工具。

票据最早可以追溯到中国 10 世纪末北宋时，大量用纸印刷的货币——"交子"。随着人类社会信用体系的进化，后来就衍生出了以国家信用为基础，由国家依法发行的货币和国家债券，以及以商业信用为基础的商业票据。

从彩票由国家依法发行的过程来看，它是一种以政府（国家）

信用为基础的、国家对公民的负债。同时，作为金融工具，它还具备期限、流动性、风险、收益这几个典型特征。所以，一般来说，彩票是一种国家信用工具，是一种特殊的国债。其主要的特殊之处在于，它不是以到期偿还为条件的。因此，从其特殊性看，彩票是一种高风险、高回报的金融工具。发行者为了化解高风险，通常采用小面值的方法，其中奖率也就极其微小，小到了在经济学上可以忽略不计的程度。所以说，彩民购彩票本质上是公民对国家信用的无偿捐赠。然而，由于那个小概率的高回报又客观地存在，因此，我们也说彩票是一种"投机性"的娱乐游戏。

从其特殊性出发，可以给出彩票的更深层次的经济学解释：彩票是国家以政府信用为基础发行的官方票据，本质上是一种自愿税。首先，说它是一种"税"，是无偿征收的政府收入。其次，是一种"自愿税"，是与法定义务无关的、彩民自愿自觉交纳的税。这里所谓的无偿，是指政府没有责任对于某一具体彩民的下注额给予相应的经济回报。买彩票虽然有奖，但那不是彩民与政府之间交易的结果，而是政府按照随机原则对自愿纳税人的一种奖励。此时，人们可能会联想到另外一种票——"有奖发票"。没错，从这个意义上说彩票的经济学本质，就是政府发行给自愿纳税人的一种有奖发票。

二、国民收入再分配原理给予彩票合法性和合理性

既然政府发行彩票是一种税收行为，那么，接下来的问题自然

就是彩票基金的分配问题。在 18 世纪，欧美国家就出现了民间彩票业的活动。当这些国家的政府意识到，发行彩票可以弥补财政收入不足后，便开始将彩票合法化。1876 年，美国就发行了四种彩票筹集教育基金，由此建立了哈佛大学和耶鲁大学。可见，彩票作为国民收入再分配的一种方式是有其历史渊源的。

在市场经济条件下，竞争性、营利性领域的资源配置始终受到"看不见的手"的支配。然而，在社会经济体系中，那些公益性、非营利性领域的资源配置是无法取得正常盈利的，这就需要政府通过财政收支功能来解决这些市场失灵问题。当与法定义务相联系的税源仍然不足以保证这些领域的资源配置时，就可以通过征收"自愿税"的方式来加以补充。发行彩票就是征收"自愿税"的有效实践。在经济学意义上，通常通过发行彩票来补充资源的领域有两个：一是"公共产品"部分，如社会救助（反贫困）、赈灾、残疾人事业、环境保护等；另一个是"公益品"部分，如体育事业等。所以，发行福利彩票、体育彩票是合法的。国民收入第一次分配的局部公平性，以及第二次分配的普遍强制性的先天缺陷，也构成了发行彩票征税的合理性。因为通过发行彩票筹集资金发展社会公益事业，既顾及了弱势群体享有的公共资源不足，又能让广大彩民以参与娱乐游戏的方式慷慨解囊。这就是一种"微笑"税收。

三、公正、公平和公开是彩票业的生命线

可能有人会问，既然彩票是由政府发行，用来征"自愿税"的

合法合理的金融工具，而且具有非常高的风险和回报，同时投入又很低，那么，可否将彩票理解为合法的赌博工具呢？

政府通过发行福利彩票、体育彩票，包括众人呼吁的教育彩票，来募集社会资源，并将这些资金投入各项社会公益事业之中，因此，社会才是最大的赢家，个人则按规则在其中得到一定的利益。这就与赌博中只有少数人得到最多的赌金有着质的区别。虽然彩票运用了市场经济中的"博弈"和投机心理，但其主体是为了引导大家为公益事业做点贡献，而非以营利为目的，所以，不能把它看成是一种赌博。

诺贝尔经济学奖获得者刘易斯认为，历史向人类提示，彩票并非贪婪的产物，而是人类天性具有摆脱道德天性的欲望，而彩票是决定过程免受不正当影响的人人平等而且合理的方法。也就是说，人们买彩票想发财并没有错，热爱财富是人的本能，这符合经济学中的"经济人"假设；投机又是人类与生俱来的一种心理，而彩票这种幸运游戏能带给人们一种期待和乐趣。所以，彩票是一项健康的事业，是一种休闲文化。问题的关键是，必须做到彩票的发行过程和奖励发放的公正、公平和公开。

四、陕西彩票案的经济学批判

首先，既然彩票的发行基础是国家信用，就必须捍卫它的法律严肃性，决不能随便拿强大的国家信用来谋取个人福利。试想个人信用与由国家信用所带来的财富之间是多么的不对称，由此产生的信用风险是多么的巨大！一旦个人信用不能实现，国家信用也必然会受到沉重的打击。在这个信用经济社会，任何信用体系的损害都会对社会产生灾难性的影响。20世纪此起彼伏的金融危机不就是因为公民对国家货币的兑换信用失去信心的结果吗？因此，在相关彩票的发行、销售和经营没有科学的制度保障和法律许可的情况下，陕西彩票案中相关的官员随便转移国家信用，这种做法就是有损国家信誉的行为。

其次，彩票尤其是福利彩票、体育彩票作为一种娱乐休闲工具，我们可以享受这种游戏工具带来的乐趣，但不能故意夸大运气可以致富的错误思想，甚至拿这种思想去挑战社会的主流价值观。民众是需要教化的，民众的力量也是巨大的。陕西彩票案中农民兄弟刘亮中奖没有什么稀奇的，这完全是概率决定的结果。这是简单的常识。但有一些媒体丝毫不顾及社会影响，硬是把一个老实巴交的农民推到了本来就对一夜暴富"朝思暮想"的部分民众面前。你能想象到对那些资源本就极其匮乏的农民工和普通民众来说，这种一夜暴富改变人生命运的错误思想的影响力吗？你知道当前民工在国民经济中的劳动贡献率有多大吗？他们每个人偷懒一小时，国家的损失何止千万！所以，我们的媒体要正确地引导舆论导向，帮助民众树立正确的财富观。

总之，彩票的积极作用不容置疑。为了社会公益事业的健康发展，为了彩票市场的可持续发展，第一，必须加强对彩票市场的监督和管理；第二，必须从法律上严格保证彩票发行、经营的国家垄断许可权；第三，必须加快彩票市场的法律建设和制度创新，形成更加科学的、更有制度保障的运行机制；第四，相关媒体必须以对社会负责的态度来把握彩票市场的新闻传播工作。

借助这场社会风波，挖出了利用彩票大发不义之财的"社会蛀虫"，有利于未来彩票事业的发展。但笔者认为，这不是一种对社会负责的思维逻辑。没错，彩票是一种"投机性"的娱乐游戏，但它是以国家信用担保而得以发行的，因此，怎能拿严肃的国家信用做赌注呢？又怎能以牺牲我们可贵的艰苦奋斗的劳动美德和按劳分配的价值原则为代价呢？因此，从长远讲，这场风波并没有改进整体的社会福利，而是一种帕累托恶化，即当一部分人利益受损时，并没有使另一部分人利益变好。

（原载于《探索与争鸣》，2004 年第 10 期）

走进公共社会

　　人类社会的"社会"两字，可有多种分类。其中，十分重要的一种就是私人社会与公共社会的分类。私人社会的"私人"（private），是指居民和厂商，他们在以市场为中心的空间中谋求自身的利益。公共社会的"公共"（public），是指众人，众人的代表是政府和多样性的非政府组织（非营利组织），政府和非政府组织在各种公共空间和亚公共空间中代表并谋求着众人的利益。私人社会和公共社会的均衡发展、和谐整合，是人类社会的现实追求和理想境界。

　　改革开放前的中国社会，私人社会不发育，因为我们不承认私人产权，且没有市场经济体制；公共社会也不发育，因为政府不是公共型的政府，且没有多样性的非政府组织。改革开放义无反顾地将中国带入了市场经济，由此，私人社会也相应开始发育。对于中国的老百姓来说，私人产权和其他公民权利已经不是一个陌生的东西了。尽管人们仍然认为公权（这里的公权大多是行政性权利，而非公共性权利）在许多领域还大于私权，但私权的迅速发育是不争的事实。然而，本来应当与私人社会并存，并作为其"基础设施"

和制度保证的公共社会，其发育则严重滞后。

在用一些事例来佐证这一判断之前，我们先来看看公共社会的主体、要件和原则。其一，公共社会的主体是政府和非政府组织。其二，政府提供公共秩序（游戏规则）和公共物品，也即公共服务；非政府组织提供特定领域的游戏规则和准公共物品（服务），也即"俱乐部物品"。其三，与私人社会奉行营利性原则相对应，公共社会运行的基本原则是公益性和非营利性。从这三个方面可见，目前提出的加快政府改革及政府建设，就是围绕打造公共政府、强化政府公共服务职能、重视非政府组织建设而展开的。

当今中国社会存在和发生的一系列问题，都与公共社会发育滞后有关。

首先，近年来在食品安全方面发生的一系列重大事件，如劣质奶粉事件，令世人震惊。在中国，食品安全已经成为重要的公共安全问题。这是因为食品安全事故已经不是偶发的个案，它的威胁是全方位的、不间断的，涉及每一个人。事实上，政府对食品安全负总责不是一句原则性的话，而是要有效地提供与食品安全有关的标准和监管措施。这些标准和监管措施属于公共服务和准公共服务的范畴。

其次，国务院发展研究中心已经在有关研究报告中明确指出：中国的医疗卫生体制改革不成功。笔者完全同意这个判断。联想到关于教育公平的许多讨论，笔者认为，这些方面的问题集中地表明，在那些本该具有不同程度公共性的领域，产生了对市场化、营利性的误读，导致商业化过度、公共性缺失，导致低收入者和穷人看不起病，其子女读不起书。如果改革引致的是这样的结果，那么，就必须反思改革的基本思路和方案设计，找出其中存在的问题，及时、有效地加以解决。当前，应当提出充分考虑公共性即公平的医疗、教育体制改革的思路和方案，以纠正已经产生的偏差。

最后，在政府提供公共物品的同时，还需要大量非政府组织提供"俱乐部物品"。这是因为在政府和市场的中间地带，存在着许多政府和市场（厂商和居民）都做不了也做不好的事情，需要非政府组织在其间发挥不可替代的作用。然而，在现阶段，不仅政府改革滞后于市场发育，进而制约了市场发育，而且，作为政府改革滞后的一个结果，非政府组织发育更加滞后于市场发育。最近，笔者看到一则报道，因为对绿色家居生活理念的日益推崇，室内环境类产品逐渐走俏，形成了一个市场规模达上百亿元的室内环境治理产业。但是，由于需求增长过快，又缺乏治理标准，因此，该行业正面临信任危机。目前，许多新兴产业的发展都不同程度地遇到这类问题，影响了该产业的市场发育。其中一个解决方案就是建立行业组织（俱乐部），实施行业自律。在现代社会，这种行业自律的重要性是不言而喻的。

基于中国经济社会发展的现实，我们可以发现这样一个事实：公共需求迅速、全面增长与公共物品供给严重不足的矛盾，正在成为社会中的突出矛盾。各类媒体中"公共"两字的出现频率越来越高，人们越来越从公共的视角审视身边发生的问题。公共性意味着公平。当本该具有公共性的领域，其公共性不足时，人们就会强烈地感觉到公平的缺失，进而提出维护社会公平的问题。公共服务的有效提供也意味着效率。这是因为，公共服务是没有价格的，这就是它正的外部性或"溢出效应"，享用了公共服务的主体就能够得到效率。例如，当一国的教育发达时，个人可以获得更多、更好的增加人力资本的机会，厂商可以便利地获得各类需要的人才。再如，当一国的高速公路网发达时，不仅个人出行方便、时间成本低，而且厂商的物流成本也会大幅度降低。可见，政府将其支配的资源配置于生产和提供公共物品，对于兼顾效率与公平是何等的重要。

政府生产和提供公共物品有两种基本的方式：其一，直接由政府提供，如国防安全；其二，通过政府购买的方式间接提供。后者是当下比较普遍也比较有效率的提供方式。但是，笔者发现，有人将后一种方式误读为公共服务的市场化。那些将教育、医疗完全推向市场的做法，就是这一误读的具体表现。笔者写这篇文章的初衷，就是要指出这一错误的倾向，并希望政府有关部门能够反思，并采取具体措施予以纠正。同时，笔者还要提醒社会各类主体，当我们的一只脚跨进了私人社会时，另一只脚就要跟着跨进公共社会。这是一种平衡，且是必不可少的平衡。唯有如此，社会才有了建立在活力和竞争性基础上的效率，也才有了保证平和与稳定性的公平。

（原载于《沪港经济》，2005 年第 11 期）

要反哺，还要还债

今年两会期间，与"三农"有关的话题，可谓热度空前。综合各方面的信息来看，目前对"三农"问题的认识，达到了前所未有的高度。必须从根本上取消城乡二元结构的制度安排，已经成为举国共识，一系列相关法规、政策也陆续出台。然而，我们应当看到，在构建和谐社会的意义上缩小城乡差距，是一项十分艰巨的任务，需要充分调动全社会的积极性，全面落实各项改革措施，并投入巨额资金，经过长时期的努力才能完成。

本文关心一个问题：应给"投入巨额资金"什么样的说法？最近，"工业反哺农业"这个曾经出现过的提法，再度见诸报端。反哺的基本事实源于已有26个省（区）市宣布提前免征农业税，今年（指2005年）约有7.3亿农民共计将减轻负担200多亿元。然而，与农民目前承担的各种"费用"，以及不断攀升的农业生产资料价格相比，农业税只是农民负担中一个不大的部分。因此，即使加上粮食直补、农村合作医疗重建、乡镇教师工资发放上划等措施，以及2005年政府工作报告中提出的举措——"免除国家扶贫开发工作重点县农村义务教育阶段贫困家庭学生的书本费、杂费，并补助寄宿学生生活费"，当下的反哺力度仍然极其有限，较大幅度地增加对农村的各项转移支付尚需时日。尽管如此，笔者认为，停留于反哺的认识是不够的。

回顾新中国历史上长期的"农业反哺工业"，并深刻认识城乡差距继续拉大的现实，我们不难看到，工业对农业，城市对农村，市民对农民，尤其是政府对农民，不仅要反哺，还要还债。之所以给出这样的说法，是基于以下两点考虑。

首先，仅仅"剪刀差"（指农产品和工业品的价值与价格背离，即农产品价格低于价值，工业品的价格高于价值）和农村公共物品投入不足这两项，就足以说明我们对农民亏欠太多。自20世纪50年代我国开启工业化进程以来，实行了工农业产品"剪刀差"的制度安排，以农产品的低价维系了工业化的资本原始积累。改革开放以后，先是农产品提价，然后是发挥市场机制的作用，"剪刀差"现象在较大程度上得到纠正。然而，如果以目前使用的1990年不变价为基准，来计算一下通过"剪刀差"积累的资金，那将是一个惊人的数字。在"取"的同时，并没有相应的"予"，对包括农村教育、卫生、道路、水利设施等在内的公共物品投入严重不足。这一"正"一"负"，是导致"三农"问题愈演愈烈的重要原因。

其次，人类文明发展到今天，中国改革开放发展到今天，需要确立和这个时代相称的社会公正理念。既然以前欠了农民的，现在就要还，这是起码的社会公正。那些至今仍然对给予进城务工农民子女以平等教育权利的做法不理解的人们，说轻一点，是历史知识欠缺；说重一点，就是缺乏现代的社会公正理念。事实上，工业反哺农业在某种程度上还有农业是弱势产业，需要给予政策性补贴的含义，即使是美国、德国、法国和日本这样的发达国家，都有着巨额的农业补贴，世界贸易组织也给予成员方不同的补贴空间。因此，即使到哪一天我们欠农民的债还清了，工业和服务业仍然要反哺农业。这是国际经验。

政府、社会和其他产业对农民、农业和农村的反哺，除了要解燃眉之急之外，更要形成长效机制，并产生持续的"溢出效应"，为建立城乡一体化的和谐社会提供坚实的基础。为此，应当将还债和反哺资金的相当部分用于教育和培训。从短期看，这里存在着很大的资金缺口，需要增加投入；从长期看，这是对解决"三农"问题最有力也最有效的支持。这方面的工作已经并将继续从以下三个层面展开。

其一，国务院对国家扶贫开发工作重点县农村义务教育阶段贫困家庭学生推出"两免一补"，到2007年，这一做法将在中国农村全面推开。如果随着对问题认识的深化，改革义务教育费用的拨款制度，缩小城市和农村、发达地区和落后地区人均义务教育经费的差距，那么，农村义务教育就将会增加一大笔资金。这不仅是因为原来农村尤其是落后地区农村义务教育人均费用水平很低，而且，这里的缩小差距，不可能通过降低较高水平来实现，而只能是提高较低水平的标准，争取在不太长的时间里实现城乡完全平等的九年制义务教育。这是和谐社会的题中应有之义。

其二，已经有一些地区采取了对将要转移到城镇就业的农村劳动力进行培训的做法；有些城市政府的主管部门对进城务工农民也进行了多方面的职业技能培训，这不仅十分必要，而且是对农村原来教育水平较低的补偿。专家在分析近来我国有些地区出现的"民工荒"现象时指出，与其说缺民工，不如说缺技工。因此，各级政府有关部门要制定一个包括经费预算在内的培训农村劳动力的规划，并认真加以落实，以提高进城务工农民的文化和职业技能素质，进而提高他们的就业能力。用这种培育"造血"能力的办法，既可为城市输送符合需要的技术工人，又能为农村劳动力的顺利转移创造条件。

其三，这次两会对进城务工农民子女的上学问题给予了高度关注。这是最为直接、最为现实的教育权公平问题。退一步说，即使进城务工农民为其所在城市创造的净福利，没有达到他们的子女享受与城镇儿童和青少年相同教育所必须支付的费用，而由所在地政府部门用当地纳税人的钱进行相应的补贴，也是完全应该的。这同样可以视为"还债"，也可以看作政府为实现公平教育权的合理投入。

（原载于《新民周刊》，2005 年第 11 期）

谁来关注利益失衡

在反思改革的讨论中，通过各种不同观点的碰撞，更多的共识正在形成，这对于找准深化改革的方向和途径有着特别重要的意义。在意见比较集中的"三农"问题、国企、医疗、教育、住房等领域，人们达成的一个共识是：在这些领域的改革中，利益失衡是问题的核心。解决问题的"药方"很简单，就是调整利益分配，尤其是公共利益的分配。这一调整的推进状况如何，决定着未来一个时期中国改革与发展的进程和走向。毋庸讳言，这一调整的难度是很大的，不痛下决心，没有强有力的措施是难以做到的。

一切经济关系说到底都是利益关系。改革就是对既定利益关系的调整。首先，我们必须对中国改革在利益调整上是否做了帕累托改进做出基本判断。所谓帕累托改进，是指在不影响其他任何人效用（利益）的条件下，进行资源或要素的重新配置，使某些人的效用水平有所提高。也就是说，在这近30年的时间里，社会各阶层是否都从改革中获得了利益，即使在相对差距拉大的情况下，社会各阶层是否都净增加了利益？我们的答案是肯定的。然而，在重大利益格局的调整上，则存在着各种程度不一的问题。

在对城乡利益分配格局进行调整时，尽管改革伊始就从提高农产品价格入手，考虑到了农民的利益，但是，由于对"三农"问题的特殊性和严重性认识不足，特别是在 2005 年之前，缺乏具有实质性的增加农民利益的举措，因此，在这 20 多年中，相对于市民而言，农民获得的利益相对较少。

在对地区利益分配格局进行调整时，尽管相继提出了"西部大开发""振兴东北老工业基地""中部崛起"的发展战略，但是，由于东部地区具有较强的区位优势、资本优势和人才优势，使其不仅在通过市场整合资源，而且在通过政府整合资源两个方面，都获得了更多的利益，出现了"马太效应"，进而拉大了地区间的差距。

在对产业利益分配格局进行调整时，由于对农业这一弱质产业的扶持严重不足，对各种形式的行业垄断改革还不到位，以及产业组织发育整体上还处于较低水平，导致不同产业和行业间的收益率存在巨大落差，以致形成过大的非个人能力因素的产业（行业）间收入分配差距。

在对阶层利益分配格局进行调整时，解决打破平均主义、大锅饭和"脑体倒挂"等问题都是正确的，然而，由于种种不恰当的"矫枉过正"，以及客观上存在的权力参与分配、机会不均等和市场化天然有助于社会强势群体等原因，无论是基尼系数衡量的，还是五等分法衡量的阶层间收入分配差距都扩大了。

对利益分配格局做出新的重大调整，首先是落实科学发展观、构建和谐社会的基本要求，同时也是决定改革沿着正确方向推进的重要举措。从以上利益分配格局存在的问题看，调整的可能性无非来自两个方面：一是来自进一步深化的市场化改革；二是来自政府在社会公平、公正理念指导下的利益分配和再分配的调整。

深化市场化改革有助于打破垄断和地区保护，实现要素的自由流动，形成机会均等和利润率平均化的机制。显然，这些改革成果对于利益格局的调整有重要作用。深化市场化改革，客观上需要市场良性发育的配合。中国现阶段市场缺陷的特殊性，就在于市场发育不足。因此，市场化改革的一个重要任务，就是营造市场良性发育的环境和条件。在当前和今后一个时期，深化市场化改革的重要内容是政府改革。不难发现，目前利益分配格局中存在的问题，与政府经济职能过强、公共服务职能过弱，以及相关的公共政策不得力或不合理有关。因此，要使政府在社会公平、公正理念指导下，进行强势的利益分配和再分配，以实现利益分配格局的调整，就必须以政府改革为先导。

应当承认，在迄今为止的重大改革举措中，确实存在对利益调整考虑不周的问题。例如，在利用外资和开发区建设的过程中，存在没有顾及甚至侵犯农民当前和长远利益的问题。又如，在义务教育、基本医疗等公共资源的分配中，存在公平、公正性不够的问题。再如，财政转移支付的力度不够，机制也不尽完善。尽管反贫困取得了很大的成绩，但与构建和谐社会的要求还有很大差距。因此，未来政府改革的两个基准点是，政府推动经济增长和社会发展的任何措施，都应以有利于缩小城乡、地区、产业和阶层间差距为底线；每年公共财政的增量主要投入农村和落后地区的义务教育、职业教育、医疗卫生、社会保障、文化事业和科技开发，以加快缩小城乡、地区、产业和人群间的差距。政府改革的所有措施要围绕这两个基准点来设计，以体现政府公共利益最大化的行为目标。

市场化改革要部分地改变公共资源的配置方式和机制，以提高公共资源的使用效率，而不是也不应该是改变公共资源的性质。目前，在医疗、教育和住房等领域存在的公共资源不足，以及部分公共资源性质的改变，需要通过进一步转变政府职能，深化公共资源分配体制改革，来加以解决。为了调整利益分配格局，缩小贫富差距，构建和谐社会，大幅度增加公共资源的数量，并更加公平、公正地加以分配，是题中应有之义。

（原载于《沪港经济》，2006 年第 6 期）

政府产出什么？怎样产出？

最近看到一组看似并不新鲜、实质上却十分耐人寻味的数据：中国地方政府行政管理费用总额从 1993 年的 1 885.04 亿元，增加到 2003 年的 5 510.64 亿元，增长了近 2 倍；地方政府行政开支占GDP 之比，从 1996 年的 2.64% 上升到 2003 年的 4.06%。这一增长和上升意味着什么？为了更深刻地回答这个问题，我们换个角度提出问题：政府产出什么？怎样产出？

政府产出的就是公共服务。政府存在的理由，就是社会需要这样一个以提供公共服务为己任的组织，就像我们需要企业提供私人服务，需要社会组织提供"俱乐部"服务一样。当下，在谈到构建和谐社会，提高城乡居民消费水平，以及服务型政府时，我们都会提到公共服务，特别是公共服务不足的问题。研究表明，公共服务不足有两个主要原因：其一，政府职能没有专注于提供公共服务，由此导致用于供给公共服务的资源不足；其二，政府规模过于庞大，且有部分政府职能与提供公共服务无关，由此导致行政支出与公共支出失调（以上数据就是证明），致使公共服务成本过高。在这一境况下，公共服务当然不可能最大限度地满足百姓的需要。这就引申出政府怎样产出（提供）公共服务的问题。

政府有效提供公共服务的前提，是其职能和规模的合理化。今天要做到这一点，就要持续地通过政府改革，转变政府职能、缩减政府规模。目前，至少有两种情形表明现在的政府职能和政府规模与现实生活不相适应。第一，在体制转型的背景下，政府职能机构的设置或多或少还是计划经济体制时期的安排。可以说，这些机构只占用公共资源，不产出公共服务。它们的开支无疑加大了公共服务的总成本。第二，由于历史、体制的原因，长期以来形成的臃肿、庞大的政府机构，以很高的成本维系其运作，进而导致单位公共服务的成本高企。

中国当下的政府职能转变，既要做减法，减少经济职能；又要做加法，增加社会职能或公共职能。这些职能的重要性是不言而喻的。尽管这一加一减，应当是政府职能的净减少，但是，同样由于历史的、文化的和制度的原因，政府职能的净减少是一个渐进的过程。因此，就有一个在既定职能和既定公共资源条件下，不断降低公共服务成本的问题。经验告诉我们，这个降低的空间不小，由此将较大幅度地增加公共服务的供给。

那么，在既定职能和既定资源条件下，怎样不断降低公共服务成本呢？问题要从政府规模及其运作说起。就政府和企业都是组织这一点而言，它们都有随着规模扩大，组织内部管理成本上升的问题。企业规模扩张，在内部管理成本上升的同时，外部市场（交易）成本肯定在下降，而且前者的上升肯定小于后者的下降，一旦

"小于"成为"相等",企业规模的扩张就停止了。在不同背景下形成的政府,其规模变化的情形亦有所不同。在西方国家"小政府"的情况下,随着市场的发育和社会的发展,从公共物品(服务)、外部性和信息不对称等方面,都提出了增加政府职能的要求。战后这些国家财政预算占 GDP 的比重一度持续上升就是证明。在计划经济体制时期的"大政府"转变职能的情况下,尽管也会增加与公共物品、外部性和信息不对称有关的政府职能,但总体上会出现如上所述的政府职能净减少的情形(这姑且作为一个假说,留待验证)。因此,如果政府规模过大或盲目扩张,就会出现不合理的职能增加,抑或冗员增加。我们知道,合理的职能增加意味着公共服务在增加,只要这一增加的效益(更多的公共服务)大于政府规模扩张引起的成本上升,那么,这一扩张就是可以接受的。反之,冗员的增加和不合理的职能增加,则意味着政府成本上升,抑或公共资源净流失。

政府的产出当然不是"天上掉下来的馅饼",需要政府机构的运作。与其他组织一样,影响政府产出的主要因素也是效率。也就是说,唯有提高政府效率,才能在既定资源的条件下多产出公共服务。政府效率的提高来自多方面的改进。当下最重要的是进行自身职能和行为更加准确的定位。这一定位的核心是,政府究竟是一个为官的政府,还是一个为民的政府。为官的政府,唯官事大,为官服务,为大官服务;为民的政府,唯民事大,为民服务,为最广大人民群众服务。前者,公共资源大多转化为官员的利益,尤其是"大官"们的利益;后者,公共资源大多转化为公共服务。为民是政府宗旨的要求，是其职能的主要定位，但做到没有，做的程度如何，是可以用数据验证的。这些验证结果会告诉我们政府产出公共服务的实际水平。现阶段，这一实际水平与百姓的需求还有很大的差距。另外，公务员素质和政府工作流程也与政府效率正相关，亦有着很大的改进空间。

（原载于《新民周刊》，2006 年第 48 期）

公共政策是用来对问题进行排序的

——在上海社会科学院的演讲

人类社会总是面临着各类复杂的问题，而且，用以解决问题的资源又总是稀缺的。因此，在既定的时期，我们总要根据情势，对问题进行排序，以确定各类问题的轻重缓急，进而给出解决问题的时间表。那么，作为社会（公共）管理主体的政府，以什么为工具对问题进行排序呢？我以为，公共政策首先是用来对问题进行排序的，然后才是用来解决问题的。说公共政策是解决问题的，不会有任何疑义；说公共政策是用来对问题进行排序的，可能就会有人提出疑问。今天，我就试着解答这一疑问，并透过这一解答，进一步阐述公共政策排序的依据，以及公共政策的价值基准点和透明度问题。

一、为什么说公共政策是用来对问题进行排序的

在现代社会中，与众人有关的问题即公共问题。面对公共问题，总要有相应的公共政策，如宏观经济（运行）的公共政策，经

济增长的公共政策，医疗卫生的公共政策，教育的公共政策，住房的公共政策，交通的公共政策，人口的公共政策，资源环境的公共政策，规划的公共政策，等等。政府作为公共机构，它所制定的政策，在不做特别说明的情况下，一般都是公共政策。这里，举几个与我们当下社会经济生活关系密切的例子，来说明"公共政策是用来对问题进行排序的"。

从总体上说，宏观经济政策是为了保证经济运行与发展的稳定，使居民和厂商有一个可预期的、稳定的经济环境。稳定的经济环境有四个基本目标：经济增长、价格稳定、充分就业和国际收支平衡。但是，在不同时期，这四个目标是很难同时做到的，于是就有了排序的问题。在当今世界，比较多的国家都将充分就业排在四个目标之首，足见这些国家的政府对宏观经济政策的公共性有充分的理解。因为国家所处的发展阶段不一样，中国和一些发展中国家一样，事实上是将经济增长，即 GDP 增长排在第一位的，由此导致的问题已经不断显现了。因此，公共政策不仅要对公共问题进行排序，而且要正确地排序。

一国经济增长的质量和可持续性的直接衡量，取决于它的生产率；生产率的高低又取决于物质资本、人力资本、自然资源和技术知识。因此，能够影响这四个因素的政府政策，就是促进经济增长的公共政策。与物质资本有关的政策影响着储蓄、投资和利用外资；与人力资本有关的政策主要是教育政策；与自然资源有关的政策，既有资源环境政策，也有研究开发政策，这是因为，积极保护资源环境的重要做法，就是通过研究开发，找到在技术和经济上均有可行性的，可以替代不可再生资源的物品；与技术知识有关的政策，是鼓励研究开发、保护知识产权的政策，以及教育政策等。经济增长需要稳定的环境，因此，与保护产权、自由贸易和政治稳定有关的政策，也都是促进经济增长的公共政策。受政府可支配资源的限制，以及经济增长中制约因素的变化，上述政策在不同时期也都有排序的问题。

医疗卫生和教育政策的排序，本来是显而易见的。医疗卫生领域的排序依次是：公共卫生、基本医疗（也称门诊医疗）、大病医疗（也称住院医疗）和康复医疗。在国际上，由政府直接和全部提供，或政府购买后全部提供医疗卫生服务的国家很少，只有欧洲少数一些最为发达且人口很少的高福利国家这么做。大多数国家都借助于政府和市场之间一种合作性的制度来分配医疗卫生资源。这里，政府和市场各自在不同项目中的权重，就与公共政策的排序有关。教育领域的排序依次是：义务教育、非义务教育。非义务教育中的高中教育（如果是 12 年义务教育，那么，高中教育就是义务教育）、职业教育和高等教育，要根据具体的项目和层次，决定其在公共政策和公共资源投入中的排序。显然，高中教育、中等职业教育应成为关注和投入的重点。尽管目前教育和医疗卫生领域中出现的问题，不完全是公共政策排序所造成的，但肯定与排序不当有关，义务教育投入严重不足，高等教育投入有失公平，就是最有力的证明。

在人的衣食住行的基本需求中，如果"衣食"都无法满足，那就存在反贫困的问题了。与发展中国家相比较，中国的反贫困政策是比较成功的。这里的一个重要原因是，在中国的公共政策体系中，反贫困政策被置于重要的地位。但在中国"住行"的公共政策排序中，现实情形是不尽如人意的。目前，部分大城市存在低收入者买不起房，同时缺乏适合他们的廉租房，住房的供给结构也不利于低收入者购房。在交通公共政策方面，各大城市政府都把公交优先作为其实事项目，做了不少工作。但是，从交通的整体状况看，尤其在春运和"黄金周"期间，我们还是可以感觉到交通政策在排序上存在着私人交通和公共交通排序不尽合理的问题。

　　一国的人口、资源和环境政策与本国的国情，以及以往的发展模式有着密切的关系。中国实行计划生育的人口政策，就是基于人均资源和 20 世纪 50—70 年代两次生育高峰，而采取的具有一定强制性的政策措施。人均资源水平低下，又决定了中国资源环境政策的基调必须建立在可持续发展的基础上。面对资源环境与人口、经济和社会的十分脆弱的均衡关系，以及资源环境问题复杂的负外部性，现行的人口、资源和环境政策的关注点，应集中在有限问题和那些严重的污染者身上。这里的有限问题是指与老百姓生存有关的问题，如沙尘暴、饮用水源和优生优育等，以及不可再生资源的合理利用等。

　　最后再谈谈规划方面的公共政策，这是一个长期被忽视的问题。建设部官员表示，在全国很多地方的城乡规划中，存在"开发商领导，市长决策，规划局执行"的现象。这些现象屡禁不止，严重破坏了城乡规划及相关法律法规的有效实施，给国家和人民利益造成了巨大损失，给社会带来了不良影响。所以，有人这样描绘城建规划失败的严重后果："一支罪恶之笔可令一座城市畸形发育。"
这里的关键问题是，市长（政府）如何决策？决策的依据是什么？
当老百姓的利益和开发商的利益发生冲突时，孰为优先？当城市的
GDP 增长与长期协调发展存在矛盾时，孰为优先？答案本来是很
清楚的，但有些地方政府还是经常搞错。

二、公平优先是公共政策排序的不二法则

在现实生活中，影响公共政策排序的一个重要因素是政策的有
效性。由此就产生了一个似是而非的问题：公共政策是在效率与公
平的均衡中排序的。例如，经济学教科书中常见的地方政府住房租
金控制的案例。这一政策的目的是帮助穷人租得起住房，但其实施
效果是不太理想的。中国目前的经济适用住房和廉租住房政策也遇
到了类似的问题。然而，即便租金控制效率低下，也不能得出放弃
针对低收入者住房政策的结论。低收入者不能安居，这个社会能够
说是和谐的吗？这是一个典型的效率与公平关系的问题。这里的效
率缺失，经常就是公平的成本。我们可以改进价格（租金）控制的
方法，或者用其他的方法，使效率缺失尽可能少一点，但是，公平
需要成本，这是毋庸置疑的。

由此，我们想到了公共经济学中的著名难题：公共物品的成
本—收益分析。之所以说它难，就是因为公共物品的成本和收益是
难以测算和评估的。政府提供公共物品旨在通过再分配的手段，达
到追求公平公正的目的。尽管住房不是公共物品，但低收入者的住

房问题中有反贫困的问题。反贫困是公共物品，因此，低收入者的住房问题在很大程度上是公平问题。经验表明，公共物品成本—收益分析的困难主要在收益方面，这是因为，公共物品的收益是在全社会范围内体现出来的、难以计算的"溢出效应"，所以，只要有效控制公共物品的成本（这与政府职能转变和政府机构改革有很大的关系），其收益数倍地大于成本，是完全可能也是完全应该的。由此说明，公共物品成本—收益分析的难题不是减少提供公共物品的理由，而是提醒我们，在一定条件下，这一分析可以作为公共政策排序的参考依据之一。

效率与公平的关系，在一部分情况下，是如上所述的替代关系，但在另外一些情况下，如教育、医疗卫生领域，效率与公平却是一致的，甚至效率是存在于公平之中的。著名经济学家斯蒂格利茨说过："向穷人提供受教育的机会可能既是平等的，也是有效率的，因为更有效地利用这些人力资源可以改善经济的效率。"经济学的经验研究表明，公平的教育机会（首先是义务教育机会）是缩小贫富差距的最有效措施。普及义务教育有助于提高效率。在教育部门中，义务教育的边际产出是最高的。我再引用一组国际比较的数据，说明中国教育资源在高等教育和义务教育之间分配的不公。据统计，中国的初等、中等教育中非政府投入约占 30%，美国这一投入占比约为 9.2%，日本约为 8.3%，韩国约为 20%；高等教育非政府投入占教育经费的比例，中国是 46.6%，韩国是 83%，日本是 58%，美国是 53%。目前我国的这一分配比例，是既不利于公平，也不利于提高效率的。政府加大对义务教育、公共卫生和基本医疗的投入，实在是利国利民的两全之策。

　　我认为，所谓公共政策在效率与公平的均衡中排序是一个伪问题，公平优先是公共政策排序的不二法则。必须特别强调的是，对于任何政府行为，公平总是排第一位的原则，效率则是排第二位的原则。那么，"效率优先，兼顾公平"与公共政策的公平优先究竟是什么关系？首先，面对效率与公平，社会经济生活中的公共主体和私人主体有着各自的职能定位，以及相适应的行为定位。作为公共主体的政府，以追求和维护社会公平为己任，并动态把握自身比较优势，通过制定有关政策，因势利导，推动社会整体效率的提高；作为私人主体的厂商和居民，以追求和获取经济效率为首选目标，并在法律和道德的框架中承担社会责任；作为"第三域"的民间主体，兼有追求和维护特定群体公平，以及帮助他们提高效率的义务。其次，"效率优先，兼顾公平"是市场经济条件下的一种体制选择，尤其在经济发展水平较低的阶段，这一选择有其必然性。在这一阶段，公共政策的公平优先是"兼顾公平"的基本保障，否则，公平的"兼顾"也是不可能的。最后，现在有一个认识误区：将"效率优先，兼顾公平"这一现阶段的体制选择，简单地归结为现阶段的政府职能和行为，这是一个较大的认识误区，若不及时纠正，将使一系列公共政策发生不同程度的偏差。

三、公共政策的好或不好，主要与价值基准点和透明度有关

　　我对一位以色列学者关于政策是"生态的农业"的定义，印象

深刻。这里的"生态"就是社会经济生活，"农业"就是政策，抑或公共政策。猿人是在生态中采集食物的，是自然状态的生存，而人是在生态中耕种的，即主动从事农业生产活动。因此，公共政策不是有没有的问题，我们总是要在"生态"中搞"农业"，而是好不好的问题，即"农业"的收成如何，"农产品"的质量如何。公共政策不仅要有，而且要好。

前文通过现实问题的示例，说明了公共政策首先是用来对问题进行排序的，并说明了公平是排序的首要依据，那么，这个排序及其依据的基准点（benchmark）是什么？在经济学的框架中，政策是规范研究，即有价值判断，因此，这个基准点就是价值基准点。可见，好的公共政策首先与价值基准点有关。

在现代社会，无论政府的基本制度安排如何，代议制的政府，抑或普选制的政府，它作为公共机构的性质是不可更改的。因此，公共政策一般的价值基准点，总是和作为社会价值的公平公正相联系的。也就是说，公平优先是公共政策的不二法则。在不同国家，或同一国家的不同发展阶段，政府会根据需要，对基于公平公正的价值基准点进行与时俱进的阐述。例如，目前党和政府倡导的"三个代表"、科学发展观和构建和谐社会，就是现阶段公共政策价值基准点的基本表述。然而，人民群众往往会有一个比较强烈的感觉，那就是，"三个代表"、科学发展观、构建和谐社会的内涵都很好，但在落实的过程中，一方面它们没有得到充分体现，另一方面，具体的政策措施总和价值基准点不一致，有时甚至相距甚远。那么，问题到底出在什么地方？

问题出在体现价值基准点，并转化为具体政策措施的过程的透明度上。我们知道，既然公共政策是用来解决公共问题的，那么，这个政策是怎么制定出来的，它是否体现了公平公正的价值基准点，它的制定程序如何，是否涵盖了必要的内容，以及实施效果如何，都必须让公众知道。公众在知情的前提下进行监督，这是公共政策决策和执行的最有效机制。在现实生活中，因为条件的限制，具体的公共政策不能充分体现价值基准点的情况是完全可能发生的，这不要紧，关键要让老百姓知情。透明度既是最好的监督机制，也是最好的沟通机制，它与价值基准点的体现是相辅相成的。

为了证明对于公共政策来说，价值基准点和透明度的重要性，我再讲一个产业组织理论的经典命题——"公共政策被垄断企业的策略俘获"。这里的垄断包括自然垄断、行政垄断和经济垄断（规模经济）三种情形。具体地说，在通信、电力、民航、石化、钢铁和银行等行业，存在着很多公共政策主动或被动被"俘获"的案例。譬如，人们议论最多的手机资费标准，已经不是放松政府管制，彻底由市场定价的问题，而是避免公共政策被企业策略"俘获"的问题。有评论说，当在反垄断法律规则的支持和保护下，仍然无法实现竞争时，政府就有必要直接规管价格、质量、服务、准入和互联互通。作为反垄断法律规则的推行者，政府核准电信资费的前提，应该是首先符合民众利益的有效低价或者最高限价，而非巨头公司的垄断定价。又如，最近开始的银行卡跨行查询收费，被银联解释为"这是国际惯例"。我在前几年写的文章中就说过，现在被一些商家称为"国际惯例"的东西，充其量只是"商业惯例"，而这些商业惯例又恰恰是 WTO 规则、反垄断法律和市场公平竞争所要革除的对象。因为银联是唯一的、垄断的，消费者没有第二个银联可以选择，所以，它可以收费没商量。我以为，解决这类问题的最好办法就是用价值基准点检验公共政策，看看它是否偏离了公共性；然后，再看看它的透明度怎么样，那些被"俘获"的公共政策通常是不透明的，或者是透明度不高的。公共性和透明度不高的公共政策，就是不好的公共政策。

美国当代著名经济学家曼昆在得知他的《经济学原理》被译成中文后，写了一段话给中国读者。这段话不到 250 个字，除了简述他 1996 年的中国之行外，他说道："一个社会的兴衰在某种程度上取决于其政府所选择的公共政策。"政府选择什么样的公共政策，本质上就是一个公共政策排序的问题。在价值基准点的基础上排序，且具有透明度的公共政策，是好的公共政策。好的公共政策对问题有更准确的把握，有更强的针对性，在操作中也就更具有效性。

在中国未来的改革与发展进程中，政府一方面要深化推进自身的改革与建设，另一方面要继续承担富民强国的重任。无论政府改革与自身建设的目标如何表述，建立和完善"公共政策的决策和执行体系"都是题中应有之义。好的公共政策则是富民强国的最重要也最有力的工具。不过，坦率地说，对于中国政府，特别是各级地方政府来说，建立和完善"公共政策的决策和执行体系"，是一个比较陌生的、一知半解的课题，各方必须好好补课，然后检视现行的公共政策存在哪些问题，是否被垄断企业或利益集团"俘获"，还存在哪些公共政策"盲点"需要加以补充和健全。总之，政府要从理念、目标、职能和行为等多个层面，全方位地完成向公共服务型政府的转型。

（原载于《解放日报》，2006 年 6 月 25 日；《新华文摘》2006年第 16 期全文转载）

需求方补贴是民生资金的更好选择

2007年两会的主题是民生问题。为了解决一些突出的民生问题，如教育、社保、卫生和"三农"等，仅中央财政就会拿出一笔数字不菲的增量资金。然而，现在人们普遍有一个忧虑：这些民生资金怎样到人到户、落到实处，切实产生最大化福利，让百姓得到更多的实惠。在现行体制下，这一忧虑是完全可以理解的。这就提出了一个亟待破解的难题：怎样更有效地帮助贫困群体和低收入群体？而且，在相关体制改革与完善是"慢变量"的情况下，是否有一些"快变量"，能够在较短的时间里，提高民生资金的使用效率？笔者认为，需求方补贴作为使用民生资金的有效使用方式，当下值得提倡和推行。

我们举几个例子来说明"需求方补贴是民生资金的更好选择"。事实上，近几年来，农民纯收入的较快增长，就与采用了需求方补贴方式有关。以往对农业的补贴是经过各级政府层层下拨的，或者是通过保护农产品价格实现的。这些方式效率低下，一旦运用不当会损害农民利益，已经有大量的现实教训。这些年来，在确定每亩土地补贴标准的基础上，按承包土地的面积直接对农民给付补贴，明显提高了补贴的效率。最近，政府增加教育的投入，也有相当部分是以需求方补贴的形式出现的。例如，免除农村九年制义务教育阶段学杂费；今年将高校与职业学校的奖学金、助学金总额从 18 亿元增加到 95 亿元；在教育部直属师范大学实行师范生免费教育；等等。上述需求方补贴方式透明度和效率较高，给农民和学生带来了真正的实惠。这正是这一补贴方式的基本特点。

今年两会期间，吴敬琏先生关于"春运票价不上浮不符合市场经济的原理，是价格扭曲"的言论甫出，即引来一片叫骂声。但是，吴先生还有一句话："对于进城的打工者，一年一次要回家，可以采取别的措施，比如说给全体打工者补贴，这是可以做到的，这个可能更加实际。"这就是需求方补贴，将使打工者既不增加支出（福利不受影响），又能减少买票的困难。这里的经济学原理是，在市场经济条件下，由需求方与供给方自发形成的均衡价格，将使资源达到较高的配置效率。一旦价格扭曲，如最高限价（不许涨价就是最高限价），将使资源配置效率降低，加剧稀缺资源的紧缺程度，如买不到票。无数经验事实告诉我们，靠价格来搞公正，那资源配置的效率将丧失殆尽，"蛋糕"没有了，"蛋糕"的增量没有了，何来公正？解决这类公平、公正问题的办法，就是需求方补贴。这样做既不扭曲价格，又使公正能够落到实处。笔者还要说的是，眼下在需求方补贴还不存在时，铁路票价不涨价比涨价好，这是"两害相权取其轻"。

最近，在关于医疗改革的讨论中，关于政府投入是需求方补贴，还是供给方补贴，也引发了一场不小的争论。对此，卫生部官员的观点是，从实际出发，"宜供则供，宜需则需"。我们并不否认，政府医疗投入中的供给方补贴，在有效监管（但时常成本很高）的前提下，能够产生需求方补贴难以产生的作用。但是，医疗保障比较成功的经验，大多是需求方补贴，其运作机制是，需求方以自身的资源和得到的补贴，购买供给方的医疗服务；供给方为了获得医疗资源，就必须不断降低价格、改进服务，提高自身的竞争力。也就是说，需求方有自主的选择，供给方有竞争的动力，由此就会形成良性运作的格局。长期以来，我们比较容易想到供给方补贴，以前也一直是这么做的，现在一旦将其改为需求方补贴，必然有一些机构一时无法适应。可以肯定地说，在医疗改革中推进需求方补贴，是需要大思路的。

再来看看住房补贴的问题。有关专家的研究表明，在近十年里，关于住房的需求方补贴优于供给方补贴的观点占了上风，欧洲各国政府已经决定要减少住房的供给方补贴。相关研究还表明，政府提供相同数量的补贴，需求方补贴带给消费者的效用明显大于供给方补贴。所以，当政府面临选择对供给方还是需求方进行补贴来解决住房供求问题时，需求方补贴是更好的选择。中国有些城市推行经济适用房的实践，也佐证了这一结论。至少可以这样说，用经济适用房政策让贫困群体和低收入群体拥有住房的成本，高于直接给予他们购房或租房补贴的成本。在反思经济适用房政策施行效果的过程中，有人已经提出一些需求方补贴的方式，如低收入者的购房贴息。

一般来说，需求方补贴有着以下显著优点：需求方补贴是直接补贴，有着较高的透明度；需求方补贴不改变定价机制，有助于市场发育及健康运行；需求方补贴能尽可能减少福利错位，使真正需要和应该得到这项福利的主体得到福利，并且能够减少挪用、贪污公共资源的可能性。需求方补贴这些优点的存在，既可得到来自经济学原理的证明，也可从大量社会经济生活的实践中得到支持。当然，需求方补贴也会产生效率缺失的问题。譬如，在补贴对象的确定和甄别上出现误差，但是，与供给方补贴可能产生的效率缺失相比，这是"小巫见大巫"了。而且，解决需求方补贴效率缺失的制度设计，要比供给方补贴来得简单。这也许就像银行设计防止购房者坏账的制度，要比设计防止开发商坏账的制度来得容易，其中的道理是，作为需求方的购房者的违约风险与成本高于作为供给方的开发商。

（原载于《解放日报》，2007 年 4 月 12 日）

高速公路的路权能交易吗？

高速公路和航海、航空一样，为现代人类文明作出了巨大贡献。不同于航海、航空的是，海域、空域是天然生成的，人们只要制定共同遵守的规则，就能免费使用，因此，航海、航空的成本主要是制造航海器、航空器的费用，以及它们的航行和运维费用。高速公路则不同，它有着不菲的工程成本，所以，在公路运输的成本中，除了汽车和汽油成本外，往往还有"买路钱"。这个"买路钱"到底应该由谁来支付？这个本来并不复杂的问题，在当下的中国，确实搞得有点复杂了。

高速公路有着公共物品（也称为公共服务）的性质，即增加一个人享用的成本很小或没有成本，就像在一条高速公路上，增加一辆车的正常行驶，其对高速公路的损耗是可以忽略不计的；而排除任何一个人享用的成本很高，就像现在要建那么多的收费站，养那么多的收费员，还要加上每辆车为此多消耗的汽油和时间成本。因此，在现代国家，其公共主体即政府负有提供高速公路的义务和责任。如果由于在一个时期，高速公路的需求很大，国家的财政收入不足以支付修建高速公路的费用，那么，通常的做法就是贷款（或发债）修路，收费还贷，一旦还贷结束，就停止收费，还高速公路"公共路"的本来面目。而且，由于高速公路的消费可以分割，在现实生活中，每辆车行驶导致的道路损耗，是按行驶里程通过汽油价格，或按年度向每辆车收取养路费而得以弥补的。修路成本、使用成本及其补偿结果一清二楚，如此简单的问题，何以就搞复杂了呢？

说白了，问题之所以被搞复杂了，就是因为将高速公路的路权作为商品交易了，由此就出现了以下两种比较典型的情形：其一，收费还贷的期限已到，但路权已被卖给一家公司，这一买卖合同的时限未到，还得让这家公司继续收费。现在上海的沪嘉高速公路就属于这一情形。到该高速公路通车 15 年，即 2003 年的时候，已累计收取通行费和经营收入 9 亿多元，是其动态投资 2.3 亿元的近 4 倍。然而，由于这条高速公路的路权被卖给了一家公司，合同期限是到 2023 年，因此，收费口公告牌告示：收费至 2023 年结束。至此，大致推算，这条高速公路的通行费和经营收入将达到 20 多亿元，真是很难找到如此高收益的固定资产投资。

其二，以某一段高速公路的路权为经营对象，并对其进行溢价，成立上市公司。显然，这一被溢价路权的期限，是大大超过收费还贷期限的。据不完全统计，目前我国约有 16 家路桥管理类上市公司。2006 年，这 16 家公司的主营业务收入和净利润的平均增长速度为 15.6% 和 29.3%。

地方政府与公司交易路权，或以路权为经营对象发起成立上市公司，都以赋予公司对高速公路收费的权利为前提。这里有两个问题需要说明：第一，高速公路的路权是公共权利（公权）还是私人权利（私权）？显然，高速公路的路权是公权。这是因为，高速公路建设在公有的土地上，其建设资金是财政资金或以政府担保的借贷资金；高速公路具有公共物品的性质，只有当其作为公共物品存在时，才能达到最大化的效率。当公共物品达到最大化效率时，也就同时达到了最大化公平。第二，公权可以如此这般地授予公司从中营利吗？答案无疑是否定的。这些拥有高速公路收费权的公司，形成了一个自然垄断行业：用收费权排他，不给钱就不让过；收费权本身又是很高的进入门槛。就像美国经济学家曼昆所说，不拥挤的收费道路是自然垄断。而且，高速公路是不能移动的，有收费权的高速公路行业具有典型的区域垄断特征。正因为如此，世界各国较少有路权的市场化交易，或让高速公路上市的案例。人们的担心是，公共权利、公共利益不能成为私人机构的"摇钱树"；不能在解决垄断问题的同时，再活生生地弄出一个自然垄断行业。

　　在中国，地方政府与公司交易路权，或以路权为经营对象成立上市公司，有着在政府看来十分充足的理由：我们有着巨大的建设高速公路的需求，但是，资金严重不足，交易路权，成立高速公路上市公司，可以迅速解决建设资金问题。中国在近20年建设了3万多公里的高速公路，就是这一理由的证明。然而，就中国的实际情况而言，解决高速公路建设资金，通过银行贷款或发行专项债券，完全可以解决建设资金的问题；通过设立非营利的收费机构，解决收费还贷的问题，也是最经济的。以目前的方式解决建设资金，是将一个具有公共服务性质的问题过度市场化了。在过去的30年里，类似的问题还发生了不少。这是我们在总结30年改革开放历程时，必须反思并加以调整的。

在我国，高速公路收费还有一个理由，那就是当高速公路体系没有完全建成，高速公路与其他公路的分工尚未形成时，不以收费设置门槛，那么，高速公路的拥堵是不难想象的。这一理由有一定的合理性。然而，即便如此，也应当有收费期限的设定（这和收费还贷的期限大致相同）、收费标准的确定，以及有效解决因为收费而导致的效率缺失。

可以举出一个证据，证明中国目前高速公路收费的价格过高。已有媒体披露，高速公路收费员的工资高达七八千元。尽管这个数字不一定准确，笔者一时也难以证实，但由于自然垄断的存在，该行业员工的收入过高是不争的事实。因为从高速公路收费这一工作所需要的业务技能和劳动强度看，其收入没有理由比餐馆服务员的收入高。但事实呢？所以，我们说，它们利用自然垄断的高速公路营利，获得了不正当的行业利益。

再来看看高速公路收费引致的效率缺失问题。仍以沪嘉高速公路为例。在高峰时间，沪嘉的收费口排队超过200米，是一个大概率事件，超过100米几近常态。如果说沪嘉的管理人员不想改进，那是冤枉他们，但最起码，当下的改进效果仍然不理想。沪嘉高速收费效率最高的一段时间，是在20世纪90年代的一段时期。当时高速公路和其收费都没有联网，在沪嘉的中段，设一收费口，一手交钱一手给收据。以后，在仍然没有联网的情况下，沪嘉在一端发卡，另一端收费，就这么十几公里要停两次，人们都感到奇怪。也许有人会说，沪嘉现在已和其他高速公路联网，不取卡收费怎么办？而且仅仅沪嘉这一段不收费行吗？其实，这些都是技术性问题，都不难处理。譬如，在下班高峰时间，往上海方向专设嘉定来车的收费口，准备固定面额收据，不经过电脑收费的 20～30 秒，不就快一些了吗？再如，沪嘉这段不收费，且封闭马陆、南翔匝道，就能分流车辆，直达上海或嘉定的走沪嘉高速，去其他地方的走国道。这个道理和铁路开行城际直达快速列车是一样的。

高速公路本来是公共物品，就像海域和空域是（国际的）公共物品一样。这既是国际经验，也是其性质和功能决定的。因此，政府交通主管部门要制订相应的方案，告诉老百姓，中国的高速公路成为公共物品的时间表。即便目前在收费期间，其标准也应受到规制，并根据收费期限，不断降低收费标准，同时，要尽最大可能提高收费的效率。

（2008 年 3 月）

政府怎样用好人民的钱

今年两会期间，国务院推出了"大部制"的机构改革方案。据我观察，作为一项政府改革的重大举措，有关各方对它持谨慎看好态度。事实上，为适应政府职能转变进行的"大部制"改革，是政府改革的一项治"标"措施。从理论上说，无论什么"部制"，都有可能是服务型的政府，也都有可能不是能够有效满足广大人民群众对公共服务需求的政府。因此，未来一个时期政府改革的"本"究竟在哪里？对此，人们（包括公务员们）不是都能准确回答的。

我觉得，温家宝总理在两会期间回答中外记者提问时讲的一段话道出了这个"本"：一个国家的财政史是惊心动魄的。如果你去读它，会从中看到不仅是经济的发展，而且是社会的结构和公平正义的程度。在今后五年，我们要下决心推进财政体制改革，让人民的钱更好地为人民谋利益。政府的"本"是为人民谋利益。要谋利益，就要有钱。政府的这些钱来自纳税人缴的税和国有经济的收益，它们是"人民的钱"。现在的一个关键问题是这些钱没有用好。因此，"要下决心推进财政体制改革"。财政体制改革是未来政府改革的重要组成部分。可见，政府改革的"本"是"让人民的钱更好地为人民谋利益"。

英语单词"finance"一般可译为"金融"和"财务"，是个人和公司可动用的钱。在英文文献中，"public finance"则译为"财政学"，不必译为"公共财政学"，也就是说，财政本来就是公共财政。在一些发达国家，政府公务员的公与私是泾渭分明的，稍有差池，就得引咎辞职。在我国，长期以来基本没有"私有"的财产，也就没有私人的经济和税收，具体的表现就是对收入和财产征收的直接税比重较低，当然也就无所谓相对应的"公共"概念。我们的财政就是国家（政府）的财政。而且，长期以来，我国的国有经济比重较高，其利润成为财政收入的组成部分。在这一财政体制中，如何处理好"让人民的钱更好地为人民谋利益"，始终是一个问题。

这个问题的集中表现就是，在财政收入中，政府的行政支出和经济建设支出始终居高不下，直接用于提供公共服务的比重相应较低。而且，经济建设支出并没有为增加公共服务创造多少条件。在这几年的两会期间，这个问题及其具体表现被代表们反复提出，他们用一系列的数据和事实说明了问题的严重性。我们知道，在公共资源（来自税收和国有经济利润）既定的条件下，这样的财政支出结构，不仅造成当下的公共服务供给不足，而且会形成这一结构下的支出刚性，使未来的收入与支出结构渐趋恶化，进而使公共服务成本越来越高，数量增长更加缓慢。我相信，总理提出"要下决心推进财政体制改革"，正是看到了这个问题的严重性，到了非下决心改革不可的地步。

　　然而，这一改革的难度极大。其一，这些年来，我们在这方面的改革基本是在做增量的文章，也就是说，在每年新增的财政收入中，尽可能增加对农村和落后地区教育、卫生、医疗、文化和科技等方面的支出。下一步的财政体制改革肯定要触及存量，即要改变原有的分配结构，大幅度增加各种用于公共服务的支出，相应减少用于政府自身服务的支出。不难想见，这一伤筋动骨的改革将会遭遇多大的阻力。其二，实施这一改革的主体，首先就要革自己的命，就要减少自身的支出。常言道，由俭入奢易，由奢入俭难。对于已经大手大脚惯了的公务员们，有一个适应的改革过程，才能切实地"让人民的钱更好地为人民谋利益"。其三，坦率地说，我们许多公务员对公共财政为何物，基本是不甚了了。而且，长期在国有经济比重较高的现状的影响下，公务员们很容易产生一个错觉——在花自己赚来的钱。这就是为什么我们的公务员总是在"为人民服务"的口号下，把较多的资源、精力用于为己谋利，或者为所在部门谋利的原因。现在，既要让他们明白公共财政收入的每一分钱都是人民的，又要让他们用好人民的每一分钱，使之生产更多的公共服务，这肯定有很大的难度。为此，我们要进一步解放思想，用全新的理念来改革财政体制，以新的体制来保证"人民的钱""为人民谋利益"。

（2008 年 5 月）

调整政策、制度要考虑百姓预期

本文要说的这个话题，是我多年来"耿耿于怀"的。每当遇到许多与此相关的事情后，都想一吐为快，也曾在几篇短文中议及，但都未能上升到某种高度，故很不痛快。在当今越来越关注百姓民生、关注"以人为本"的时候，我再来谈谈这个话题，以期引起有关部门的足够重视。

日前看到有关上海高考加分政策有调整的报道。该报道称，2009年上海市普通高等学校招生录取的部分加分项目和分值都有缩减，以往的加20分调整为加10分，以往的加10分改为加5分，今年还取消了"经审定的推优生"。我理解这一调整的用意是为了让考试制度变得更加公平。我也知道，这一调整是在逐步推进中，考生和家长是有所了解的。但是，将分值缩减一半，是在离高考还有4个月时告知的。我们知道，高考加分是一种用货币都买不到的收益。有了加分的制度，人们就有了预期，进而会使出浑身解数，去试图获得这一加分。可是，就在一部分考生眼看要获得这一加分利益时，来个"拦腰一刀"，砍去了一半，你说伤心不伤心。

　　我以此事为例，说明任何公共政策以及与百姓利益有关的制度，都是一种预期，人们为了得到或避开这一政策和制度产生的结果，会做出自己的选择。然而，这并不意味着我赞成高考和中考加分的政策。我相信，大部分考生和家长都是反对加分的。这些年，个别地方的加分政策在制定时就显得十分荒唐，如深圳市曾经给该市金融业高管子女中考加10分；还有一些加分政策是经不起推敲的，如湖北省实施的计划生育家庭女孩中考加分和将要实行的农村独女高考加分的政策。这些政策要么有失公平，要么助长某种投机，甚至会引发其他社会问题。

　　在现实生活中，还有许多这方面的例子可以进一步说明，充分考虑政策和制度对百姓预期产生的作用，对于百姓生活便利，乃至社会和谐和经济发展，是何其重要。根据我的观察，每年春运期间，铁路部门都会对火车票的预售期做出多次调整，而且，从其调整到执行，几乎都是同步的。当然，铁路部门可以对每次调整都给出"充分的理由"，但是，他们恰恰没有充分地考虑这一调整改变了人们的预期，反而造成了一些人购票和出行的不便。由此，我想说的是：其一，一个有质量的公共生活空间，其最基本的要素是稳定，而稳定的前提是百姓预期的稳定。尽管百姓的这些预期大多是一些与他们日常生活有关的小事，但是，当对这些小事都可预期的话，他们才会感到生活环境是和谐的，出门办事是便利的。其二，在我国，有权制定、调整政策与制度的机构，它们的定式思维是——我是为百姓做主的，我制定政策和制度是为你们好，我调整它们也是为你们好。因此，它们总是有"充分的理由"。然而，这些理由是否真的充分，是要放到百姓的立场来考量和评估后，才能够得出结论的。事实上，在过往的经历中，这些"充分的理由"不乏想当然，或事实并不充分，进而给百姓带来福利的损失和生活的不便。在我看来，火车票预售期多次调整就没有充分的理由，它本来是一个可以且应该长期不变的安排。以此类推，在我们的公共生活空间中，有许多诸如此类的安排，都应当是长期不变的。

我长期工作在大学。大学有一项对广大教师前途攸关的制度，那就是教师职称评聘制度。这些年来，这项制度在中国的大部分大学几乎是年年在调整。同样，这些调整都有一个充分的理由：获得高一级职称的条件要不断提高。当然，也有所谓使其更加合理的"微调"。广大教师知道变是绝对的，不变是相对的道理，但是他们希望：第一，这个制度要尽可能在一个时期内稳定，至少3年或5年不变。如果年年调整，叫人无所适从，无法预期，怎能安心地搞教学、科研？第二，制度调整要提前告知，不要事到临头突变。怎么叫提前告知？以上海2009年高考加分调整政策为例，提前告知的最后期限，应当是在2008年高考结束时，告知来年的考生，明年加分政策要做哪些具体的调整，以便考生调整预期，并做出相应的安排。这也是政策和制度要有"透明度"的要求。即便是增进百姓福利的政策和制度变化，也必须有"透明度"的要求。

综合上述事例的分析，笔者的观点是，随意地改变预期或给出不合理的预期，都会造成各种矛盾和问题，进而影响百姓生活质量和工作质量。对此，我的感受是，有关部门为什么不对制定的政策和制度，以及调整政策和制度可能产生的预期及预期的改变做出估计？不对与此有关的百姓心理和行为多做一些研究与评估？不对那些已经实施的政策和制度的效应进行评估，以发现可资改进的空间？也许，我说得绝对了一点，但是，这方面的工作做得不够是肯定的。为了对这一状况做出改进，我的建议是，有关部门要组织学习相关知识，如"博弈论"的知识。在制定和调整政策与制度时，要把受到这些政策和制度影响的对象，视为和政策制定者一样的"局中人"，他们会对这些调整做出哪些策略性的反应，这些调整和反应的得与失，共同决定了政策和制度调整的效果。

　　我们现在讨论的这个话题，与以政府职能转变为主要内容，以建设服务型政府为基本目标的政府改革，也有着密切的关系。如果我们的政府及有关部门转变了职能，集中精力提供公共服务和社会管理，那么，他们就会懂得理解百姓心理和行为的重要，懂得原来那些一厢情愿的"为民做主"的做法，是值得反思和改进的。而且，一个职能完善的政府，不会瞎折腾去做"零和博弈"（一方的所得正是另一方的所失，整个社会的利益并不会因此而增加一分）的事情，更不会去做"负和博弈"（所得小于所失，即通常所说的两败俱伤）的事情。

　　这些年来，"以人为本"渐成科学发展、社会和谐的"关键词"。也就是说，科学发展、社会和谐，都是为了以人为本，并且是通过以人为本实现的。以人为本中的"人"，不是抽象的一群人，而是具体的每个人。因此，握有公共权力的机关，在制定和调整面对每个人的政策和制度时，一定要体察百姓心理和行为及其变化，顾及他们的要求和预期，力戒一厢情愿；应当认识到，长期不重视百姓心理预期和行为变化的时代已经过去。真正的以人为本，就是在制定和调整公共政策及相关制度时，要基于百姓生存和发展的具体环节，如他们的心理、行为及其变化。唯有如此，我们的以人为本才是在崇高理念指引下的伟大且鲜活的实践。

（2009 年 3 月）

多做与农民、农民工有关的事情

　　2010 年中央一号文件推出了一系列含金量高的强农、惠农新政策，其中最值得关注的是与解决城乡二元结构，尤其是在城市化进程中出现的新二元结构（比照刘易斯二元结构的定义，新二元结构指在城市中比较富裕的市民与比较贫穷的农民工并存的结构）有关的新政。中央明确指出，要着力解决新生代农民工问题。

　　说得近一点，新生代农民工问题与当下的城市化密切相关。实践表明，只有同步推进城市化和农业、农村现代化，才能解决城乡二元结构的问题。没有相当数量的农民和农民工实质性地转变为市民，城市化便是虚的，农业和农村现代化也不可能实现。着力解决新生代农民工问题的核心，就是使他们成为市民。

　　新生代农民工成为市民，首要的是有关制度框架一元化的问题，即户籍制度、土地制度、就业制度、社会保障制度和保障性住房制度等的改革与并轨。这既是一个需要较长时间建设的过程，同时又是一项需要立即有所作为的重要任务，否则，随着时间的推移，问题的严重性和解决问题的难度都将不断增大，进而对社会经济的持续发展造成难以估量的影响和破坏。我认为，所谓立即有所作为，就是要在我们所做的各项与民生有关的工作中，多做与农民、农民工有关的事情。之所以这样提出问题，是因为我们现在所做的许多事情都与农民、农民工无关，而只是与市民有关。

武广高速铁路通车时，有媒体记者在车站采访一位购票的农民工，问他为什么不买高铁车票，他回答道，这张车票要二三百元，我一个月的工资才1 000多元。没过几天，我在央视二套看到一位专家型官员在谈"保8"的成就时讲到"铁公基"拉动投资的贡献，他说，高速铁路不仅对"保增长"，而且对全国人民来说，他们的流动更方便了，甚至在一个城市生活，在另一个城市工作，都不再是问题了。这实际上是对市民而言的，而非对农民和农民工而言的。当然，我们可以说投资"铁公基"增加了农民工的就业机会，但是，如果农民工只是在大规模基础设施和城市化建设中获得打工的机会，而无缘分享这些建设成果，能说我们的改革、我们的政策是成功的吗？

在今年上海开两会时，上海市的主要领导指出，上海土地资源很紧张，建设那么多住宅，不是提供给投资客的，而主要是解决本市常住居民的住房问题，而且，要着力解决新上海人、年轻人的住房困难。尽管上海目前在配售经济适用房和分配廉租房时，还只考虑上海的户籍人口，但从这些会议和讲话中，我们看到了积极的信号，那就是，要把持居住证的常住人口的住房问题，纳入解决城市住房问题的范围。这就表明，从现在开始，在中国大中小城市的保障性住房体系中，包括安排农民工住房。这是在为农民工做一件功德无量的好事。

安徽的一位农民在媒体上发表了这样一段感想：最近，《孔子》《阿凡达》等大片轮番登场，相关新闻更是让人目不暇接，好不热闹。然而，这份热闹似乎只是城里人的"专宴"，与农民无关。农民不想看大片吗？当然不是。文化生活贫乏、单调的农民，更渴望得到大片的"滋养"，只是动辄几十元甚至上百元的票价，他们实在难以承受。在农民心中，大片只是一个遥远的概念，从未直观感受过。我们能把票价降一降吗？让农民也过过大片瘾。这是农民工尤其是新生代农民工的心声。我们在让城里已经略显过剩的家电下乡时，能否也让大片下乡？抑或让大片及其他电影和演出的票价不要贵得太离谱，使城里的农民工和低收入者也能承受这些文化消费。

当然，目前农民工看不看大片确实还不是那么迫切，重要的是，我们在解决民生问题时，或者说在安排与基本公共服务有关的项目时，要把市民和农民、农民工放在一个框架内考虑，即便在近期有关标准还可能存在差别，但在一定时期内，在基本公共服务均等化方面，我们要有实质性的进步。否则，中国社会经济生活中的深层次矛盾——收入分配差距，以及内在失衡——消费与投资失衡，外在失衡——国际收支失衡，都难以缓解。所以，多做与农民、农民工有关的事情，不仅对这个特定的群体，而且对中国经济的持续稳定发展，对中国社会的长治久安，都是至关重要的。

（2010 年 2 月）

我们应当怎样营造公共生活空间?

改革开放 30 多年来，中国培育了一个庞大的私人生活空间（简称为私人空间），尽管其中还有缺失，如私权的有效保护不足，但是，它毕竟发育起来了。相对于改革开放前较为有限的私人空间而言，这是一个巨大的社会进步。那么，能否认为那时中国有一个庞大的公共生活空间（简称为公共空间）呢？显然，这是不能的。因为公共空间是对应私人空间而言的，没有私人空间，何来公共空间？那时的中国，行政权力至上，从资源配置到社会管理，都是行政权力在起作用。因此，可以认为，那时的中国只有行政空间及很小的私人空间。

那么，在私人空间扩张的同时，公共空间的情况怎么样呢？用"还不尽如人意"来形容，是一点都不为过的。这是因为，当行政空间还相当大的时候，公共空间的培育就受到较大的制约，而且行政权力在规定和影响着公共空间的形成，使公共空间有"非驴非马"的问题。这里，先通过几个例子来说明当下公共空间的缺失，由此可以看到培育公共空间的要义。然后，再来厘清公共空间与行政空间的联系与区别，就能够从中大致体悟培育公共空间的真谛了。

城市的高架路是一个典型的公共空间。经常在高架路上驾车的朋友都知道，高架路的上下匝道通常是"瓶颈"，尤其是布局和设计不尽合理的上下匝道，堵车就几近常态。以我每天上班都要走的一个上匝道为例。和大多数上匝道一样，在车辆驶入的一段是两车道，但在并入主干道前的 20 ～ 30 米处，就用隔离墩限行为一车道，这既能提高并入的效率，也能减少碰擦产生的概率。但是，不知何故这些隔离墩时常被弄得很不规则，甚至被搬到一边，让那些从右侧车道驶入的车辆可以直接开到斑马线，甚至开到斑马线后才并入左车道，或直接驶入主干道，由此产生的状况就显而易见了，当这些车辆要从右车道进入左车道或主干道时，右车道上的车辆往往不愿意让行：凭什么啊，你不在后面好好排队，现在想插进来，我就不让。如此一来，拥堵加剧。我也看到上海一些秩序比较好的上下匝道，不仅隔离措施到位（距离合理的、固定的隔离墩），而且使用红绿灯调节，使车辆行驶的顺畅程度大大提高。这里说明了一个问题：要在公共空间形成合理的规则。在特定的公共空间，通常是单一规则，并通过合理的规制，就能形成既有效率、又讲公平的公共空间，由此还能部分克服某些已成事实的硬件或环境上的缺陷。

再以公共场所禁烟为例。近年来，在我国的一些大城市，已经把公共场所禁烟当回事来做了。这里所指的公共场所是相对宽泛的，如住宅小区中的电梯，通常贴有禁烟标志；又如，一些高中档的餐厅，即便知道禁烟可能影响生意，也都积极响应相关条例的规定，做出禁烟的安排。但是，总有烟民对此熟视无睹，照抽不误。在我所住的小区，电梯内禁烟标志十分醒目，一部电梯也就服务于20户人家（1层和2层的住户通常不使用电梯），但电梯内常有烟味或烟蒂。其实，时间长了，大家都知道是楼内哪位烟民所为，但我们一则无权"执法"，二则碍于情面，都不好意思"干涉"他人。在政府机关和企事业单位，禁烟的状况往往与该机关或单位的主要领导人是否抽烟有关。要是他们抽烟，要么部分会议室、接待室不贴禁烟标志，要么贴归贴、抽归抽。这些问题说明什么？这说明公共空间不仅要有规则和规制，还要有执行，不因人而异的有效执行。通过一段时间的强有力执行，大家养成自觉遵守的习惯。这里，确保执行的一个基本要素是罚款。罚款是这类执行的动力因素。国际经验表明，对公共场所的违规行为课以重罚，是约束或改变人们行为的不可替代的手段。重罚是为了震慑，而不是为了收钱。在我国，各种罚款的名目不少，但往往数额较小，不能形成震慑作用，倒落了个乱收费的印象。当然，还要通过公益性的宣传教育和舆论监督，使大家养成遵守和维护公共秩序的自觉行为。

政府在私人空间收取各种税收，在公共空间提供公共服务。但如何既公平又有效地提供公共服务，与政府的执政理念、现行体制和政策有关。政府的执政理念是以人为本，这里的"人"，是具体的每一个人；这里的"本"，是与每个人有关的公共利益，即"最广大人民的根本利益"。现在的问题是，一方面，这一执政理念还没有化为每个公务员的自觉行为；另一方面，现行体制、政策与执政理念的要求相去甚远。讲一个与义务教育有关的例子。按执政理念的要求，基本公共服务的提供必须均等化，也即无论你是在贵州的农村，还是在上海的城区，每个人都可以享有等量和同质的基本公共服务。这里的基本公共服务是指义务教育、公共卫生、基本医疗等。然而，目前中央政府和地方政府财权和事权划分的体制是不支持基本公共服务均等化的。这是因为不同地区的地方政府财力相差悬殊，却要承担均等的基本公共服务，其难度是可以想见的。日前看到一则上海市教委关于上海的中小学校"四个统一"的报道，大致的意思就是要在上海做到义务教育的均等化。作为一个上海市民，我的感觉是，在上海市范围内，九年制义务教育的均等化至少还需要 10 年左右才能实现。但现在的问题不在这里，而是义务教育均等化是全国范围内的事，上海凭借自身财力做到的均等化，事实上是在加大全国范围内均等化的难度。但是，在现行体制下，上海这样做又是无可厚非的。这个困境折射出的问题是，中央政府的职能缺位，由此提出的改革要求是，调整中央政府和地方政府间的财权与事权安排，将提供基本公共服务的职能定位为中央政府的职能。这恰好也解决了分税制改革后中央政府财权大于事权的问题，又为基本公共服务均等化做了实实在在的努力。在这个基础上，各级地方政府可以为基本公共服务做锦上添花的事情，由此还将为市场经济条件下的要素（人口和劳动力）流动提供有利条件。

可以讲的例子还有很多，不过，我们从以上的例子和阐述中可以归纳出公共空间的基本要义，那就是规则和规制。有时，单一规则和规制更有效率，一方面这是在公共空间，另一方面公共空间的效率和公平是一致的，是可以兼得的。规则和规制要得到执行，且是强有力的执行，不仅靠理念，还要靠惩罚，恩威并重，方能奏效。

联系到中国的国情，厘清公共空间与行政空间的联系与区别，与补上这些缺失息息相关。这是因为，如果没有这一概念上的厘清，我们无法看到培育公共空间的方向。当然，限于知识结构，我无法一一列举这些联系与区别，只能根据自己的理解略陈一二。

首先，公共空间和行政空间的主体是部分重合的，即公共空间的主体之一——政府（其他主体是公共企业、非营利性组织和政府间国际组织等）也是行政空间的主体。不过，公共空间的政府是广义的政府，行政空间的政府是狭义的政府。前者拥有立法、行政和司法权力，后者只有行政权力，即处理权、执行权，而没有决定权，决定权来自公共空间的广义政府。现在的问题是，行政权主体膨胀，凌驾于立法权、司法权主体之上，公共空间的局促和不发育，就不难理解了。另外，公共空间的政府是服务型政府，行政空间的政府是管理型政府。当政府尚不是服务型政府时，公共空间的发育就处于较低的水平。这也是现状的一个写照。

其次，公共空间和行政空间都是集体活动的空间，其主体都要处理各种集体事务。但是，它们的活动方式和处理方式有着很大的不同。这一不同是由价值追求的不同所决定的。公共空间的价值追求是公平、效率、自由、秩序，而行政空间的价值追求仅是其中的一部分，即效率和秩序，而且其内涵也有差异。例如，行政空间的主体要维持行政秩序，而公共空间的主体则要建立和维护宪政秩序。

我们深知，讨论一个国家的公共空间问题，离开历史、文化和体制的沿革及积淀，是很难深入的，也很难解释现实的。譬如，在中国这个人情社会，当关系高于规则时，对公共空间培育的消极影响是什么？又如，受长期行政集权和官本位思想的影响，总有一部分人游离于规则和规制之外，这肯定不利于公共空间的培育。我们知道，公共生活空间中每个人的自由，是以愿意遵守规则、接受规制为前提的。若不然，某些人的自由就是以别人的福利损失为代价的。中国社会公共空间培育的诸多问题，在很大程度上可以由此得到解释。

当私人空间发育了，公共空间却没有相应地发育，此时，各种社会矛盾和问题就会集中显现。现阶段的中国社会就大致处在这个时期。因此，创造条件培育公共空间就显得十分重要。因为公共空间的要义之一——自觉的行为，和我们每个人都有关。最后还要说上一句，公共空间最需要的就是从每个人做起。

（2010 年 12 月 13 日）

管不住的高尔夫球场折射了什么?

从 2004 年开始，国家陆续下达近 10 个针对高尔夫球场建设的禁令。然而，7 年过去了，各地仍建设了 400 多家高尔夫球场。有记者问，这些高尔夫球场为何能获得立项并运营? 尽管获得立项和运营的过程比较复杂，但至于"为何能"，是再简单不过了，那就是申报的时候打"擦边球"，审批的时候接"擦边球"。据业内人士说，高尔夫球场的建设需要国家发改委等部门审批，而大部分未经审批的球场基本上是以偷换概念的形式，由地方政府审批的。违规建设的高尔夫球场大多是打着体育公园、生态园、休闲园、绿化项目等旗号建设的。打"擦边球"和接"擦边球"都是有风险的，接的风险更大一些，但各地为何有如此大的动力这样做呢? 这是需要探究的问题。

首先要指出的是，高尔夫球场现在有需求，未来的需求也被看好，否则就无法解释资本为什么对它一直有好感。当然，不能否认的是，在中国现阶段，对高尔夫球场的需求与收入分配差距过大有关，就像现在有很大的奢侈品需求一样。中国是人口大国，收入较高的 10% 的人口就有 1.3 亿多人，比很多欧洲国家的全国人口都多，即便这其中只有一部分人既有能力又偏好高尔夫球，那也是一个可观的数字。高尔夫球场的投资者和奢侈品的投资商一样，就是冲着这个可观的数字来的。我们不是说这部分市场需求不可以去满足，而是要告诉大家，在现有人均收入水平下，我国对高尔夫球场的需求还不至于如此之大，现有需求和收入分配差距有关。此外，还要指出的是，高收入是和高风险联系在一起的，如果一味地盯住这部分需求建高尔夫球场，其结果不一定乐观。前车之鉴就是日本。据专家估计，日本有高尔夫球场 2 400 多个，大部分是泡沫经济时期建成的，比实际需求多了约 1/3。这对我们是一个警示。

当然，中国的现实情况是，不少高尔夫球场项目大多是冲着土地来的。很多开发商以高尔夫球场建设为由大量圈地，然后在球场周边开发房地产项目，用高尔夫球场带动房价、地价的上涨，创造多重收益，已是一个不争的事实。有一组数据可以支持这个说法，如果没有配建高端房地产项目，中国盈利的高尔夫球场比例低得惊人，常见的说法是七成亏损，有人估计的情况更惨，超过九成的高尔夫球场在亏损，由此带来的问题主要是两个方面：其一，过多的高尔夫球场供给，使大量资源尤其是稀缺的土地资源闲置或错配；其二，无论是正式审批的，还是打"擦边球"审批的高尔夫球场项目，由此产生的土地溢价收益应该归谁所有？这就涉及当下中国最为敏感的土地及其相关问题，由此也告诉我们，土地制度的深化改革已经刻不容缓。

那么，为什么明知高尔夫球场项目的开发商"意不在此"，部分地方政府还"乐此不疲"呢？原因之一是地方政府将高尔夫球场看作是拉动经济的好项目。具体地说，一是可以使土地变现，获得土地收入；二是通过相关投资和消费，拉动当地的经济增长；三是改善投资环境，以吸引更多的投资进入当地。其实，这三个方面都是似是而非的，高尔夫球场建设拉动当地经济的好处，通过其他项目也可以获得，甚至可以获得更多。之所以大部分高尔夫球场项目从立项开始，开发商就和当地一些部门以各种名义掩人耳目，在建设过程中甚至侵占农田、林地，相关执法部门却视而不见，是因为这么多年来，我们在政策上出现了偏差，政策过于偏好资本。如果说这在改革开放初期，资本极度稀缺时，尚可理解的话，那么，30多年过去了，现在仍然如此，就不应该了。就像我们今天看到的，资本收入和劳动收入比例失调，资本投资和居民消费比例失调，以及由此引起的一系列社会经济矛盾和问题。这些矛盾和问题已经引起政府高层的高度关注，并正在做出积极的回应和调整。

透过高尔夫球场项目，我们还看到这样一个长期困扰我们的事实，那就是有令不行，有禁不止。当然，细加分析，其中有"令"和"禁"本身不尽合适、合理的问题。但是，高尔夫球场项目的有令不行，有禁不止，部分地方政府甚至给予很高的容忍度，完全是不应该的，由此造成的结果是什么呢？

其一，政府的公信力受到很大的影响。我们看到，目前影响政府公信力的主要因素有二：一是政策多变；二是令行不止。如果说前者还有经验不足或信息不对称的问题，也有可能是知错就改，那么，后者就涉及政府及其政策的权威性、严肃性，以及能否取信于民了。类似的例子还有很多，譬如，公车改革已经讲了多年，但因为涉及官员的利益而迟迟未行动。事实上，公车改革是势在必行的，越拖问题就越难以解决，造成的后果则会越严重。

其二，政府的执行力受到质疑。政府作为行政机关，对各种事务的执行效率是检验其绩效的重要方面。这里，至少有两种影响地方政府执行力的因素：一是政府自身的，甚至官员个人的利益纠缠其中，严重干扰对高尔夫球场项目的严格、公正审批；二是政府自身的组织和制度建设存在缺陷，以及公务员队伍的素质，影响到对各种复杂矛盾和问题的解决。

管不住的高尔夫球场集中反映了土地制度和地方政府在管理上存在的问题，需要通过顶层设计的深化改革，才能予以有效解决。透过管不住的高尔夫球场，我们可以看出，政府要带头说话算话，以公信力、执行力取信于民。

（原载于《理财周报》，2011 年 7 月 1 日）

50.2亿元与0.2亿元

就在甘肃舟曲特大山洪泥石流灾害（简称"八八泥石流灾害"）发生一周年的日子里，两条反差巨大的新闻强烈地刺激了我们的神经。

一篇新华社评论员的文章写道：灾难发生一周年之际重访舟曲，记者看到，眼前繁忙的施工景象、城镇乡村显露着坚毅目光的舟曲人，无不宣示着这里的新生。恢复重建的170个项目已有108个开工，3处核心重建区域建设正在顺利进行，舟曲人民在举国大力支援下，自力更生、艰苦奋斗，顽强地托起生命之舟。舟曲恢复重建一年来的事实再次给人们以深刻启迪。

就在今年8月，中央电视台财经频道在一档《聚焦水流困局》的节目中披露，舟曲县审批立项的水电站有68家，只有1家通过安全评测并到当地地震局登记注册。大批无证小水电项目的无序上马，致使当地植被和环境被严重破坏，泥石流隐患巨大，房屋地基下沉、墙体开裂，直接威胁人民群众生命财产安全。

我们并不否认舟曲恢复重建的成就，但是，仅从一年前舟曲泥石流灾害的原因和相关数据的分析中就不难发现，泥石流灾害发生的主要原因可从天灾和人祸两个方面看，天灾即地质构造的自然变动，人祸即环境特别是植被的严重破坏，两者相互作用，共同导致了这场特大灾害的发生。央视记者在调查中发现，"水电开发给舟曲地方财政带来了一年 2 000 万元左右的税收，但是，因为一次特大泥石流造成的灾害，中央和省级财政需要投入的援建资金就高达 50.2 亿元"。当然，直接对比这两个数据，可能过于简单，但可以通过分析援建资金的结构，看到当地这每年 0.2 亿元税收的代价。舟曲县财政局局长告诉记者，援建资金 50.2 亿元有 8 个方面的支出，主要是城乡居民住房建设、城镇建设、公共服务支出、基础设施建设、白龙江沟道整治、灾害治理、产业重建和生态环境治理。其中，用于城乡居民住房的支出为 7.2 亿元，用于白龙江沟道整治的支出为 3 亿元，生态环境治理的支出为 1.9 亿元。也就是说，这个 50.2 亿元中有相当部分是过去一个时期环境破坏特别是植被严重破坏的成本。由此可知，按照现在这样的方式在白龙江上建设水电站，未来一个时期财政肯定还要支付巨额的社会成本。

其实，即便在舟曲县政府的有关部门，对于建设水电站就有着截然不同的意见。当记者采访当地环保局和地震局等部门领导时，他们对于舟曲这个地方到底要不要建设水电站，态度十分明确：白龙江流域不适合建水电站。但是，当采访舟曲县招商局领导时，他明确表示，招商引资，发展水电，是全甘南州（舟曲是该州的一个县）的发展大计。他告诉记者，目前，全县水电招商仍然在紧锣密鼓地进行。他认为，像舟曲这么贫困的地区，如果把水资源白白地浪费，不开发，舟曲会继续贫穷落后，假如这些水电站全部开发起来了，就可以发展其他产业，带动当地经济的整体发展。由此不难看到，建设水电站的目的就是发展经济，但在当地，以建设水电站的方式发展经济，在政府部门内部的看法就不一致，其中暴露的是转变政府职能、调整中央政府和地方政府关系过程中的矛盾和困境，由此出现地方政府为了一些小钱，而最终导致纳税人拿出一笔大钱来共同解决公共问题的现象。这里，大钱和小钱的差额，有一部分是我们现在的制度成本。

首先，政府尤其是地方政府如何理解以经济建设为中心？在以经济建设为中心的背景下，政府是为经济建设服务，还是直接参与和干预经济建设？这些问题的答案本来并不复杂。但是，由于政府自身的改革滞后，职能转变不到位，在现实经济生活中，这些问题就变得复杂了。目前，越是基层的政府，对经济生活的介入越多，其相当部分的日常工作与企业无甚差别，诸如招商引资、洽谈项目。这个现象如果不能在短期内得到纠正，那么，由于这一职能错位造成的制度成本还将居高不下。

其次，50.2亿元与0.2亿元所反映出来的问题，是我国现行中央政府和地方政府间关系存在内在缺陷的具体表现。这里有一个中央政府和地方政府在财权与事权上匹配的现实矛盾。当然，有人认为并不存在这一矛盾。但是，我还是要说，简单地批评地方政府短视，为了一点税收上这些不该上的项目，是不公正的。要通过进一步深化和完善分税制改革，包括省以下各级政府在分税制框架中的制度安排，从社会公平公正的理念出发，根据政府改革及职能转变的新格局，划分中央和各级地方政府的财权与事权，由此将减少公共资源配置的制度成本。

经验表明，政府为经济建设服务的一个重要职能，就是做好规划，并保证规划的落实。早在 2007 年，国务院下发《关于编制全国主体功能区规划的意见》，并于今年 6 月，正式发布了《全国主体功能区规划》。该规划提出，构建城市化地区、农业地区和生态地区"三大格局"以及优化开发、重点开发、限制开发和禁止开发四类开发模式。舟曲所在的甘南州大部分地区属于生态地区和限制开发地区。当中央政府颁布这一规划后，地方政府理所当然地要落实这一规划，并按照规划要求，具体指导当地的经济发展。从政府改革的中长期目标看，政府尤其是地方政府直接的经济职能将逐渐弱化，包括资源环境保护在内的提供公共服务的职能，将上升为服务型政府的主要职能。

对于不同功能区要实行分类划分，对于限制开发和禁止开发地区，地方政府重要的事权是通过资源环境保护，维护生态价值，因此，分税制的安排和转移支付，都要保证地方政府在其他正常开支的前提下，有足够的用于资源环境保护方面的开支，一方面使地方政府转变职能有物质保证；另一方面，使资源环境条件不继续恶化，最大限度地避免类似舟曲泥石流灾害后用于重建的巨额开支的发生。如此这般，将使作为公共资源的这些资金能够得到更加有效的配置，或在资源环境保护，或在维护社会公平公正方面，发挥更加积极的作用。

（原载于《经济学家茶座》，2011 年第 4 期）

经济低迷时，日本怎样保证百姓福利？

　　一直以来，我们把经济社会发展与 GDP 增长牢牢地绑在一起。没有 GDP 增长，何来经济社会发展的空间？然而，邻国日本在"失去的二十年"以后，即经济低增长，有些年份甚至零增长、负增长后，经济社会仍然在发展。

　　何以解释？增长不同于发展。增长是以 GDP 衡量的经济总量的变化，有正增长、零增长或负增长之分。发展以增长为支撑，但其综合表现是结构性变化带来福利增加。从 1996 年到 2015 年，日本 GDP 年均复合增长率为−0.51%（按现价计算）。如果将该指标延续到 2018 年，日本的年均增长率为 0.13%，微弱的正增长。

　　一般来说，增长与发展是同方向变动的，增长带来发展，带来福利的增加。日本二十多年的低增长，确实影响了日本人民福利的增加。但增长对福利的影响程度，还与通货膨胀和人均可支配收入增长密切相关。如果是低增长、高通胀，也即滞胀，那么，经济状况就比较危险，百姓的福利状况就会受到很大的影响。但是，从1996—2015 年，日本大致的情况是，经济增长缓慢，通货膨胀也不高，甚至是通缩，人均可支配收入增长还算跑赢了经济增长。也就是说，低增长对百姓福利的影响，被控制在了一定限度内。

发展是用一系列结构性指标来证明的。"联合国人类发展指数"是一个典型代表。它以三个分项指数、四个指标衡量各国的人类发展。第一个分项指数包含一个指标，即出生时预期寿命。日本女性平均寿命达到 87.26 岁，男性平均寿命为 81.09 岁，已连续 30 年保持世界第一。第二个分项指数包含两个指标，即成人识字率和综合毛入学率。以大学毛入学率为例，相比 1998 年，2016 年日本增长了 42.72%；同期，美国增长了 24.0%。第三个分项指数包含一个指标，即以购买力平价（美元）计算的人均 GDP。在设置该指数的 1990 年，日本已经超过 0.81，归于发达国家；2006—2012 年，日本年均保持在 0.88 ~ 0.89，位列世界前 20 位；2013 年，日本打破 0.90，2016—2017 年，更是升至 0.91。

由此表明，日本的人类发展指数是稳步上升的。而且，在人均 GDP 增长对人类发展指数基本没有贡献的情况下，两个结构性指标——预期寿命指数和教育指数，对日本的人类发展指数做出了重要贡献。

学界总觉得日本的增长动力和潜力出了问题。对于这一点的解释，主要是日本的少子化、老龄化和低欲望社会等。这些因素当然对增长和发展有影响，但是，与技术进步相比，它们可能是居其次的。

在技术研发和创新方面，日本有多个指标名列世界前茅：① 研发经费占 GDP 的比例位居世界第一。② 由企业主导的研发经费占总研发经费的比例位居世界第一。③ 日本核心科技专利位居世界第二。④ 日本专利授权率高达 80%，可见其专利申请的质量。⑤ 2000 年之后，一直到 2016 年，日本每年至少拿一项诺贝尔科学奖，仅次于美国，位于全球第二位。甚至有人认为，到 2050 年，日本的经济竞争力将成为全球第一。

同时，日本有着类似于北欧国家的基尼系数，贫富差距小，城乡差距基本不存在；在亚洲地区，日本被公认为社会福利最好；日本是世界上犯罪率最低的国家之一；日本是世界上政府最清廉的三个国家之一。这些结构性状况的表现，不仅对短期的社会稳定，而且对长期的可持续发展，都有着重要的意义。

技术进步是推动现代社会增长和发展的基本因素，技术进步的速率在某些年代是很快的。如 20 世纪 90 年代，美国出现"新经济"，信息技术产业持续推动经济增长和社会发展。

这表明，在人类社会的历史长河中，一个国家（地区）的某些阶段出现增长的波动，甚至零增长、负增长，并不奇怪，只是这种状况不要过度地影响老百姓的福利。

（原载于《南风窗》，2019 年第 15 期，标题有改动）

Part 3

大国经济中的都市圈

西部大开发：公平，抑或效率

西部大开发是基于东部与西部公平提出来的，还是基于西部经济发展效率提出来的？当我们这样提出问题时，答案通常是后者，因为"开发"不是"扶贫"。然而，公平与效率的两难选择在这里果真如此简单吗？答案是否定的。

在西部大开发开始实行之际，我们必须正视这样几个基本事实：其一，东部与西部在分享资源（包括基础设施）和市场份额方面，存在着比较严重的不公平，正如发达国家与发展中国家之间存在这一不公平一样。其二，东部与西部在经济发展效率方面，存在着不小的差距，同样有如发达国家与发展中国家那样。其三，开发西部，既要提高其经济发展效率（这是矛盾的主要方面），又要缓解并逐步缩小东、西部之间存在的种种差距。要做到"一石二鸟"，最重要的是做到开发过程的公平。这是市场经济的要求，是开发西部成功的关键。笔者认为，围绕着公平与效率这一经济学乃至社会科学的永恒主题，西部大开发有一系列的课题需要研究。本文作为引玉之砖，对此先做初步的探讨。

一、过程公平，首先是环境公平

这里的环境是广义的，包括基础设施、生态环境、政策与法制环境等。其中，基础设施又包括硬件基础设施和软件基础设施。

在市场经济条件下，过程公平是指社会经济生活中每个成员和组织在市场交易、市场竞争中都要遵守规则。这是保证市场经济高效率发展的前提条件。一旦过程不能实现公平，等价交换这一市场经济的基本法则就将失去作用，投资机会、就业机会就不均等，市场效率也就无从谈起。过程公平才有高效率，这已经被发达国家的成功经验所证实。当然，在起点不公平的情况下，过程公平只是形式上的。因此，改善起点不公平，成为保证过程公平的重要条件。对于市场经济体制和机制尚不成熟，经济发展很不均衡的国家来说，起点公平的状况更是亟待改善。

中国东部与西部社会经济发展的起点公平，集中表现在环境公平上。目前，西部社会经济发展水平落后于东部，除了历史的、观念的原因外，环境条件的巨大差异也是原因之一。在硬件基础设施方面，东西部在铁路、公路、民航，供水、供电和通信的总量、人均数量上的差距，是显而易见的。在软件基础设施方面，东西部在人均教育年限、识字率等方面的差距，也是不言而喻的。生态环境恶化的源头在西部，其表现之一是 262 万平方公里的荒漠化土地（占全国土地面积的 27% 以上）和 168.9 万平方公里的沙漠及沙化土地（占国土陆地面积的 17.6%）主要集中在西部。这对西部工农

业生产的影响是巨大的，对此进行治理的成本，对西部省（区）市
而言是巨大的负担。改革开放以来，优惠政策对于东部的发展起过
特殊的作用。可以设想，在西部大开发的进程中，国家也将推出一
些优惠政策。但是，在中国深化改革的今天，优惠政策的作用日益
弱化，公平竞争将成为经济运行的主导机制。至于西部法制环境对
经济发展及投资的不利影响大于东部，其原因主要在人的素质和法
制意识等方面。由此可见，在实施西部大开发战略的过程中，政府
的主要任务是解决东西部在经济发展外部环境上的不公平，致力于
基础设施，生态环境和政策、法制环境的建设。

　　在经济发展水平较低的地区，效率是"瓶颈"，效率优先、兼
顾公平成为体制与政策的必然选择。但是，政府不是也不应该是效
率的主体，政府为厂商提高效率提供公平的环境。长期以来，西部
的环境条件落后于东部，既有西部经济发展水平比较低的因素，也
有政府职能错位的影响。后者对东西部的影响应当是一样的，但
是，西部再加上恶劣环境条件就更是"雪上加霜"。因此，政府在
西部大开发的过程中应当加大对西部环境建设的投入，缓解并最终
克服东西部起点不公平的问题。

二、从某种意义上来说，区域开发的效率首先源于增长极

　　如前所述，西部大开发旨在提高西部经济发展的效率，但是，
这一变化并非同时出现在西部所有的地方，它将以不同强度首先出
现于一些增长极之上，然后通过不同的渠道向外扩散，对西部整个

经济最终产生不同的影响。在区域经济开发的研究中，增长极理论是对经济空间和地理空间上经济发展不平衡这一事实的经验归纳和总结。增长极往往具有要素禀赋、区位优势等客观条件。政府通过某种政策的支持，强化这些条件，增长极就可能在较短时期内形成，并发挥难以估量的作用。

在东部经济近 20 年的成长过程中，增长极的实践是比较成功的。20 世纪 80 年代发展起来的深圳、珠海、厦门和汕头四个经济特区，90 年代异军突起的浦东新区，都堪称增长极的典范。以浦东新区为例。经过 10 年开发开放的浦东，以其新思路、高起点、大手笔和宽腹地等特点及优势，已经成为公认的中国经济最具潜力的增长极。在过去的 10 年，经济发展的原动力在浦东聚集。按照增长极理论的观点，此时的浦东新区呈极化状态。随着产业集聚的形成，增长极就将进入由弱到强的扩散状态。进入扩散状态的浦东新区，在带动长江流域发展乃至西部大开发的过程中，将扮演重要的、不可替代的角色。

如果说公平将体现在西部的环境建设上，那么，效率就将体现在培育西部的增长极上。增长极的形成与发展，是典型的效率优先。地域辽阔，人口密度低，基础设施条件差，缺少具有强大内聚力和辐射力的经济中心城市，是西部的基本区情。这一基本区情也进一步提出了培育增长极的迫切性。增长极问题的展开，就是中国乃至西部城市化模式选择的问题。一国的城市化模式受到人口数量、地域面积、资源水平、发展阶段和政策取向等因素的综合影响。一经形成的城市化模式，将深刻影响城市化水平的实质提高和拉动发展的实际效应。一个符合城市化一般规律和本国国情的城市化模式,将持续提高城市化水平,而持续提高的城市化水平又将不断推动经济增长。

中国目前的城市化模式受三个基本因素的影响。第一,城市发展方针的限定。中国现行的城市发展方针是,限制大城市的发展,鼓励中小城市特别是小城镇的发展。第二,户籍制度的制约。户籍制度对于户口迁入特大城市和大城市有严格的限制,迁入中小城市,尤其是小城镇则相对宽松。第三,经济发展水平的影响。大城市需要巨大的公共基础设施投资,在经济发展水平低下的时候,资金压力难以承受。因此,到现在为止,中国的城市化模式是优先发展中小城市和小城镇的模式。1997 年,中国有 668 个城市,城市数量并不算少,但人口在 100 万以上的大城市只有 34 个(西部 7 个,仅占 20.6%);城市非农业人口占总人口的比重为 18%,这 34 个大城市拥有 7 300 万非农业人口,仅占总人口数的 6%。经验证明,城市特别是规模较大的城市,会产生明显的集聚效应和扩散效应,具体表现为:更大的规模效益,更多的就业机会,更强的科技进步动力和更大的经济辐射作用。显然,目前我国,尤其是西部能够产生如此集聚效应和扩散效应的城市还太少,远远不能适应社会经济发展的需要。中国城市化道路的指导方针似应做必要的调整:积极发展特大城市和大城市,因地制宜发展中小城市和小城镇,将部分条件好的中小城市发展为大城市,应当成为今后一个时期城市化发展的重点。"积极发展"不仅有量的扩张、形态的扩张,更有质的提升、功能的提升;"因地制宜"是指要根据各地的情况,确定不同地区中小城市和小城镇的发展战略。对于有 960 万平方公里、近 13 亿人口的中国来说，大城市不是太多，而是太少，在西部就更是如此。因此，再发展一批特大城市和大城市是中国城市化道路的题中应有之义。

三、资本市场与效率优先、兼顾公平

资本市场是和效率紧密联系在一起的，因此，说资本市场能够做到效率优先，是没有疑义的。但是，对资本市场能否兼顾公平，人们就难免产生怀疑。事实上，这一疑虑是没有必要的，因为资本市场提供的融资工具，既可以为效率服务，也可以为公平服务，问题只在于不同主体所要达到的目的不同罢了。

西部大开发需要大量的资金，这当然包括建立公平环境所需要的资金。资金从何而来，途径无非是政府财政拨款、世界银行和外国政府贷款、政策性贷款、商业银行信贷、资本市场融资、吸引外商投资，甚至可以发行彩票。从各项来源的现实条件和当前深化改革的背景看，资本市场将成为西部大开发主要的融资渠道之一。在资本市场上，无论以债券形式，还是以股票形式融资，都有一个回报率的问题，所以，都必须有效率。这无疑是对的。然而，公平问题的解决，或者说，公平的实现，也并非只有转移支付这一种方式。让厂商以营利的方式来参与解决公平问题，已经不是什么新的发明创造。

这里，对问题的分析将集中于如何提供公平环境的基本要件：

公共物品。政府是提供公共物品的主体，但政府并不提供全部公共物品，尤其在经济不发达的阶段更是如此。因此，可以将问题归结为这样两个方面：其一，政府通过资本市场融资，用于提供公共物品；其二，政府和厂商以某种方式合作，共同提供公共物品。第一个方面比较简单，就是政府举债，尤其是举借长期债务，建设西部的公共基础设施，治理西部的生态环境，发展西部的教育、文化等公益性事业。然而，政府举债总有一定限度。这就自然地提出了第二个方面的问题。而且，发达国家的实践已经证明，用第二种方式提供公共物品，效率比较高。

公共物品以哪种方式提供，首先与公共物品的分类有某种相关性。根据公共物品的分类，选择比较合理的提供方式，将使提供效率得以提高；反之，则效率低下。公共物品的分类与其特征有关。公共物品有两个基本的特征：一是非竞争性，即在增加一个人对它的分享时，并不导致成本的增加；二是非排他性，即排除任何人对它的分享却要花费巨大成本。完全具备这两个特征的公共物品，是纯公共物品，如国防。一般来说，提供纯公共物品是政府的职能。在现实生活中，大量存在的是只具备两个特征之一的准公共物品，即只具有非竞争性的自然垄断物品，只具有非排他性的共有资源。

公共基础设施大多是自然垄断物品。自然垄断的特征是非竞争性，即可能在边际成本不断降低的条件下提供效用。早期，自然垄断物品由政府或一家国有企业提供（完全垄断）的现象是存在的，目前可以说基本不存在了，自然垄断部门都已成为寡头的结构。由于技术进步和制度设计的双重推动，在自然垄断部门更多地引入竞争是大势所趋。正是基于这一点，由企业提供自然垄断物品不仅必要而且可能。从融资角度来看，企业进入有两种基本的方式：一是由政府负责融资和建设，然后将某个期限的经营权转让给企业。二是企业直接投资进入，政府将某个期限的经营权转让给企业。企业直接投资进入，政府允许其在一定时期内收费，以收回投资，并有一定的赢利。在建设西部的基础设施时，这两种方式是并用的。

共有资源是全人类或某个特定人群的共同财富，所以是非排他的。要让它们永远造福于人类，就必须通过制度设计，排他地加以利用。由于共有资源的使用是竞争的，因此，制度设计借助市场化运作方式，做到排他使用是可能的，使其正的（积极的）外部性能够持续地得到发挥。例如，界定各种不可再生资源的产权，并通过招投标对使用权收费；又如，对任何破坏环境的行为征收高于直接成本的惩罚性收费。毋庸讳言，西部共有资源的现状是令人忧虑的，再不采取有效措施加以排他性的保护，其后果是不堪设想的。

由此可见，对于自然垄断物品的提供和共有资源的使用，通过制度安排，引入竞争，并保证竞争的有效，是至关重要的。这不仅是提高社会经济运行与发展效率的基本途径，而且是从最长远的意义上即代际意义上保证公平。

（原载于《上海改革》，2000 年第 7 期）

"北方经济中心"崛起说明了什么?

最近,国务院对《天津市城市总体规划(2005—2020年)》做出批复,指出作为环渤海地区经济中心的天津市,要以滨海新区的发展为重点,逐步建设成为国际港口城市、北方经济中心和生态城市。与1999年国家确定天津要努力建设成为我国"北方重要经济中心",到现在宣布要建设成为"北方经济中心",天津的城市定位得到了进一步调整和提升。

目前,中国区域经济总体上大致划分为四个部分:东部、中部、西部和东北。已经形成或正在形成的区域经济中心大多在中国的东部地区。在中国经济地理的版图上,香港是全球区域经济中心。它与深圳、广州的融合正在加速,中国南方或者说泛珠三角的中心城市群已经形成。上海正在建设国际经济、金融、贸易和航运中心。从区位条件和发展空间来看,上海未来成为全球经济中心是完全可能的。作为第一步,它不仅要成为长三角乃至长江流域的区域经济中心,而且要成为中国的经济中心。尽管上海在金融中心发展方面还有不尽如人意的地方,但这一步应当说已经基本实现。上海和苏州、宁波、南京、杭州、合肥等长三角城市一起形成了中国最大的中心城市群。

与长三角、珠三角相比，京津冀即环渤海地区中心城市群的形成略逊一筹。问题的关键在于北京与天津的分工与协调。经过多年的调整，北京和天津的功能定位日渐清晰，它们之间的分工与协调关系初步形成。北京作为中国的首都，其政治中心、文化中心、科技教育中心和国际交往中心的地位是不可替代的，其经济中心的功能将逐渐转移，首钢的搬迁就是其中的具体步骤。近几年来，天津的滨海新区得到了迅速发展，其港口和土地资源优势都为经济中心建设提供了得天独厚的条件。再加上与北京科技优势的互补，以及中央政府给予的优惠政策，"北方经济中心"的崛起指日可待。以津京唐为核心的环渤海中心城市群，也将在不久的将来，与长三角、珠三角中心城市群并驾齐驱，成为中国经济最具实力、活力和潜力的地区。

经济发展规律和国际经验都表明，区域经济中心在一国、一地区经济成长的过程中，有着独特的作用。首先，区域经济中心是经济的增长极。通过制造业和服务业的产业集聚，以及商品和要素市场的集聚，构成相对完整的社会分工体系，经济活动在这里产生巨大的规模经济效应。其次，作为区域经济中心的增长极，在形成集聚作用的同时，还将发挥辐射作用，从资本、技术和人才等方面，影响和拉动周边地区的经济发展。最后，区域经济中心不仅在经济活动中有着集聚、辐射作用，而且在科技创新、文化教育和社会发展等方面，将以自身的优势起到引领作用。因此，规模不等的各区域经济中心是经济活动的枢纽。在大国经济中，它们构成该国经济网络上的节点，与中小城市和广大农村地区互补、互动，共同推动经济发展。

关于区域经济发展的经验研究表明，其发展进程与地区差距、城乡差距有一个倒 U 形的演变，即从扩大到逐步缩小的过程。也就是说，在发展的初始阶段，区域经济中心与周边地区的差距是拉大的，其作用也以集聚为主。当区域经济中心发展到一定阶段，其产业和市场的容量逐渐饱和，必须通过与外部要素的双向流动，集聚与辐射并行不悖，在较大范围起到引领发展的作用，由此才能获得不断扩大的发展空间。在这一过程的某个时点，会出现一个"拐点"，即在经济持续发展的同时，差距开始缩小。充分认识这一规律性的现象，对于加快建设区域经济中心，并充分发挥其积极作用，有着重要的现实意义。

从现在到 2020 年左右，我国经济发展的重心仍然是在东部地区，这也许是不会改变的。然而，在科学发展观的指导下，根据构建和谐社会的要求，我国区域经济格局将适时地发生战略性转变。西部开发、东北振兴和中部崛起的提出，就标志着这一战略性转变的启动。从空间上看，西部开发、东北振兴和中部崛起的切入点，就是加快建设区域经济中心。"北方经济中心"的提出，也足以证明党中央、国务院建设区域经济中心的战略意图。在东部区域经济中心格局基本形成的基础上，如何构思、建设中部、西部和东北的区域经济中心，以形成中国整体的区域经济格局？这是一篇举全国之力才能回答好的大文章。笔者的主要观点是：首先，从中部、西南、西北和东北区域经济和城市发展的现状看，如果从这些区域上各列举两个中心城市的话——武汉、郑州，重庆、成都，西安、兰州，大连、沈阳，是可以担纲区域经济中心的，加快这些城市的建设，使它们成为所在区域的经济中心，有助于实现国家的区域经济战略。其次，从地域和人口都为大国，且人均占有资源水平低、经济发展不均衡的现实出发，对我国区域经济格局做出长远的整体把握。一是巩固香港的全球区域经济中心地位，加快上海"四个中心"建设步伐，使其与香港一起成为全球区域经济中心。二是除上海、香港外，在我国的各大区域建设国家级区域经济中心，天津、重庆、武汉、郑州和西安，以及大连、青岛和宁波，都可能也应当在未来的不同时期，成为国家级的区域经济中心。三是必须看到，在现行行政体制和行政区划的框架中，存在着诸多不利于区域经济中心建设的障碍。通过深化政府管理体制和行政区划改革的一系列举措，形成更多的要素自由流动的平台，必将有力地推动区域经济中心的建设。笔者要强调的是，合理布局的区域经济中心，对于中国经济的均衡协调发展，对于社会主义新农村建设，对于实现从发展中国家向中等发达国家的转变，都有着特别重要的作用。

（原载于《沪港经济》，2006 年第 11 期）

"新浦东"亮相的全局性意义

日前，国务院批复上海市《关于撤销南汇区建制将原南汇区行政区域划入浦东新区的请示》，同意撤销上海市南汇区，将其行政区域并入上海市浦东新区。新的浦东新区将由原先 532.75 平方公里增至 1 210.41 平方公里；户籍人口数将由 194.29 万增至 268.6 万；2008 年，浦东新区地区生产总值为 3 151 亿元，南汇区地区生产总值为 548 亿元，两者之和约占当年上海地区生产总值的 24%。当然，这一重大决策的意义，不仅限于"新浦东"区域、人口和地区生产总值的扩大，还可从发展和改革两个角度予以解读。

"新浦东"的发展意义显而易见。首先，有利于更大范围的资源配置和整合。"新浦东"的辖区范围，从陆家嘴金融城到外高桥保税区，再到浦东国际空港、洋山深水港，以及临港新城等，几乎囊括上海金融、航运、贸易等各个领域的所有主题。在这一空间整合资源要素，形成互补与联动关系，"新浦东"无疑将成为上海承载国家战略目标的核心区。此外，洋山深水港、杭州湾跨海大桥、长江隧桥、苏通大桥等一批世纪性交通枢纽工程，也将成为"新浦东"直达长三角腹地的通道，为资源配置和整合创造了极为有利的条件。

其次，有利于破解影响发展的瓶颈。经过近 20 年的开发，原浦东新区可利用的土地等资源日益紧张，综合商务成本不断提升，以及国际金融危机带来的不利影响，正成为制约其进一步发展的瓶颈。一方面，"新浦东"通过空间扩大缓解用地等压力，并为降低商务成本创造条件；另一方面，"先行先试"的各项政策将惠及整个"新浦东"，从整体上有助于瓶颈的缓解或消除。

最后，有利于增强发展的后劲。上海市政府新闻发言人指出，两区合并的目的，是为了"让浦东有发展的后劲"。随着"新浦东"作为上海国际金融中心和国际航运中心核心功能的主要载体，以及区域内产业布局和城市功能的重新定位，"新浦东"带动上海服务长三角、服务长江流域、服务全国的内涵和能级将大大提升，在全球经济舞台上也将扮演日益重要的角色，其发展后劲的确不可限量。

与"新浦东"的发展意义相比，"新浦东"的改革意义更加深刻，更加耐人寻味。南汇区并入浦东新区，"新浦东"成为上海市辖区内面积最大的行政区。这其中蕴含着中国行政机构和行政管理体制改革的样板意义。我们知道，为了加快向服务型政府的转型，提高公共资源的使用效率是题中应有之义。简而言之，唯有大幅度提高公共资源的使用效率，才能实现向服务型政府的转型。提高公共资源使用效率的一个重要途径，就是按照这次南汇区并入浦东新区的"精简、统一、效能"原则，有计划、有步骤地对我国地方政府的层级、机构进行精简，如在有些省已经实行的"省直管县"改革，以及与此相适应的逐步合并，乃至最终撤销乡镇一级政府的改革。

在精简的基础上，相对统一地设置行政机构。浦东新区自成立以来，一直坚持"小政府、大社会"的理念，并有其自身的机构设置。南汇区并入浦东新区以后，将实现"小政府、大社会"在更大范围的运作。而且，"打造全国行政效能最高和行政收费最少的地区之一"，正是浦东新区综合配套改革试点的重要内容和目标。可以预言，"新浦东"的这一改革深意，将首先在我国相对发达的东部地区产生推广、借鉴的价值。

自 2005 年以来，浦东成为全国综合改革的试点区域，在今后的"新浦东"，这一使命将得到延续和扩展。凭借体制机制层面的优势，"新浦东"在金融创新、口岸监管等方面，都将率先与国际接轨；在建设服务型政府目标的推动下，这里将成为制度创新、管理创新的"先行先试"平台，成为效率最高、活力最强的地区。率先实现城市化，消除城乡二元结构，本来就是浦东综合配套改革的内容之一。随着南汇区的并入，又带来了进一步推进二元结构并轨的改革新任务。

今年是"新浦东"的"改革年"。"新浦东"将通过深化改革，更好地实现浦东开发开放、综合配套改革和上海"两个中心"建设这三大国家战略的有机结合，为我国在应对全球经济危机中不断提升国际经济地位，奠定坚实的战略基础。在国际金融中心建设方面，重点是进一步提升金融市场功能，加快构建自主创新的金融支持机制，加快构建航运发展的金融支持机制，加快构建贸易发展的金融支持机制等；探索金融产品创新体制，加快培育融资租赁市场，研究设立政策性信用再担保机构，鼓励社会投资者参与船舶融资，争取更多企业参与国际贸易人民币结算试点等内容。在国际航运中心建设方面，今年将通过完善口岸通关制度，实现外高桥保税区、上海浦东国际机场、洋山港区的一体化统筹发展，研究探索在保税区开展黄金等部分特殊原料出口加工制度改革。同时，拓展外高桥保税区多元化贸易服务功能，争取设立"上海外高桥国际贸易示范区"，赋予保税区内有条件的企业"保税延展"功能，允许区内企业开展两头在外的高附加值、高技术含量的高端产品维修业务，探索区内分拨企业从零部件分拨向成品分拨拓展。

近期，国家发改委和上海市政府还将召开浦东综合配套改革试点第三次部市合作会议。届时，设立空港综合保税区、争取张江成为国家自主创新示范区、推进国家质检管理创新示范区建设、争取设立场外交易（OTC）市场、争取组建消费金融公司等 9 项重大改革专项，都有望在"新浦东"试行或推行。对于"新浦东"，人们拭目以待。

（原载于《解放日报》，2009 年 5 月 19 日）

沪杭甬,怎能不是科技创新的大湾区

　　几则与区域经济发展有关的消息，牵动了国人的神经。先是李克强总理在 2017 年政府工作报告中提出了"研究制定粤港澳大湾区城市群发展规划"的要求。之后，2017 年 4 月 1 日，中共中央、国务院决定设立河北雄安国家级新区，并称这是以习近平同志为核心的党中央作出的一项重大的历史性战略选择，是继深圳经济特区和上海浦东新区之后又一具有全国意义的新区，是千年大计、国家大事。几天后，又传来一个并不在同一个层级，但同样与区域发展有关的重要信息：浙江省批复嘉兴市设立"浙江省全面接轨上海示范区"。

　　改革开放已近 40 年，从建立四个经济特区开始，党中央、国务院在区域经济层面，通过各种与改革、开放和发展有关的战略性安排，如设立国家级新区，建立若干个自由贸易试验区，拓展新空间、寻求新动能，取得了有目共睹的成绩。时至今日，不难发现，国家在区域经济发展重大举措判定上的良苦用心：一方面，通过深刻调整区域格局，以体现长远发展构想的重大战略；另一方面，通过整合业已积淀的各种市场资源，尤其是创业创新资源，推动具有全球竞争力、影响力的科创中心或城市群（或都市圈）的发展。

近一个时期以来，笔者在参与讨论未来一个时期，中国东部地区如何引领全国乃至全球经济增长和发展的讨论中提出，在中国东部地区至少需要三个新经济策源地的观点。笔者认为，现在看得比较清楚的一个策源地就是深圳。在教育、医疗和文化等条件逐步完善的基础上，深圳将是中国第一个新经济策源地。所谓粤港澳大湾区，就是以深圳的科技创新资源和香港的金融资本资源为主导，并整合区域其他各种优势资源，沿深圳湾形成的都市圈意义上的"大湾区"。

湾区是一个什么概念？湾区现在是全球区域创新中心的代名词，新经济即战略性新兴产业和未来产业策源地、集聚地的代名词。它是从一个或若干个增长极开始，从"点"到"带"再到"片"而形成的。目前，被公认的这样的湾区，是旧金山湾区、纽约湾区和东京湾区。粤港澳湾区一经提出，就被称为全球的第四大湾区。也有从宜居角度提出的"全球八大湾区"（如纽约长岛、香港浅水湾等）的说法。这里物业的共同点是，不仅拥有一线的海景资源，而且拥有优质的人文氛围与人居环境。

那么，为什么科技创新、新经济的集聚地都在海湾呢？科技创新、新经济以精英人才、人力资本为本，所以，它具有强烈的集聚特征。这里的集聚以人才集聚为主要内容。科技创新的发现、发明最终能否产业化，靠的是什么？投资家的眼光、创业者和企业家的试错。也就是说，新经济最终是创业者和企业家试错的结果。新经济领域的人才集聚，主要是创业者、投资家和企业家的集聚，还有大量科技研发人才即科学家、工程师和技术工人的集聚。这些人才对生活品质有较高的要求，大致包括气候宜人、环境优美；多样化需求的满足，如教育、医疗和文化；生活和交通的便利性等。同时具备这些条件的地方，非湾区莫属。以深圳为例。它应该是一个最具潜力成为中国新经济策源地的城市，但教育、医疗和文化仍然是其短板。与美国、德国和以色列新经济的策源地相比，缺少能够培养创业创新人才的大学，是深圳最大的差距。

在研究制定粤港澳大湾区城市群发展规划的同时，应当将沪杭甬大湾区都市圈发展规划提上议事日程。与粤港澳大湾区包括 10 个左右城市一样，沪杭甬大湾区，除了上海、杭州和宁波外，苏州、舟山、无锡、嘉兴、绍兴、南通等城市，也在此范围内。上海建成具有全球影响力的科技创新中心的结果导向，就是上海成为中国乃至全球的新经济策源地；上海金融中心的功能，类似于粤港澳中的香港，将是沪杭甬湾区的核心优势。杭州将着力打造具有全球影响力的"互联网＋"创新创业中心，以新一代智能化技术为主导的信息产业在杭州已经并将继续得到健康发展。宁波、舟山是重要的港口城市；宁波、苏州、无锡和南通等城市都是中国制造业的重镇，在产业转型升级完成以后，都将成为先进制造业和生产性服务业的集聚地。如上所述，嘉兴已成为"浙江省全面接轨上海示范区"，这一体制创新将得到复制，以经济、创新和资本资源集聚和辐射为主导的区域经济融合，将是区域经济发展的新动能。基于此，在长三角一体化发展的基础上，提出沪杭甬大湾区的构想，与粤港澳大湾区相呼应，其要义就是使它们共同成为引领中国乃至全球经济增长的区域科创中心和新经济的策源地、集聚地。

毋庸置疑，粤港澳大湾区的提出，与深圳成为战略性新兴产业集聚地的成功发展密切相关。我们应该从中学习些什么呢？深圳30多年迅速发展的主要前提条件，是在改革开放的大背景下，大量移民涌入深圳。移民对于创业创新的渴求，是不用怀疑的。有人愿意移民到这个地方，这个地方也能够接纳移民，就为创业创新生态圈带来了主体，硅谷、硅溪都是如此，深圳也是如此。这里面的经济学道理很简单，那就是，市场经济的发展以要素自由流动为前提，其中以劳动和人力资本要素流动为首要前提。然而，理论和实践经验都告诉我们，限制劳动和人力资本流动的障碍是最多的，也是最难以克服的。产业的集聚、新经济的集聚，能够带来专业化、规模经济、共享基础设施和学习效应等积极影响，但关键要做到的是人才集聚，尤其是创业创新人才的集聚。这里，既有市场机制的诱导，也有创业创新法则即"高于短期理性的动力"的作用。

所以，创业创新生态圈的关键要素，包括政府公共服务平台的综合作用，就显得尤为重要。新经济的策源地，就是在创业创新主体与其他要素的交互下，在营造了一个创业创新生态圈的同时，发明了新技术，产生了新想法，并将它们产业化，进而推动经济的持续增长。湾区或新经济策源地的机制和可能的作用就是这样产生的。

反观上海，笔者的建议如下：

第一，进一步放宽各种人才的准入，让一大批有创业创新激情的人才齐聚上海，并使他们与上海的创业创新生态系统产生良性互动。同时，进一步深化教育体制改革，在上海率先打造出培养创业创新人才的一流大学，吸引全国乃至全球优秀的年轻人到上海接受教育，为上海提供源源不断的创业创新人才。

第二，让创业者、投资家和企业家成为科技成果产业化的主体。由于上海的科研院所，以及承担科研任务的大学比较多，所以，产学研即科研成果转化的问题经常会被提及。其实，这是一个没有标准答案的问题。因为只要确定了科技成果产业化的主体和机制，这就不是问题。产业化的主体就是创业者、投资家和企业家，主要是企业家。唯有他们，才能形成成果转化的激励机制和风险控制机制。

第三，对于上海这个国有企业、外资企业占比较高的城市，倡导像华为、海尔这些大企业所推动的内部创业创新，有着特别重要的意义。正如苹果公司首席执行官蒂姆·库克所说，繁文缛节、官僚程序越来越少，组织机构越来越扁平化，就越容易催生创造力。不仅是初创企业需要这样的特点，哪怕是大型国有企业，也应该尽量营造这样一种氛围。由此，上海将不仅有创业创新的新增量，还将在存量中产生创业创新的新动能，进而使上海回归创业创新的热土，成为中国新经济的重要策源地。

（原载于澎湃新闻，2017 年 4 月 25 日）

发展都市圈与建构城市群，
到底是一个什么关系？

2019 年 2 月，中共中央、国务院印发《粤港澳大湾区发展规划纲要》（以下简称《规划纲要》）。随后，国家发展改革委发布了《关于培育发展现代化都市圈的指导意见》（以下简称《指导意见》）。笔者以为，这不是巧合，后者是对前者的细化和落实，有着操作层面的现实作用。

2017 年的政府工作报告提出："研究制定粤港澳大湾区城市群发展规划。"细心的人士会发现，"城市群"一词在《规划纲要》的标题中被删除了。这当然不是有意回避城市群这一发展形态，《规划纲要》特别强调，该区域"已具备建成国际一流湾区和世界级城市群的基础条件"。那应该作何理解？笔者的看法是，粤港澳大湾区，既是城市群，又是区域（湾区）经济圈，也是两个以上都市圈的组合体。从都市圈的视角研究、规划粤港澳大湾区，有着比城市群更加具体而微的意义。

根据国际经验和我国实际，何谓城市群和都市圈？《指导意见》对此的回答是："城市群是新型城镇化主体形态，是支撑全国经济增长、促进区域协调发展、参与国际竞争合作的重要平台。都市圈是城市群内部以超大特大城市或辐射带动功能强的大城市为中心、以1小时通勤圈为基本范围的城镇化空间形态。"《指导意见》还指出，尽管"近年来，都市圈建设呈现较快发展态势，但城市间交通一体化水平不高、分工协作不够、低水平同质化竞争严重、协同发展体制机制不健全等问题依然突出"。

　　针对上述存在问题，笔者认为，现阶段培育发展现代化都市圈，有着三个方面的要义，即空间范围、产业（创新）生态和协同发展，需要有关各方着力关注和推进。具体地说，就是明确相关都市圈的空间范围，从进一步提高交通一体化水平入手，为区域一体化提供基础性条件；构建内化于产业生态的产业体系和产业链，进一步提高城市间分工和市场一体化水平；在深化改革的基础上，推动协同发展体制机制的建设，进一步提高社会发展的一体化水平。

一、关于空间范围

　　都市圈总是有着一个围绕某个中心城市（超大城市、特大城市或大城市）的物理空间。在中国的现行体制下，确定都市圈的空间范围是有一定难度的工作，但这是必须做的，否则，我们在什么范围谈一体化呢？而且，都市圈的物理空间，是有国际通行的原则的，即"以1小时通勤圈为基本范围"。不过，特别需要强调的是，这里的通勤工具主要是指轨道交通，即地铁和轻轨，一如《指导意见》所指出的："统筹考虑都市圈轨道交通网络布局，构建以轨道交通为骨干的通勤圈。"地铁和轻轨的 1 小时通勤圈，其范围自然包括了相应的公路网和公交线网。这里，轨道交通是否包括高铁呢？从上海至南京，乘坐高铁直达列车，1 小时可从上海虹桥站到达南京南站，但是，如果加上从居住地点到车站以及车站到工作地点的时间，就远超 1 小时了。所以，高铁可以是通勤工具，但必须是指在更短时间上的乘坐，如从香港西九龙乘高铁到福田站和深圳北站，时间分别为 14 分钟和 17 分钟。这就是说，上海和南京不在同一个 1 小时通勤圈范围的都市圈，香港和深圳则在同一个 1 小时通勤圈范围的都市圈。

都市圈的物理空间，不同于以行政区划界分的空间范围，它是具有一定弹性或张力的，也即某个城市（镇）可能在一个都市圈的集聚和辐射范围，也可能同时在另一个都市圈的集聚和辐射范围。笔者在长三角城市群调研时发现，某些地理位置特殊的城市，会同时受到两个以上都市圈的影响。例如，江苏省宜兴市，它和上海都市圈、南京都市圈和杭州都市圈的空间距离大致相等，它可能同时是这三个都市圈的一部分。当地的同志告诉我，尽管宜兴离上海的距离稍远于南京、杭州，但其经济与上海的联系更加紧密。所以，既要明确一个都市圈所涵盖的行政区划，加大其交通一体化建设的力度，主要是建立在轨道交通基础上的交通一体化建设，又要在相邻地区加强与周边的各种交通连接，在更大范围促进都市圈和城市群的发展。

二、关于产业生态

如果说 1 小时通勤圈构成了都市圈的边界，那么，产业生态（圈）则是其存在和发展的基础。这里，产业生态主要包括创新生态、产业体系、产业链和营商环境等要素。而且，正是因为一个都市圈的创新生态、产业体系、产业链和营商环境达到了较高的水平，才有了奔走于 1 小时通勤圈的广大从业者，他们是培育发展现代化都市圈的有生力量。《指导意见》主要从"强化城市间产业分工协作"和"加快建设统一开放市场"两个方面，阐述与产业生态有关的内容。《指导意见》指出："以推动都市圈内各城市间专业化分工协作为导向，推动中心城市产业高端化发展，夯实中小城市制造业基础，促进城市功能互补、产业错位布局和特色化发展"；"以打破地域分割和行业垄断、清除市场壁垒为重点，加快清理废除妨碍统一市场和公平竞争的各种规定和做法，营造规则统一开放、标准互认、要素自由流动的市场环境。"这里，产业高端化发展和要素自由流动的市场环境，是现代化都市圈产业生态的基本内容和要求。

今天我们所说的产业生态，其核心要素是创新生态，唯有创新生态的健康发育，才能带动战略性新兴产业的较快发展。创新生态和产业生态借用了自然界生态系统的概念。在生物学中，一个自然的生态系统是由一个群落的生物体相互作用及与环境的相互作用所构成的。人类社会的产业生态系统，是人的创造力、商业智慧、科学发现、技术发明和投资资本，以及其他要素，以某种特别的方式结合在一起，萌发出新想法，研发出新产品和新服务，并成长为可持续发展的企业和行业。

如果说适合创新创业的主体总是小众人群，能够成功的创新和创业项目总是凤毛麟角，那么，创新生态和产业生态就决定着创新创业成功率的高低。所以，我们说创新生态和产业生态是一个现代化都市圈的命门。

三、关于协同发展

如果说都市圈产业生态主要是市场主导，那么，都市圈协同发展就要更好地发挥政府作用，发挥政府的引导作用。协同发展的问题有三个层面：一是规划先导和引领；二是健全体制机制；三是落实具体制度。

在经济社会动态发展的过程中，都市圈规划一方面不断调整原来的不合理设置；另一方面，也是更为重要的方面，就是将体制创新、制度创新的新元素，放到一个或若干个特定的空间，或先行先试，或重组融合，产生增量意义上的动力和价值。现在提出的大湾区规划，将突破单个城市的行政区划，以打破行政区划对经济社会发展的束缚，进而产生积极的作用，如减少土地低效开发，提升中心城市集聚高端要素的功能等。与产业规划相比，政府编制区域规划的作用相对正面。其原因是，区域规划和发展的主导者和行动者本来就是各级政府，政府可以通过区域规划，为科创资源和新兴产业的集聚和辐射，产生积极的影响和作用。

《指导意见》指出："以强化制度、政策和模式创新为引领，坚决破除制约各类资源要素自由流动和高效配置的体制机制障碍，科学构建都市圈协同发展机制，加快推进都市圈发展。"体制机制是基础设施一体化、市场一体化、环境和社会治理一体化的基础，为此要"加快构建都市圈协商合作、规划协调、政策协同、社会参与等机制，凝神聚力推进都市圈建设重点任务落地"。

协同发展最终要体现在人才流动、公共服务和生态环境等具体制度的落实上。关于人才流动，《指导意见》要求"放开放宽除个别超大城市外的城市落户限制，在具备条件的都市圈率先实现户籍准入年限同城化累积互认，加快消除城乡区域间户籍壁垒，统筹推进本地人口和外来人口市民化，促进人口有序流动、合理分布和社会融合"。公共服务要"以都市圈公共服务均衡普惠、整体提升为导向，统筹推动基本公共服务、社会保障、社会治理一体化发展，持续提高共建共享水平"。生态环境则"以推动都市圈生态环境协同共治、源头防治为重点，强化生态网络共建和环境联防联治，在一体化发展中实现生态环境质量同步提升，共建美丽都市圈"。要制定定量的、可评估的指标体系，来反映协同发展所达到的水平和趋势。

（原载于上观新闻，2019 年 3 月 12 日）

为什么深圳、长沙发展越来越快，地区差距是如何产生的？

一、为什么并非整个世界都发达起来了？

"为什么并非整个世界都已经发达起来了？"经济学家阿西莫格鲁提出这个问题，就是问国家间差距是如何产生的。他将国家发达的原因分为直接原因和根本原因。直接原因是投入，投入水平决定了不同的增长。但为什么一些国家比另一些国家积累了更多的实物资本，进行了更多的人力资本投资，开发和采用了更好的技术？可见，投入水平只是国家间经济发达程度差异的直接原因。决定投入水平高低的因素是根本原因。阿西莫格鲁将根本原因归为三个假说：地理、制度和文化假说。

（1）由于技术进步的作用，地理假说失去了解释力，但地理因素仍然是国家或地区发展的充分条件。

（2）阿西莫格鲁将制度分为包容性制度和掠夺性制度。包容性制度是一个国家或地区发达的必要条件。

（3）文化因素一方面直接决定投入水平，例如，各国或地区企业家精神的丰裕程度不同；另一方面，文化因素通过改善制度条件，作用于市场环境和创新生态，进而影响经济增长。

二、中国东西差距缩小，南北分化显著

在过去很长一段时间，中国地区经济发展水平是依地理梯度从东到西依次降低的。这一发展的不平衡，主要是由地理因素决定的。改革开放以来，在要素流动、基础设施、产业转移和战略驱动等因素的作用下，东中西之间的差距在逐步缩小。近10年来，地区和城市经济发展在南北间的分化日益显著。

日前一篇《长沙，"跑疯了"》的文章称："长沙跃飞的12年，相继赶超了福州、长春、石家庄、郑州、济南、沈阳等省会城市，成为区域经济格局上的成功'逆袭者'。"注意，长沙赶超的6座城市中，5座是北方的城市。这是南北差距拉大的一个例证。那么，其中的主要原因是什么呢？

毋庸讳言，中国南方与北方差距拉大，是在建立市场经济体制，尤其是在创新驱动的背景下产生的。南方的文化比较容易亲近市场经济制度，这是可以感受到的。有个现象值得注意：中国的创业指数（"全球创业观察"项目组提出的一个指标：3年累计新增私营企业户数/15～64岁常住人口总数）呈南高北低。按照城市计算，中国创业指数最高的城市是深圳。

在以创新为主要驱动力的背景下，南方崛起了，北方落后了。

城市分化也在世界范围内发生着。美英学者分析了洛杉矶和旧金山这两个都市圈的不同命运。1970 年，这两个都市圈人均收入水平相差无几，分别位列美国都市地区的第四和第一。2010 年，这两地人均收入相差约 1/3，洛杉矶的排名下滑至第 25 位。相关研究表明，这两个高度发达地区的差距，是以不同的方式进入新经济而造成的。新经济是持续创业创新的产物。

三、为什么一座城市需要好的大学?

如果说文化差异是创新驱动背景下地区（城市）发展分化的主要原因，那么，我们能做些什么来遏制这一人们都不愿意看到的分化呢?

创新文化的形成，根本上是人的作用。这也解释了为什么移民向往的国家或城市，是创新度较高的国家或城市。移民是创业创新的充分条件，移民文化与创新文化有着天然的耦合。但在今天，大规模移民几无可能。小规模移民主要来自大学招生。这也可以解释，在中国创业指数南高北低的分布中，为什么北京还可以达到和上海、广州大致的水平；长沙、合肥近 10 年的较快发展，也与这两座城市有比较好的大学有关。一个城市无论如何，得有人才的"母机"，好的"母机"——好的大学之谓也。

（原载于《南风窗》2019 年第 13 期，标题有改动）

广佛同城：国内唯一一例"强强联合"的超级城市组合

我认为，广佛同城是一个超大城市和一个特大城市的组合，这样的"强强联合"目前在国内是唯一一例，它已成为国内区域一体化的重要研究样本。而在国家有关政策的指引下，对广佛同城的观察和研究，要从单一的城市群角度转换为都市圈视角。粤港澳大湾区已经形成了三大极点，分别是广佛、港深以及澳珠。

一、发展生产性服务业要聚焦工业研发和工业设计

《南方日报》：这几年以来，您多次来珠三角调研，最近又造访佛山。这次佛山之行，您对什么事情有深刻的印象？

我在佛山调研了一些产业园区和企业，并且也与一些政府官员进行了交流。他们都有一个共同的困惑，就是佛山作为一个工业大市，到底该如何又好又快地提升城市品质。

其实，佛山的困惑并不是孤例。在国内外，先发展产业再提升

城市品质的案例有很多。有些城市是资源型城市，而资源是会枯竭的，如果城市的转型没转好，就会遇到很大的麻烦。但是，佛山是一座以制造业立足的城市，可以说，制造业的升级空间有多大，城市品质提升的空间就有多大。城市品质的内涵是很丰富的，既包括自然物质环境品质，又包括社会人文环境品质，是生态文明、服务设施、经济发展、城市文化、城市生活和城市管理等方面的有机结合。

在我看来，一座城市的经济发展水平，尤其是它的产业发展水平，会对城市品质造成直接影响。因为产业会带来人的集聚，一座城市有什么样的产业形态，就会有什么样的人才集聚，而人才的集聚水平，也会影响着一座城市的宜居程度。因此，当我们在探讨城市品质的提升时，我们要把这个问题的落脚点放在"人"身上——通过发展特定的产业，把人才吸引过来，让人才集聚所产生的能量成为推动城市品质升级的力量。

根据佛山的城市特点，我认为佛山可通过发展生产性服务业，集聚相关人才，进而提升城市品质。

生产性服务业的内涵有很多，从金融服务业到现代物流业，从商贸会展业到电子商务业，都属于这一范畴。我认为，一个地区的生产性服务业要发展得好，必须要把这个"服务"嵌入当地现有的产业链中去，当成一个完整的产业链来打造。

佛山的工业很强，与工业直接相关的生产性服务业，是工业研发和工业设计。我在佛山调研时了解到，许多本土企业都在实行"机器换人"，借此提升生产效率。其实，机器人行业本身也会经历一个从机电一体化到智能化的过程，这个过程就会需要大量研发人员和设计人员参与，而这些研发设计环节，就是生产性服务的体现。佛山的陶瓷业和家具业的转型升级也是一样的道理，它们都需要大量的研发和设计人才。

我建议，佛山可以把发展生产性服务业的主要力量放在工业研发和工业设计这两方面。佛山可以把几大主要产业链研究透彻，看看如何把"服务"嵌入生产链中，同时，在推进重大平台和重要园区建设的时候，也可以有意识地增加园区的研发和设计功能的比重。

二、不同的亚文化影响城市创新进程

《南方日报》：您对深圳的创新生态、战略性新兴产业发表过较多看法，最近又在着重研究广州和佛山。您怎么看这三座城市的发展？

我先从一个有意思的现象说起。改革开放以来，中国内地经济的发展水平，已经从"东西不平衡"转为"南北不平衡"。在过去很长一段时间，中国内地经济发展水平是依地理梯度从东到西依次降低的。随着要素流动、基础设施建设、产业转移和战略驱动等因素的影响，东、中、西部之间的差距在逐步缩小，而南北间的分化则日益明显，近十几年来尤其明显。一个例证就是中国的创业指数早已呈现出南高北低的趋势。创业指数是"全球创业观察"项目组提出的一个指标，指的是3年累计新增私营企业户数与15～64岁常住人口总数的比值。如果按照城市计算，中国创业指数最高的城市是深圳。

在我看来，在以创新为主要驱动力的背景下，南北差距拉大的主要原因是文化的差异。深圳和广州、佛山同属岭南文化的范畴，如果要把这三座城市放在亚文化层面做一个比较，那么，深圳是比较典型的移民文化，广州和佛山则主要是原住民文化，后者尽管也有移民，但由于移民占比较低，基本被当地文化同化了。

移民文化是城市创新的推动力。一座城市是否有利于创新，并不完全取决于其发展历史的长短，还要看它的人口结构、经济形态、文化格局等。深圳是一个移民城市，移民文化所带来的文化多元性，所形成的对于新事物的开放态度，都是影响创新的重要因子。

三、高质量发展阶段的核心关系仍是政府与市场

《南方日报》：您在对深圳、广州、佛山的多次调研中，还有什么新的思考与发现？

我除了关注创业创新、产业发展外，也一直在关心这些地方的政府在经济发展中主要做什么、怎么做，尤其是在深圳、佛山调研时，我总是会问这方面的问题。

有一次，我在深圳访谈一位政府官员时问道，深圳市政府为当地经济发展主要做了些什么？他没有直接回答这个问题，而是告诉我，在深圳，政府的经济职能是要为当地的核心竞争力的发展服务。深圳的核心竞争力是创业创新和新兴产业。所以，在营造创新

创业生态、产业发展生态方面，深圳市政府尽其所能、有所作为。比方说，深圳湾创业广场对于入驻的新创公司、孵化器和其他创新公司给予租金优惠。租金优惠这种做法当然不是什么新鲜的做法，但深圳市政府通过国有投资公司的大平台，给予的优惠力度比较大。同时，在项目筛选和相关程序的规定方面，也做得比较严谨。

在佛山调研时，我就有关存量调整的问题与一位官员交流，我问他，"在调整存量方面，政府的主要措施是什么？"他说："通过技术改造，实现传统制造业的转型升级。"他特别强调，现在的技改资金是"竞争中性"的，即国企和民企同等待遇，而且，佛山民营经济的比重很高。他举了几个例子说明在佛山这样的传统制造业集中的城市，通过加大技术改造的力度，对于存量调整和转型升级起到的重要的作用。

其实，技术改造这件事，政府做与不做，和前面提到的租金补贴的道理是一样的——中国经济已经由高速增长阶段转向高质量发展阶段，在高质量发展阶段中的核心关系，依然是政府与市场的关系。

值得一提的是，当经济增长和发展的动力已经转化到以创新为主的阶段后，我们需要重新认识政府的作用。两位浸淫硅谷资本市场多年的风险投资家在《硅谷生态圈：创新的雨林法则》一书中说道，"凡是与创新有关的地方，市场都是非常低效的"。这个观点可能会让很多人意外，但这是事实。

一开始的时候，我们并不认为政府是创新中必不可少的因素，但事实上，公共机构承担了远比一般人所认为的更加重要的角色。

可以说，在资源配置领域，市场起决定性作用；在创新生态系统的构建中，政府能够更好地发挥作用。这里，政府的作用将集中表现在两个方面：通过公共机构的努力，提供更高品质的公共服务，尤其是满足创新创业需求的公共服务；通过消除各种壁垒，进一步降低交易性制度成本。

根据调研所得，我认为佛山等地的政府在推动创新、促进经济发展方面的作用，大致可以概括为"宏观积极"与"微观不干预"：宏观积极，即将方向性的战略、规划和政策，尽可能做到最好，并将管制减到最少，尽可能给予企业普惠有效的公共服务；微观不干预，就是不过问企业的具体生产经营和投资活动，并不给企业增加任何负担。由此可见，佛山等地的政府在推动创新中发挥了更大、更好的作用。

四、广佛同城是区域一体化研究样本

《南方日报》：您怎么看广佛同城？

广佛同城是一个超大城市和一个特大城市的组合，这样的"强强联合"目前在国内是唯一一例，它已经成为国内区域一体化的重要研究样本。我认为，在国家有关政策的指引下，对广佛同城的观察和研究，也要从单一的城市群角度转换为都市圈视野。

今年初，在《粤港澳大湾区发展规划纲要》发布的次日，国家发展改革委发布了《关于培育发展现代化都市圈的指导意见》。这是我国第一个关于都市圈的高规格文件，表明在未来的城市化和区域一体化中，都市圈都将是主要的空间形态和实现方式。可以说，国家已经将区域一体化的着力点从城市群转向都市圈。

所谓都市圈，是指向城市群内部以超大特大城市或辐射带动功能强的大城市为中心、以 1 小时通勤圈为基本范围的城镇化空间形态。都市圈的形成与中心城市的发展有关。中心城市在发展过程中，势必对周边的大中小城市和小城镇产生集聚和辐射作用，进而形成都市圈。这个过程，可以用三个效应来描述，即集聚效应、溢出效应和涟漪效应。

集聚效应是第一个阶段。中心城市在发展的初期，集聚是形成其自身实力的必由之路，而且，集聚也适应了生产性服务业和新兴产业具有集聚特征的需要。溢出效应是第二个阶段。中心城市发展到一定程度，需要寻求更大的发展空间，周边城市也希望得到它的辐射。由此，中心城市产生溢出效应，一如上海周边的苏州、深圳周边的东莞、广州周边的佛山，在很大程度上，它们就是在上海、深圳和广州的溢出下发展起来的。涟漪效应，或称波及效应，是第三个阶段。在这个阶段，中心城市和周边城市（镇）形成了相对均衡和一体化的发展态势，随着广佛同城化的推进，广佛及其周边区域已经进入了这个阶段。

五、区域一体化力促科创资源集聚发展

《南方日报》：长三角与粤港澳大湾区是中国区域一体化的两大热点地区，您认为两者的异同有哪些？

从行政区划来看，长三角包括上海市以及江苏、浙江、安徽 3 省全城，总面积 35.8 万平方公里，粤港澳大湾区包括香港、澳门和珠三角 9 市，总面积 5.6 万平方公里，前者是后者的 6.4 倍；从人口总量来看，长三角总人口数为 2.2 亿，粤港澳大湾区总人口数为 7 100 万，前者是后者的 3.1 倍；从经济水平来看，2018 年，长三角的经济总量（地区生产总值）突破 21 万亿元，粤港澳大湾区的经济总量近 11 万亿元，前者是后者的近 2 倍。

这些数据表明，由于长三角和粤港澳大湾区的面积相差甚远，所以，就经济活动的密度和均衡度而言，前者远低于后者。但这个差距不是主观因素所致。因此，我们在讨论区域一体化时，首先要界定现实的空间范围。

建设粤港澳大湾区，以及推进长三角区域一体化，都是国家战略。它们都有着相同的核心价值，就是促进科创资源集聚和战略性新兴产业的发展。

创新及其成果产业化有着强烈的区域集群特征，这是由创新创业生态、新兴产业生态需要人才、环境等多种因素综合作用，进而高度集聚决定的。中国的创新及其成果产业化不仅与此有关，同时又和中国的国情和地理特征联系在一起。中国是一个区域发展不平衡的大国，在东部，尤其是粤港澳大湾区和长三角地区，已经具备形成创新生态和产业生态的综合条件，完全可能形成高质量发展的区域集群。这里，区域集群的基本内容是产业集群，空间形态是都市圈。在这两个方面，长三角地区和粤港澳大湾区都在进行积极规划，并全力推进发展。

　　笔者认为，在未来一个时期内，粤港澳大湾区和长三角地区将成为中国规模最大、实力最强的科技创新资源集聚地、战略性新兴产业策源地，进而成为世界级的两大城市群。

（原载于《南方日报》，2019 年 8 月 19 日）

从东莞"松湖智谷",看产业园区如何"回归城市"

今天所说的产业园区,无论名称叫什么,如高新区、开发区、科技园、工业区、产业基地和特色产业园等,都可追溯到20世纪40年代美国斯坦福大学建立的研究园。它是最早的高科技研究和成果产业化的科技产业园区。在中国,产业园区的出现,首先和工业集中、引进外资有关;后续的动机多与高新技术发展、创业创新和成果产业化等有关。它们通常从城市(镇)中划出一块地方,在完成相应基础设施建设的条件下,布局建筑物和相关功能,成为一个产业园区。

改革开放以来,我国产业园区建设取得了巨大成就,为持续的经济增长和发展做出了巨大贡献。产业园区已成为发展制造业和生产性服务业、吸收外商投资、扩大出口、增加就业的重要载体,成为推动经济发展的增长极和发动机,成为促进产业升级、转变发展方式的中坚力量,成为探索新型工业化和新型城市化的试验田。

然而，多年来，由于过度依赖土地经营、对产业发展缺乏有效的调控，以及"条块分割"等原因，我国的产业园区普遍存在过于分散、专业化的服务性企业和机构相对不足、园区内的企业缺乏功能上的产业联系和专业分工，尤其是忽视员工和园区内居民生活质量等问题。对此，许多园区也不断在探索转型方式，如重视产业集群、从强调引进大型公司向科技型中小企业集群转变，促进功能单一的产业区向现代化的综合功能区转型等。

一、产业园区正在发生深刻转型

最近，我们在珠三角一带调研后发现：传统的遵循土地融资、园区建设、招商引资、债务偿还的循环模式正在发生深刻转型，东莞的松湖智谷、深圳湾科技生态园等都是转型较成功的例子。可以看到，在企业、行业和城市转型的倒逼下，产业园区正在回归城市。

"松湖智谷"并不是一个通常意义上拥有孵化器、加速器和少量制造企业的科创园区，而是一个科技创新加产业化的新城，集高端生产、研发设计、中试检测、总部产业大厦、产品展示等为一体的"产城人"综合示范区。

在投资人、发展商和地方政府那里，松湖智谷本来就不是园区，他们将松湖智谷定位为"制造名城的新制造基地"。东莞是"制造名城"，松湖智谷是城中的"新制造基地"。园区实行专业化管理，松湖智谷有两个民间资本的大股东，并聘请了长期在制造业工作的高级职业经理人团队；运营方面，松湖智谷结合东莞实施打造智能制造全生态链战略，引入智能制造系统解决方案供应商、先进装备提供商等，配置技术、金融、人才、公共服务、引导政策五大支撑要素，努力形成服务智能制造的生态闭环。松湖智谷以其多项优势承接深圳外溢企业进驻，同时发挥助推莞深一体化融合进程的作用。

在东莞及松湖智谷的调研中，我们发现，它们有几方面的做法值得借鉴。

第一，"让工业上楼"。据说，在广东，"让工业上楼"，是制造业转型升级的别称。在松湖智谷，一位副总经理告诉我，它们的厂房有9层楼，可安放重达60吨的设备。制造业的厂房有9层楼高，并不多见，但可以说明的问题很多：集约使用土地；建筑物质量高；更好的工作环境等。"工业上楼"，至少意味着园区升级到了更高的版本。在松湖智谷，高层高端厂房在总建筑面积中占比达70%。

第二，打造产业链和创新生态圈。松湖智谷围绕产业链选商选资，目前意向进驻企业有400余家，正式签约进驻的企业有114家，其中规模以上企业41家，国家高新企业49家，有13家是各自细分领域的隐形冠军，有7家是市镇"倍增计划"企业，有6家是华为、富士康的一级供应商，已初步形成电子信息、机器人制造两大产业链，实现"你的上下游，就在隔壁那栋楼"的产业生态，正在构筑区域产业链的整体竞争优势。在企业服务方面，松湖智谷联合中兴通讯合作打造智慧园区，基于智能化、信息化手段，利用园区共享平台，有效降低企业综合运营成本，提高运营效率；联合政府及各大银行、金融机构等给企业提供产业配套、产业孵化服务，构建企业全生命周期的超级孵化器。同时，针对园区企业的现实需求，提供政策服务、人力资源、品牌建设、鹰眼服务、产业服务、科技服务、财税金融、高端定制等"8+N"运营服务，构建企业创新生态圈，给企业一个高端高能的"家"。不难发现，这是一种双向的专业化，一方面，园区服务项目更加专业化；另一方面，企业运作更加专业化，企业既聚焦核心业务、核心竞争力，又能降低成本、提高效率。

第三，园区与周边环境一体化。松湖智谷坐享周边2公里滨水长廊景观带，及城市公园、山体公园、滨水公园3大市政公园，是"长在公园里的产业园"。该项目占地250亩，总投资约30亿元，总建筑面积约70万平方米，包括上述高层高端厂房，以及企业研发总部大厦、大型智能餐厅、一站式服务中心、共享会议室、人才公寓、工人宿舍和仓储物流等配套服务设施。当这些设计比较现代化的建筑物坐落在公园般的环境中，你还能看到原来印象中的园区吗？

第四，"人"在园区中的位置变得更加重要。上面三点也都涉及人，如人的工作环境。也就是在这个意义上，我们发现，很难再用园区这个传统概念来概括这个物理空间。前些年，研究者和实践者都开始谈"产城"融合，以后又延伸为"产城人"融合。

在松湖智谷的介绍中提到了"产城人"融合，具体通过做些什么来体现融合呢？松湖智谷园区的经验是从居住环境改善开始做起。体面的居住环境是现代文明的题中应有之义。在引进人才的同时，各地政府也在完善人才公寓等公共租赁房建设。除了常规的人才公寓，松湖智谷针对蓝领工人建造专门的蓝领工人宿舍，并在房型设置方面更加人性化，如配备独立的卧室和卫生间。同时，园区配置了超大智慧餐厅，这些完善的配套帮助入园企业留住人才。

二、回归城市的园区会带来哪些利好？

园区回归城市将会促进园区功能与城市发展融为一体，对城市空间布局、城市生态管理等方面将带来利好。一是将从根本上解决产业、城市和居民间的不平衡，解决缺少城市资源支持，产业园区出现空心化的现象，进而真正实现以人为本；二是将在制造业与服务业之间建立全方位的联通机制，发展与制造业相匹配的金融、技术、物流、培训等生产性服务业，以及文化、教育、医疗和健身等生活性服务业；三是将深化和完善园区的组织结构和生态系统，形成各种"链"——产业链、配套链、服务链和社交链的贯通，以及在诚信基础上的社会网络，全面发挥价值增值和高质量发展的集聚效应。

未来，我们建议从以下三方面完善"淞湖智居"建设。

第一，政府要在现有相关园区转型支持政策的基础上，出台有助于"产城人"融合的政策措施，加快产业园区回归城市。

第二，利用国有企业改革，尤其是国企混合所有制改革的契机，通过并购重组等具体途径，推动生产性服务业企业嵌入先进制造业，同步提高两者的发展质量。

第三，继续搭建共性关键技术平台，深化高等教育和职业教育体制改革，为培育创新生态和提升产业链水平提供持续的原动力。

（原载于澎湃新闻，2019 年 9 月 19 日）

在大国经济中，都市圈究竟有多重要？

　　都市圈是城市群内部以超大特大城市或辐射带动功能强的大城市为中心、以1小时通勤圈为基本范围的城镇化空间形态。

　　无论在其他国家，还是在我国，都市圈都不是一个新鲜的概念。metro areas 或 metropolis，都可以用来指都市圈，前者译为都市地区更确切些；后者通常译为大都会。在笔者供职的上海交通大学，十几年前就成立了与都市圈相关的研究机构。

　　不过，第一次将发展现代化都市圈写入中央政府的文件，是在2019年2月19日，国家发展改革委下发《关于培育发展现代化都市圈的指导意见》。该文件回答了何谓城市群（urban agglomeration）、何谓都市圈？"城市群是新型城镇化主体形态，是支撑全国经济增长、促进区域协调发展、参与国际竞争合作的重要平台。都市圈是城市群内部以超大特大城市或辐射带动功能强的大城市为中心、以1小时通勤圈为基本范围的城镇化空间形态。"可见，都市圈存在于城市群之中，它们是区域集群的具体形态，是空间布局国家战略的承担者。

首先，在一国经济中，尤其是在大国经济中，都市圈有着举足轻重的地位。在美国，24 个都市圈创造了美国 50% 的 GDP，共 10.3 万亿美元。美国最大的都市圈——纽约都市圈，2018 年，其 GDP 为 1.77 万亿美元，超过了同期加拿大整个国家的 GDP（1.71 万亿美元）。加拿大如果想达到纽约的水平，需要 2 040 万劳动力，而纽约的劳动力规模约为 1 000 万人。美国经济体量排名第二的都市圈——洛杉矶都市圈，2018 年，其 GDP 为 1.05 万亿美元，超过了全球第十六大经济体印度尼西亚的 GDP（1.04 万亿美元）。印度尼西亚的劳动力人口数约 1.33 亿，是洛杉矶（680 万劳动力人口）的 20 倍。美国排名第三的是芝加哥都市圈，2018 年，其 GDP 为 6 890 亿美元，仅次于同期瑞士的 GDP。可见，都市圈不仅是一国经济总量的主要贡献者，而且它们自身都有着较大的经济规模和较强的经济实力。

有研究报告指出，当前，中国有上海、北京、广佛肇、杭州、深莞惠等 10 个 2 000 万人口以上的大都市圈，有重庆、青岛、厦漳泉等 14 个 1 000 万～2 000 万人口的大都市圈。这 24 个千万级人口的大都市圈以全国 6.7% 的土地集聚了约 33% 的常住人口，创造了全国约 54% 的 GDP，多数都市圈人口处于持续流入态势。2019 年，发展潜力百强城市中有 54 个位于这 24 个千万级人口的大都市圈。

《粤港澳大湾区发展规划纲要》指出，"发挥香港—深圳、广州—佛山、澳门—珠海强强联合的引领带动作用，深化港深、澳珠合作，加快广佛同城化建设，提升整体实力和全球影响力，引领粤港澳大湾区深度参与国际合作"。这里提出了珠三角 3 个已经形成的都市圈，即港深、广佛和珠澳都市圈。珠三角其他 5 个城市也都在不同程度上融入这 3 个都市圈，如东莞的南部与深圳紧密联系，其北面则与广州密切对接；又如，即将建成的深（圳）中（山）大桥，将使中山的北面加速与深圳的一体化，其南部历史上就与珠海、澳门联系紧密。珠三角的三个都市圈代表着我国都市圈发展的最高水平，其人口在全国总人口中的占比为 5%，其面积占比不到 0.6%，其 GDP 占比却达到 12%。

《长江三角洲区域一体化发展规划纲要》直接提出了加快都市圈一体化发展的安排。该文件要求，推动上海与近沪区域及苏锡常都市圈联动发展，构建上海大都市圈；以基础设施一体化和公共服务一卡通为着力点，加快南京、杭州、合肥、苏锡常、宁波都市圈建设，提升都市圈同城化水平。该文件还对各都市圈之间的分工协同提出了具体要求，如推动杭州都市圈与宁波都市圈的紧密对接和分工合作，实现杭绍甬一体化。长三角 6 个都市圈的规划与建设将进入快车道。目前，长三角城市群中的 6 个都市圈涵盖27 个城市，其人口在全国总人口中的占比约为 15%，其面积占比约为 2.3%，其 GDP 占比约为 20%。

其次，都市圈是科技创新和新兴行业的集聚地与策源地。当下，形成"高质量发展的区域集群"，或"高质量发展的区域经济布局"，正成为空间布局国家战略的重要目标。都市圈是区域集群的具体形态，创新集群则是其核心内容。创新集群的规模和质量决定着产业集群即新兴产业发展的水平，进而决定着区域集群，或者说都市圈的高质量发展。创新有着高度集群的特征，在美国是如此，如旧金山、波士顿；在中国亦是如此，如上海、深圳。从世界范围或一个大国来看，这就是创新区位的问题：是不是在各个地方都可以形成创新集群？答案是否定的。这是因为，创新需要若干必要条件和充分条件，如人才、资本、基础设施、创新生态，甚至气候，不是每个地方都具备这些条件的。由此衍生的问题是，创新氛围和创新集群能不能培育？答案是肯定的。创新氛围和创新集群是可以也必须培育的。创新集群有两个基本要素：人才和创新生态。人才，早年主要来自移民，现在主要来自大学培养的创业创新人才。所以，创新集群需要好大学和好生态，它们是可以培育的。

创新集群可以培育，但每个创新集群都有着别的地方不能模仿的一些创新要素，或者源于本地的力量。这种力量植根于本地资源中，这是创新地理学或者新经济地理学的重要认知。不同的创新集群就是要使得这些要素能够在一定的空间生成、集聚，并催生出新技术、新模式、新产品和新服务，乃至新产业和新业态。不能模仿的创新要素，或者源于本地的力量，主要是指创新文化。这也决定了创新具有集群的特征。创新集群和创新生态的检验，除了到底什么地方有创新、什么地方没有创新之外，进一步的问题是，什么地方有产业、什么地方没有产业，即产业集群。也就是说，创新集群必然带来产业集群。这里的产业主要指战略性新兴产业。迈克尔·波特在《国家竞争优势》中写道："一个国家能够持续并且提高生产率的关键在于，它是否有资格成为一种先进产业或者重要产业环节的基地。"经济学则强调企业家精神。只要这个地方有企业家，只要这个地方有有利于创新的资源，那么这个地方就可以发展战略性新兴产业。创新集群中一定蕴藏着比其他地方更丰富的企业家精神。

都市圈能否形成创新集群，受制于多个因素。由以上分析可知，比较重要的是三个方面。其一，好的大学。都市圈内有没有能够培养创业创新人才的好大学，决定着创新集群的生成与发展。办好大学，当然要有投入，但体制机制也至关重要。大学有了充分的办学自主权，就能够根据社会需要做出选择，培养出更多更好的创业创新人才。其二，好的生态——创新生态和产业生态。都市圈具有形成良好创新生态和产业生态的要素与条件。生态中的主体是包含新创企业在内的各种公司、创投在内的各种金融机构，以及提供各种服务的主体，包括公共机构。一如自然生态，创新生态和产业生态的优化，核心是各种"链"的形成和完善，如产业链、配套链（产品链）、服务链和社交链等；还有基础设施、营商环境、公共服务等，都是构成好生态的重要条件。其三，有利于创新的观念和精神。观念和精神属于文化范畴。都市圈的亚文化对于创新集群的重要性是不言而喻的。文化与历史有关，不是每个地方都有源于本地历史的、有利于创新的文化。经验表明，可以通过教育、宣传和改革，转变人的观念和价值观，进而影响和改变人的行为。这虽然需要时间，但这是可以做到的。

最后，中国的城市化进入了培育发展现代化都市圈的新时代。在中国，大规模的城市化是近 40 年来的事情。在这个进程中，大城市尤其是特大城市和超大城市做出了重要贡献。与此同时，到底是优先发展大城市，还是重点发展中小城市和小城镇的争论，一直伴随着城市化的过程。2017年，党的十九大报告提出，"以城市群为主体构建大中小城市和小城镇协调发展的城镇格局"，为这场争论画上了一个句号。同年，李克强总理在政府工作报告中提出"研究制定粤港澳大湾区城市群发展规划"。2016年，国务院批复国家发展改革委编制的《长江三角洲城市群发展规划》。城市群发展模式进入人们的视野，也成为城市（镇）化的主流形态。

一如《关于培育发展现代化都市圈的指导意见》所指出的，城市群是新型城镇化主体形态，都市圈则是城镇化空间形态，一个城市群内含多个都市圈。目前，在珠三角、长三角两大城市群，已形成近10个都市圈或都市圈的雏形。未来，中国将形成并发展20～30个都市圈，它们将创造全国70%左右的GDP和80%左右的就业机会；科技创新和新兴产业将是都市圈经济活动的主要内容；利用其区位条件、规模优势，那里的老百姓将享有便利的基础设施、丰富的文化生活和优越的自然环境，民生福祉得以改善。

笔者以为，培育发展现代化都市圈，首先，要按照1小时通勤为大致的空间范围，打破行政区的边界进行科学规划，并加快以轨道交通为主体的基础设施建设。从"metro areas""metropolis"这两个英文单词就不难发现，都市圈的1小时通勤，是以轨道交通即地铁的可达性来界定的。一方面，我国各都市圈的地铁建设都在加快推进；另一方面，地铁提速也正在实现，这就意味着基于轨道交通的1小时通勤圈正在形成并扩大。在这个范围内做好科学规划和基础设施建设，是培育发展现代化都市圈的首要任务。其次，充分利用都市圈的优越条件，以及特有的集聚效应、辐射效应和规模效应，加快创新集群、产业集群，以及与此相关的创业创新生态和产业生态建设，不断提高产业链水平，形成可持续发展的动力源，是培育发展现代化都市圈的关键环节。最后，科学规划、基础设施建设和产业发展等措施，其最终目的都是为了提高都市圈居民的生活质量。要将各种发展手段与这个最终目的相衔接，以人民群众的宜居性和获得感，作为考核培育发展现代化都市圈实际绩效的客观标准，使其与高质量发展的总基调保持一致。

（原载于上观新闻，2020 年 1 月 9 日）

Part 4

跷跷板上看天下

跷跷板上看天下

——谈生活中的两难选择

无论居民、厂商，还是政府，都会有这样的经历：当做某项决定时，感到这样做或那样做都有困难。这就是遇到了两难甚至多难选择。这种现象在社会经济生活中比比皆是。个中原因，可归结为相对于人类的需要，资源总是稀缺的这一基本事实。经济学家正是根据这一基本事实，将经济学定位于研究稀缺资源的配置问题。

资源配置的客观机制是市场机制，或者说，市场机制对资源配置起基础性作用。这已是人们的共识。资源配置的主观过程则是行为主体的选择过程。为此，有人曾说过，经济学是关于选择的科学。也许这正是基于资源配置的主观过程而言的。只要资源存在稀缺性，那么，选择就因主体的条件不同而处于程度不一的两难境地。例如，居民和厂商的投资行为都会遇到安全性、营利性和流动性的选择问题，有时难免顾此失彼。从社会整体范围看，两难选择就更多。例如，公平与效率，规模经济与竞争，通货膨胀与失业，管制与市场自由，等等。不难看出，这些两难选择的难度都不低。如何在两难选择中做出决策，人们往往是"两害相权取其轻"，抑或"两利相权取其重"。

人们之所以会做出"两害相权取其轻"，抑或"两利相权取其重"的选择，是因为他们的行为都是"理性"的，即都是在追求利益的最大化。具体地说，居民追求满足程度最大化，厂商追求利润最大化，政府追求公共利益最大化。他们按照这些行为偏好，针对不同的两难选择做出自己的取舍。问题的结论如此简单明了，但问题的现实状态却有点扑朔迷离。尤其在企业制度、政府制度与市场经济制度不吻合的条件下，企业和政府的选择常常偏离他们应当遵循的轨道。例如，有些企业产品一边积压，一边还在大量生产；又如，个别地方政府直接进入竞争性、营利性领域，不去考虑公共利益最大化，而是和企业一样，谋求利润最大化，说到底，是谋求自身利益最大化。这些偏离理性原则的行为，不仅对社会有害，而且于己也不利。所以，面对两难选择，行为主体是否能做出"两害相权取其轻"，抑或"两利相权取其重"的决定，是需要前提的，即必须具有与整个体制相适应的健全的制度安排。从这个意义来说，我们现在正在进行的企业改革和政府改革，都是为了形成健全的制度安排，以便在众多两难选择中做出理性的回应。

记得李政道教授在一次演讲中曾经说过，尽管他在物理学领域的研究已经到了很高的层次，但他还是经常面对物理学的基本问题。资源相对于人类的需要具有稀缺性，稀缺资源的使用总有机会成本的问题，因此，经济学是研究稀缺资源配置的科学。这就是经济学家必须经常面对的基本问题。罗列出一些两难选择，研究这些两难选择在现实生活中的存在与化解之道，可以引申出对经济学基本问题的思考。同时，着眼于当前改革、发展、开放的实际需要，如何认识、把握和处理好种种两难选择，也是一个现实意义很强的话题。笔者接下来的一组连载文章将围绕这一话题，做一些粗浅的探讨。

（原载于《解放日报》，1998 年 4 月 28 日）

社会发展的调节器在哪里

——谈公平与效率

当人类社会尚未发展到"物质财富不断地涌流出来"的阶段，公平与效率就是一个两难选择。据此，有人将公平与效率视为经济学永恒的主题。作为一对社会经济矛盾，在不同的经济发展条件下，公平与效率必有其一属于矛盾的主要方面。一般来说，在经济发展水平较低的阶段，效率是矛盾的主要方面，效率优先、兼顾公平，往往成为经济体制的基本取向；在经济发展达到了较高水平，公平有了比较充分的物质基础，效率更多地以科学技术作为支撑以后，兼顾公平与效率，将成为经济体制的基本取向。

因此，公平与效率孰为优先，是现代市场经济在一定发展阶段的体制选择，而且，也只有在市场经济条件下才有这一体制选择的差异。计划经济体制在本质上是与公平优先相一致的，因为计划经济是政府本位经济。由政府和厂商的不同功能所决定，在公平与效率面前，他们有着不可更改的行为定位：政府以维护社会公平为己任，同时建立与完善市场经济有效运行的外部环境，并根据发挥动态比较优势的要求，制定有关政策，因势利导，推动社会整体效率的提高；厂商以提高经济效率为己任，同时遵守政府维护社会公平的各项要求，并且尽可能为社会公平作出自己的贡献。现在有一个认识误区：将"效率优先，兼顾公平"这一现阶段的体制选择，简单地归结为现阶段的政府行为，这实在是一个极大的误解。如不澄清这一误解，将使政府化解或缓解公平与效率这一两难选择的政策发生偏差。事实上，人类在推动社会生产力发展的过程中，厂商（企业）始终是追求与促进效率提高的最具活力的组织，而政府则始终是维护社会公平、协调社会均衡发展的最具公正性和权威性的组织。这一组织定位决定了他们的行为定位。进一步地，政府作为宏观经济主体，还责无旁贷地要为企业追求效率、创造效率提供良好的外部环境，并在社会整体效率的提高上有所作为。尤其在发展中国家，经济结构畸形和市场发育不足同时存在，政府为了从总体上降低社会经济发展的机会成本，就可能比发达国家政府更多地做一些与提高经济效率有关的工作。当然，动机和效果是否一致另当别论。可以这么说，发展中国家政府在经济效率方面的所作所为是喜忧互见的。

　　公平与效率的关系，既是相互矛盾的，又是相互替代的。说两者是矛盾的，是指公平与效率经常处于不可兼得的状态，既要社会很公平，又要保持高效率，这近乎"乌托邦"；说两者是可替代的，是指若想得到多一点公平，则可以牺牲一点效率为代价。反之，若想得到较多的效率，也不得不牺牲一点公平。正是两者有着这种既矛盾又可替代的关系，才给政府化解这一两难选择提供了可能性。

总之，无论社会是处于过度追求效率、不够公平的状态，还是公平超过了社会经济的承受能力，严重影响效率的时候，政府都必须进行调控。把握好每一发展阶段中公平与效率的均衡，是现代市场经济体制中政府的重要责任。

理顺收入分配与再分配关系，是化解公平与效率两难选择的基本途径。一般来说，收入分配较多地关注效率问题，而收入再分配则以公平为主要目标。政府应从完善再分配机制入手，以所得税体系和社会保障制度的建立与健全为重点，形成社会化的公平与效率协调机制。同时，扶贫帮困也是现阶段维护社会公平的重要方面，要提高这项工作的制度化、规范化水平，切实体现社会主义制度的优越性。

（原载于《解放日报》，1998 年 5 月 12 日）

过度竞争的背后

——谈规模经济与竞争

早在 19 世纪末期，英国经济学家马歇尔就提出了被后人称为"马歇尔冲突"的规模经济与竞争两难选择。在现代重化工业和社会化大生产的双重推动下，企业追求规模经济，导致垄断的发展，而垄断构成竞争和价格机制正常运作的障碍，势必降低经济活力和效率。近一个世纪的实践表明，规模经济与竞争两难选择存在和化解的方式，在不同体制背景和发展阶段的国家有明显的差异。一般来说，在比较典型的发达市场经济国家，大企业主导体制主要是在市场力量的不断整合下形成的，政府推动规模经济的作用是有限的，而政府在反垄断方面则较早开始有所作为；在第二次世界大战后崛起的发达国家和新兴工业化国家（地区）中，政府为了实现跨越式发展，进而超越市场力量，推动大企业主导体制形成的色彩相对浓厚。在这些国家，不乏政府政策成功实施的范例，也有不少可供总结的教训；在大多数发展中国家，大企业不足与过度竞争（包括无序状态下的过度竞争）并存，政府的政策在推动大企业成长与保证有效的可竞争状态之间出现两难选择。

以中国的情况为例。现阶段，规模经济与竞争的矛盾主要可归纳为以下两点：① 产业集中度不够，但也存在垄断程度较高的现象。已有学者对中国工业产业集中度持续下降的趋势做了静态、动态与跨国比较分析，并指出了其中的问题、成因和对策。由于传统体制与体制转轨时期的特殊性所致，在中国形成了产业低集中度下的人为垄断格局：政府条或块的行政壁垒阻碍了企业间竞争的发育，使一批国有企业在行政保护下生存，既无破产倒闭之远虑，也无产品滞销之近忧。尽管这种格局在改革的进程中受到很大的冲击，但遗留下来的思维定式和行为定式还将在较长的时期发生作用。② 需要反垄断（主要是人为垄断），但过度竞争问题更加突出。如上所述，由于存在体制性的人为垄断现象，以及不可避免的自然垄断，因此，当前应当采取反垄断措施。但是，过度竞争的矛盾在目前比垄断更加突出。这是市场经济在较低发展水平下，由于资本不足所导致的痼疾；在我国，又加上多级政府体制条件下的投资冲动和重复建设，因此，矛盾表现得比较严重。

日本学者小宫隆太郎曾对"过度竞争"下过这样的定义："在集中度低的产业中，尽管许多企业的利润率很低或者陷于赤字状态，但生产要素（主要是劳动力）和企业却不能顺利地从该产业退出，使低或负的利润率长期继续……一般认为，'过度竞争'是指在企业数量很多的非集中型的竞争性行业中产生的现象。"根据这一定义，产业中过度进入的生产要素长期不能退出和产业利润率持续过低是衡量过度竞争的重要依据。据此来考察中国有关产业的竞争情况，其过度竞争的态势显而易见。值得一提的是，如果说传统体制中有较多导致人为垄断的因素，那么，体制转轨过程中地方政府在行政性分权中获得的自主权和独立性，则是导致过度竞争的重要因素。这并不是说中央政府和地方政府分权有什么不对，而是要指出，政企不分条件下的行政性分权，其有效性是有限的。因此，解决过度竞争的一个重要途径是政企分开，彻底解决地方政府保护和地方政府行为企业化的问题。

现代市场经济的一个基本要素，就是其运行机制的竞争性。竞争使企业利润率平均化，从而达到资源的优化配置。然而，由于在现实的市场结构中，存在着规模经济和外部经济的因素，所以，完全竞争是一种理想状态，垄断竞争和寡头垄断竞争成为常态。尤其在科学技术高度发展和生产、流通的社会化程度不断提高的今天，单位产品（服务）成本中的固定成本占比上升，通过扩大规模降低固定成本的可能性，已经大于通过减少消耗降低可变成本的可能性。因此，形成并维护市场经济在适度规模经济基础上的有效竞争，成为各国政府，特别是发展中国家政府的重要责任。我国的中央政府和地方政府在履行这一责任的过程中，都面临着既要建立竞争规则和维护竞争秩序，又要组织规模经济和构建产业组织的两难选择。首先，在不同产业中规模经济与竞争有一个度的问题，需要科学把握，既不要过度竞争，又切忌盲目"搞大"。其次，在规模经济的形成过程中，要把握企业推动和政府推动的度。一方面要高度重视企业推动的基础作用；另一方面要根据有效竞争的要求和产业组织的现状，从降低社会机会成本和形成合理产业组织等方面，优化政府推动的战略与行为。

（原载于《解放日报》，1998 年 5 月 26 日）

不要抓住"看不见的手"
——谈政府管制与市场自由

　　各国政府都有可能在特殊背景下对经济运行的某些环节实施管制。例如，外汇管制、经营许可和价格限制等。尽管政府管制是一种比较极端的行为，而且随着各国经济市场化水平的提高，放松管制和减少管制是一个普遍的趋势。但是，政府管制行为仍然程度不一地存在，这是毋庸讳言的现实。当然，必须区别计划经济体制下的管制与市场经济体制下的管制，前者是该体制的基本要求和特征，后者则是该体制在某些特殊情形下的政策工具。因此，当我们在进行体制转型的时候，要不断消除内在于传统体制的政府管制行为，同时要熟悉并适应现代市场经济体制条件下仍然存在的政府管制行为。

　　市场从其本性而言，是要求有相当高的自由度的。也就是说，市场在配置资源的过程中要求：主体（厂商和居民）行为是充分自主的；进入与退出大部分经营领域是无障碍的；价格信号的弹性是比较充足的；利润率平均化的机制是起作用的。从这个意义上来说，市场是不"欢迎"管制的。但是，市场缺陷的客观存在，这里就存在着政府行为的空间，其中包括政府管制的空间。然而，以克服市场缺陷为理由而存在的政府管制，即政府对厂商和居民的活动进行某种直接限制或规定，并不总是那么奏效，同时又难免遏制市场的活力与效率，甚至造成政府腐败。这就提出了管制与市场自由的两难选择问题。

这一两难选择在我国现阶段的市场经济体制中表现得比较明显，其主要原因是：市场成熟度不够，或者说新体制发育还不够。这除了表现在有效竞争格局尚未形成外，还表现在相当一部分国有企业尚不能和市场主体画等号；市场竞争规划不健全，不能适应市场化运作的要求。在这种情况下，经济运行与发展中就难免存在行政化关系，以及行政化关系的极端形式——管制。本来，市场发育需要一个管制较少的宽松环境，尽管我们也正在试图这样做，但是，苦于市场不成熟和体制转轨的现实，使得管制行为难免以不同形式存在，并构成对市场成长的障碍。

政府在实施管制时经常会遇到的问题有两个：

其一，信息障碍问题。我们可以假定政府和具体实施管制的官员完全以公共利益最大化为其行为目标，但我们很难假定他们是"全知全能"的。例如，要想实施有效的价格管制，就要知道市场需求曲线的形状和企业成本曲线的形状及其位置，就要知道市场和生产过程中的许多细节，这样才能既保证消费者受益，又不使生产者亏损，还使企业获得一定收益。政府管制机构显然缺乏这方面的信息。在现实中，不仅信息不完全是客观存在的，而且垄断企业还可能为了自身利益制造虚假的、扭曲的信息。这就提出了控制的有效性和成本问题，信息不完全的具体表现形式是所谓控制的时滞问题。经济发展过程是瞬息万变的，而管制却很难跟得上现实的变化。这表现在，当需要管制时，政府往往不能及时地行动；当一项管制措施被实践证明是错的或过时的时候，政府又往往不能立刻停止。

其二，寻租成本问题。在对厂商和居民的活动进行某种直接限制的同时，会给某些企业或利益集团带来超额利润。由此可见，能够带来超额收益的政府权力，有高度的垄断性，可以被视为一种稀缺的、排他性的资产，而这一资产所能带来的超额利润，事实上就是一种"租金"，如同任何其他资产（如土地）能为其所有者带来租金一样。某些企业或利益集团为获得政府管制保护的种种活动，就被称为"寻租"活动。寻租显然也需要成本。对于那些获得管制所带来的超额利润的企业，支付寻租成本是值得的，因为它"生产"出了超额利润。然而，从社会的角度来看，这部分生产是非生产性的，它没有生产出任何新的物质产品，这种生产纯粹是浪费，企业或利益集团因此获得的收入是非生产性利润。它的存在是资源配置无效率的又一个原因。

著名经济学家吴敬琏曾经指出："不应有这样的误解，以为处处加强行政管制是建立市场秩序的良策。实践证明，解除对自由进入的管制，强化竞争，才最有利于良好的市场秩序的建立。"从这一点看，可以化"两难"为"一难"，关键是公平竞争和有序竞争。

（原载于《解放日报》，1998 年 6 月 22 日）

不要把池里的鱼捞光

——谈短期行为与长期行为

在居民、厂商和政府的选择行为中，有一个重要的分类，即短期行为和长期行为。这里，短期和长期并无确定的时间标准，而是视具体情况而定。学过经济学的人都比较熟悉，在进行具体的生产经营分析时，短期指的是在此时段内，一种或多种生产要素是无法变更的。在此期间不可变更的投入称为固定投入。长期指的是在此时段内，所有的投入都是可变的。在短期内，厂商使用的是固定规模的生产设备，变化的是使用强度；在长期中，企业的规模有了变化，短期中的固定投入也是厂商根据以前生产和销售做出长期决策的结果。由此可见，在社会经济活动中，短期或长期是有弹性的时间概念。其具体的时间标准，依分析和选择对象的不同可能有很大的差异。例如，对一个卖汽水的摊档而言，长期可能仅意味着一两天，因为只要一两天，所有投入都可以变；而在化工业或汽车制造业则意味着五年，甚至更长的时间，因为只有在这么长的时间里，所有投入才能发生变化。

在现实生活中，根据不同的选择对象，经验或直觉会告诉我们，怎样的选择是短期的或是长期的。比如，大学生毕业时找工作，如果他比较多地考虑收入，而基本不考虑工作的稳定性，我们会说他这是短期行为；如果他比较多地考虑稳定性，而把收入放在次要的位置，那么他是在做较长远的考虑。区分短期行为和长期行为并不难，但要在短期行为或长期行为两者中做出选择，有时却不那么容易。因此，我们说有关短期行为和长期行为的选择是两难选择。

由于短期和长期只是不确定的时间概念，所以，各主体在做出具体的短期或长期选择时，仍然是依据理性原则。但是，引入了短期和长期概念以后，对主体来说，就有一个短期利益和长期利益的问题。例如，厂商就有一个短期利润最大化还是长期利润最大化的问题。有竞争实力的厂商在进入一个新市场的初期，往往不考虑短期利润最大化，而是注重市场份额最大化，从而实现长期利润最大化。而缺乏竞争实力的企业就不可能做此选择。类似的问题对居民和政府而言同样存在。

在中国现阶段体制转型的背景下，居民、厂商和政府在某一特定的短期或长期两难选择面前，难点主要在于怎样更多地考虑长期利益，做出长期选择。现在经常可以听到对行为短期化的批评，尤其对厂商和政府行为短期化的批评较多。这固然和主体本身有一定的关系，例如，我们以上提到的企业实力不强，就很难以长期利润最大化为目标。但这也和主体所处的环境有较大不确定性有关，迫使主体不愿也不敢做出长期选择。这一现象对于社会来说，是十分有害的。我们现在面临的一个重要任务，就是要通过全面深化改革，营造一个有利于所有主体谋求长期发展的制度环境。同时，在全社会树立可持续发展意识，倡导可持续发展行为。根据这一要求，各行为主体在做短期或长期两难选择时，必须记住：追求短期利益不以牺牲长期利益为代价；只有真正兼顾了长期利益，才可能持续地确保短期利益；动态地把握短期利益与长期利益的均衡，才有可能实现完整的"最大化"。

如何处理短期行为和长期行为的关系，下面这句话也许最能说明问题：竭泽而渔，不是今日无鱼，而是将来无鱼。

（原载于《解放日报》，1998 年 10 月 7 日）

解铃应是系铃人

——谈金融创新与金融监管

各产业和各要素市场的发展都有创新的问题；与各产业和各要素市场有关的政府主管部门也都有程度不一的监管问题存在。由金融业在现代产业、金融市场在市场体系中的地位所决定，金融创新与监管有着密切的联系。尤其是 20 世纪 70 年代以来，金融创新与监管一直是热门话题。在金融深化改革的过程中，创新与监管齐头并进，有时相得益彰，有时却成为两难选择。

为了适应金融市场不断变化的形势，金融机构必须不断进行创新，才能求得生存与发展；随着银行及非银行金融机构间的竞争日益激烈，为争夺更多的客户，获得更大的市场份额，金融机构也必须进行金融创新；更进一步，为了绕开金融当局的监管，拓宽业务领域，提高赢利能力，金融机构的创新活动层出不穷。首先，金融产品创新。例如，为了应对利率的频繁波动，迎合储户的心理预期，商业银行开发了浮动利率定期存单或浮动利率债券；又如，投资银行根据客户风险管理的需要，设计衍生产品，这是金融创新的新领域。其次，金融服务创新。金融机构一方面在提高服务条件方面创新；另一方面在竞争市场份额方面推出创新服务，如商业银行开辟表外业务，就属于此类服务。再次，金融机构创新。各类由银行控股的金融代理公司、证券公司、租赁公司，都是商业银行的机构创新活动。离岸金融机构、基金管理机构的出现，亦属金融机构创新的范畴。最后，金融技术创新。金融技术创新是金融机构提高服务水平，绕过金融管制，争夺金融市场最有力的工具。卫星传输、计算机网络等科技手段是金融技术创新的支持。

金融创新是把双刃剑。金融机构进行创新的初衷，是试图帮助客户（也帮助自己）从不同角度增加金融资产或提高金融投资的安全性、流动性和营利性，在锁定经营风险或投资风险的同时，提高经营获利或投资获利的可预见性。与此同时，投机获利或损失的可能性也相应产生，主要是针对创新产品和服务的金融监管应运而生。

广义地说，金融监管是指政府相关部门运用有关法规、制度及相应措施，保证金融产业、金融市场有效运作的监督、管理活动。与政府对其他产业和市场的监管相比，金融监管是比较特殊的。这除了与金融产业、金融市场的特殊性有关外，还与金融活动本身的性质有关。在我国，金融监管正在形成与健全之中。目前，我国对信贷资金、货币流通、利率、外汇、证券及市场运作、市场信息等方面的监管，都在逐步完善。

一般来说，金融创新是金融企业的行为；金融监管则是政府的行为。不同主体的行为本来是不构成两难选择的。然而，在各国，尤其是发展中国家和新兴国家经济发展和金融深化改革的一定阶段，金融创新要么是政府设计推出的，要么是金融企业设计的，但必须经过政府批准后推出。在这种情况下，政府在金融创新与监管面前就有两难选择问题。例如，在亚洲金融危机的冲击下，亚洲国家的政府都会遇到这一两难选择。

纵观全球金融创新与监管的实践，不难发现，每当金融危机发生，政府金融管理部门甚至国际金融组织都会提出加强金融监管的问题。金融监管总会在不同程度上影响金融创新。所以，当金融危机过后，金融发展驶入正常轨道时，就将进入新一轮金融创新活跃期，此时又难免集聚风险，政府相关部门会再度提出加强监管的问题。但是，创新是这一两难选择的主导方面，没有创新，就没有金融的深化与发展；监管是辅助方面，监管的最终目的是有利于金融产业和金融市场的深化与发展。而且，许多金融风险本来就需要创新，才能找到有效化解的途径。因此，对正在成长、正在开放的中国金融产业和金融市场来说，创新与监管应当是并重的。亚洲金融危机的教训和启示，将使我们的操作更加审慎，但不会也没有理由会延缓中国金融创新的进程。当然，创新总是相对的。中国今后一个时期内的金融创新，都是发达国家金融产业和市场中比较成熟的东西。因此，综合比较发达国家、新兴国家和部分发展中国家在金融创新与监管中的做法，将为我们降低两难选择的难度，提高选择的适用性和有效性。

（原载于《解放日报》，1998 年 11 月 2 日）

别争吃同一块蛋糕

——谈外在经济与外在不经济

在经济发展中，往往有这样的情形：当某一新兴行业处于扩张时期，即该行业的产品或服务被市场看好，还有发展空间时，许多厂商便会纷纷涌入，只要市场没有饱和，厂商总是可以得到程度不一的收益。当该行业的规模达到或超出了临界点，厂商如果再进入，则可能造成单个厂商收益的减少。然而，对单个厂商来说，对市场临界点的判断，以及行业关键技术、市场需求的动态把握，并非易事。因此，厂商的行业进入选择经常是两难的。用经济学的语言来说就是，厂商的这一选择可能是外在经济的，即整个行业规模扩大时给单个厂商带来了收益，如随着行业规模的扩大，单个厂商有可能在辅助设施、人才和信息等方面获得某些好处而增加收益；也可能是外在不经济的，即整个行业规模过大也会给单个厂商带来损失，使它们的收益减少，如行业规模过大引起过度竞争，使单个厂商收益减少。

以上海的零售行业为例。20 世纪 90 年代中期是该行业总量发展的临界点，此前业内企业只要经营得当，几乎不会亏损；此后行业规模几近饱和，但业态间、区域间不平衡，选择失误，就有可能出现亏损；选择正确，仍有可能赢利。此时，外在经济与外在不经济并存，关键看厂商如何选择。这恰好说明了近几年零售企业几家欢乐几家愁的情形。随着零售行业的进一步发展，业态间、区域间总要趋于平衡，至此，就行业规模而言，出现了外在不经济，但这并不意味着单个厂商全无盈利机会。如果某厂商有显著的差别优势，那么，它的进入或扩张，就意味着有厂商要退出或亏损。对业内各厂商来说，此刻，集约经营、内涵发展方显性命交关：做得好，则可继续盈利，甚至能获得超额利润；做得不好，则可能亏损，甚至破产。

实例的分析使外在经济与外在不经济这对抽象的概念显现出了层次感。首先，厂商要进入一个新的行业，或在本行业扩张，必须对行业规模做出判断。其次，要对该行业的结构做出分析，找到自己可能发展的空间。最后，以高科技及各种创新手段，不断增强自身竞争优势，形成集约化的发展机制。企业在每一个层次上的选择，都有可能是两难的，问题的关键就在于是否具备以下条件：判断是否准确，分析是否科学，自身的竞争力是否强大。如果这些条件都具备，那么，企业选择的难度就比较小；反之，选择的难度就比较大。由此也说明，对于一个厂商来说，最重要的是科学决策和提高竞争力。

我们知道，市场机制的运作与买方市场的形成是互为前提的。因此，行业规模相对饱和是市场经济的常态，外在不经济总是悬在企业头上的"剑"。企业在这一现实面前要想获得超额利润（超额利润是发展的前提），创新就显得至关重要。从这个意义上来说，企业面对外在经济与外在不经济的两难选择，还只在于做出一个判断——决定是否进入或扩张，此后的两难选择是——常规发展，抑或创新发展。企业的选择总会是后者。创新发展谈何容易；那么，如果不创新发展，出路又在哪里呢？

（原载于《解放日报》，1999 年 3 月 26 日）

如何把"哑铃"举起来

——谈需求导向与供给能力

在现代经济学的宏大体系中，供给与需求原理是基本原理之一。对于解决现实经济中的各种问题，供给与需求分析是基本工具之一。每个企业必须经常面对和处理供给与需求的关系。经济学的原理和市场经济的运行机制都告诉我们，企业的生产经营行为是需求导向的。在计划经济体制中，企业的生产经营行为是计划导向的，计划则根据现有供给能力来确定，所以，也可以说企业的生产经营行为是供给导向的。实践已经证明，供给导向只能是误导，最终导致社会需要的短缺和社会不需要的积压。供给不能导向，但企业又不能忽视自身的供给能力。尤其在导入长期分析和创新因素后，需求导向与供给能力的兼顾就越发重要了。

企业在一定时期可支配资源的量总是既定的。运用这些资源满足当前市场需求，是企业的一种选择。但是，企业的利润最大化不仅仅是短期的，还应是长期的。唯有具备长期利润最大化的能力，才表明企业的竞争力是有优势的。获得长期利润最大化的能力是什么？是企业的供给能力。这里，供给能力不是简单地对应某一种产品的生产能力，而是由企业的综合状况，包括创新能力、人力资源、管理水平、营销网络和外部环境等共同决定的。如果将供给能力等同于产品的生产能力，那么，供给能力至多是满足市场即期需求的能力，假定这个需求是存在的。问题在于，企业的生产能力仅是其供给能力的一部分，企业的供给能力最终是由其创新能力、营销能力、生产能力和管理能力等组成的。可见，企业的供给能力不可能在短期内形成，而只有通过短期努力的叠加才有可能形成。因此，企业可支配资源的一部分应当用于培育供给能力。在这个意义上，需求导向与供给能力的选择是两难的。

为了在竞争中谋求持续发展，企业就必须从事创新活动。企业创新是从供给角度考虑问题。创新活动通过改变要素的现有组合，来达到改善或完善企业适应市场需求的能力，即供给能力。这一方面说明，企业全部活动的最终目的是通过满足市场需求，获得利润；另一方面表明，企业在一定时期的发展决策，是存在需求导向与供给能力的不同侧重的。尤其在当代，科学技术对具体生产过程的直接作用日益增强，产品的生命周期和升级换代周期都明显缩短。因此，企业唯有通过创新，保持持续的供给能力，才能适应不断变化的市场需求。一般来说，研究与开发活动帮助企业提高供给能力，市场营销活动帮助企业发现需求、满足需求。现代企业组织理论提出一种所谓"哑铃型"模式，就是强调企业必须同时重视研究开发与市场营销。

市场经济运行无论在宏观，还是在微观，都是需求导向、需求约束的。宏观经济的膨胀或收缩，是总需求变动的结果。对厂商来说，没有需求，或者需求没有达到某个水准，其供给的能力再大也是枉然。长期以来，我们的企业最缺乏的就是需求意识和发现需求的能力。然而，现在有一种值得注意的倾向，过度的需求导向（可理解为仅注重当前需求的倾向）成为企业行为短期化的原因之一。因此，正确处理需求导向与供给能力的关系，是摆在企业决策者面前的重要课题。企业要根据自身供给能力的优势来把握市场需求；要不断改善自身的供给能力来满足需求；要善于发现潜在的需求，并以自身的创新来适应需求。总之，不断发现市场需求是企业导向系统的功能，不断提高供给能力是企业支持系统的功能。合理分配资源，构筑敏锐的导向系统和坚实的支持系统，是企业可持续发展的两个"轮子"。

（原载于《解放日报》，2000 年 1 月 2 日）

摆脱"经济人"的局限

——谈企业成本与社会成本

企业在生产经营活动中会发生各项费用，其总和构成企业成本。企业的生产经营活动不可能孤立地进行，它必然要和社会发生各种联系。在这一过程中，企业的生产经营活动将对社会产生正面的或负面的作用。经济学将这些作用统称为外部性。简而言之，正的外部性增进社会福利；负的外部性增加社会成本。诺贝尔经济学奖得主、美国新制度经济学的重要人物科斯教授，将社会成本与负的外部性联系在一起，做了深入的研究，探讨用何种方式正确地度量和界定利益边界的问题。

如果说企业总是力图实现成本最小、利润最大，那么，社会也是同理，希望少增加成本、多增进福利。然而，企业作为市场主体，其价值导向与行为目标的基本面是利润最大化，否则也就不会称其为企业了。因此，站在企业的立场，尽可能降低自身的成本，是理性行为；打"擦边球"，在"灰色"的领域或用"灰色"的手段，向社会转嫁自身的成本，也是理性行为。当然，后一种行为至少说明企业的社会责任感缺失了。应当承认，绝大多数的企业家是有社会责任感的。正是基于这一判断，我们认为，企业家在利润最大化与社会责任，亦即企业成本与社会成本面前，会程度不一地感到，这是一个两难选择。

社会成本的内容是多层次的。支付社会运行与管理的费用，是最高层次的社会成本。本文的社会成本显然不是这个意义上的。企业转嫁给社会，需要社会支付或承担的费用和负面作用，是本文所指称的社会成本。即使这个意义上的社会成本，也可分为若干层次。例如，企业由于经营不善或其他原因，拖欠国家的税款，这无疑将对社会产生负面作用。又如，企业出售假冒伪劣产品，这种行为给社会造成的破坏作用是极其严重的。再如，企业故意污染环境、制售淫秽物品，都是对社会的犯罪，社会将为之付出的代价是难以估量的。这些行为在不同层次上形成社会必须支付或承担的成本。由此还可引申出以下结论：社会用于支付企业转嫁的不正常费用高了，用于支付社会运行与管理的正常费用就少了，社会经济发展的速度和质量就不可避免地受到影响。

企业成本与社会成本在表现形式上有差异。一般地说，企业成本是显性的，即可直接计算。社会成本则不尽然，它往往有可直接计算的部分，也有需间接计算的部分。譬如，企业在生产过程中产生的噪声或排出的废水、废气，相关管理部门可通过一定的法律程序向其收费。然而，人们都很清楚，噪声、废水、废气给社会造成的影响和损失，是所收的这一点费用无法挽回的。因此，社会成本具有隐性的特征。这一方面使企业向社会转嫁自身的成本成为可能；另一方面，也告诫企业的管理人员，向社会转嫁成本要慎行。大道理都很清楚，社会（包括自然界）是属于每一家企业、每一个体的，因此，每一家企业、每一个体都有责任维护社会公德和社会秩序，不能向社会转嫁成本。

写到这里，笔者不禁要向企业家们呼吁：认识企业的社会责任，不仅要在社会发生困难的时候出来赈灾、赞助，更重要的是，要在进行经营决策时，考虑到可能对社会产生的负面影响，并将这些负面影响降低到最低限度。如果企业的行为最后还是对社会造成了负面影响，那么，企业应当责无旁贷地承担起应当承担的责任。"取之于社会，用之于社会。"企业在社会中得到的利益，除了缴纳税收、分配给员工、回馈股东、发展企业外，还要用于社会，这不仅体现了企业社会责任的履行，而且会增加企业的获利机会。

（原载于《解放日报》，2000 年 2 月 27 日）

从"凯恩斯悖论"说起

——谈刺激消费与倡导节约

在凯恩斯的经济学中,有一个消费可以致富,节约反而致贫的"悖论",人称"凯恩斯悖论"。节约本来是美德,无论对家庭、企业,还是对国家,都是资本积累、增加财富的途径之一。然而,凯恩斯认为,对一个国家来说,当经济处于非充分就业状态(存在因经济周期原因而失业的人群,即周期性失业或非自愿失业,也即经济不景气的状态)时,节约并非美德,相反会导致贫困。显然,凯恩斯对消费和节约有自己的理解。那就是在不同的经济状态下,消费和节约的功能是不一样的。凯恩斯运用消费函数理论证明,在非充分就业状态下,增加消费可以引起国民收入成倍增加,进而可以增加资本积累。

从最一般的层面上考察消费的意义,不难发现,在社会再生产中,消费是上一个过程——生产、交换、分配和消费——的终点,因此,在某种程度上,它决定着下一个过程开始的规模和时间,其重要性不言而喻。

正是基于消费在再生产过程中的地位，在经济不景气时，它更是有着特殊的功能。经济不景气的基本特征，是有效需求（总需求）不足。总需求由消费需求、投资需求、政府购买需求和净出口需求组成。消费需求在总需求中的比重最高，一般占到 2/3 左右。但消费需求（因变量）是收入（自变量）的函数，如果收入增长很慢，则消费增长也就相应很小；如果预期收入增长不乐观，则消费不仅不增长，甚至会下降。

真正有钱不愿用，极其吝啬的"葛朗台"式的人，在总人口中占的比重总是很小的。社会发展的重要标志，是人民生活质量不断提高。对于每一个老百姓来说，不增加消费，谈何生活质量的提高。这个简单的道理，老百姓是懂的。因此，大多数人有了钱，是会去消费的。问题在于，老百姓的收入是否能够稳定增加，尤其是老百姓能否看好预期收入。这是刺激消费需求的主导方面。如果不从这一点上看问题，仅仅从消费观念上做文章，以为靠一些鼓励消费的宣传，就能让老百姓掏出口袋里的钱，那就舍本逐末、一厢情愿了。

当然，消费观念确有改变、更新的问题，尤其是对那些中老年、收入又比较低的朋友们而言。我们应当告诉他们，随着收入水平的稳定提高，加大消费，改善生活状况，或"用明天的钱办今天的事"，和储蓄、投资一样，都是对经济发展的支持。

"节约是美德，消费不是美德。"这种观念固然是错误的，但在当代被相当多的年轻朋友广泛认同的"消费是美德，节约不是美德"，是否就完全正确呢？这实际上关系到节约还要不要倡导的问题。我们对第一个问题的答案是否定的，对第二个问题的答案则是肯定的。节约的反义词是浪费，而不是消费。浪费总是不可取的。例如，生产领域里对自然资源，尤其是不可再生资源的节约，直到今天仍然有着重大现实意义。在可持续发展战略中，引导消费和资源节约都有着自身适用的层面，都是不可或缺的，因此，如果把两者的位置摆正了，它们就可以并行不悖。

（原载于《解放日报》，2000 年 4 月 23 日）

校准利益的天平
——谈市场原则与道德原则

　　市场原则与道德原则是否构成两难选择？这本身是一个需要讨论的问题。毋庸讳言，现代社会的理想状态是市场原则与道德原则的并行不悖和完美统一。有经济学家也曾证明，市场原则的最终达成，包含对道德原则的遵守。笔者对上述观点不持异议。然而，"理想状态"并不代表现实状态；"最终达成"也不等于每一次交易行为。已有经验事实足以证明，在现实社会的具体交易行为中，微观主体经常面对市场原则与道德原则的两难选择。在社会经济环境不尽规范，公共伦理道德急剧滑坡的今天，就更是如此。

　　市场原则是市场机制对经济运行中各行为主体的规定性，包括理性原则（最大化原则）、等价交换原则、竞争原则等。在经济运行的过程中，市场主体的行为要受到这些原则的制约。道德原则是特定的历史条件下社会的伦理规范，包括对社会秩序的遵守、对社会责任的认同等。这些规范对所有主体都有一定的约束性，但又不具有强制性。正是因为这种非强制性，使微观主体有可能在追求市场原则，尤其是最大化原则时，偏离或放弃道德原则。这就构成市场原则与道德原则两难选择的可能性。

在现阶段的社会经济生活中，可以找到许多实例，说明市场原则与道德原则两难选择的可能性已转变为现实性。一个典型的例证是经济运行的信用化程度低。一些厂商为了追求自身的短期利益，拖欠供应商的货款，导致"三角债"的累积；拖欠银行的贷款，导致银行不良资产的累积。这些失范的行为不仅严重破坏了市场经济的运行秩序，使市场原则不能贯彻到底，而且严重影响了公共道德的运行秩序。

深刻思考那些看似符合市场原则，实则违背道德原则的例子，不难发现，市场原则和道德原则一样，是一个整体，违背其中一点，就等于违背全部。厂商拖欠货款或贷款，似乎对自己有利，但在整体市场上却背离了其他市场原则，如等价交换原则。进一步地，厂商拖欠货款或贷款对自己有利，只是短期的，从长远来看，不可能带来最大化利益。由此可见，微观主体的理性不仅应当是经济理性，即追求自身利益最大化，而且应当包括社会理性，即自觉遵守社会规范和承担社会责任。也就是说，厂商和居民（自然人和法人）既是"经济人"，又是"社会人"——包括经济人在内的全面的"人"。他们在理念上将市场原则和道德原则视为整体，力求做到全面遵循；并在现实生活中自觉化解市场原则与道德原则的两难选择，在自身利益和社会整体利益统一的基础上，恪守这两个原则。

社会应当形成良好的氛围，以提高微观主体遵守市场原则和道德原则的自觉性。这一良好氛围由主体和客体组成。对主体的要求无疑是不断提高其素质,包括受教育水平、自身道德修养、市场化和法制化意识等。客体即环境的营造。从某种意义上来说,人是环境的产物,因此,环境的营造要有超前性。从中国当前的实际出发,营造环境的重点是加强市场意识、法制意识及道德意识的宣传和教育。市场意识的宣传和教育要注意准确性。市场不是冒险家的乐园,也不仅仅意味着自由。市场的机会与风险历来是并存的。市场经营的自由是以自身的承诺为前提的;法制意识的宣传和教育要进入操作的层面,也就是说,要把依法治理与宣传、教育紧密地结合起来;道德意识的宣传和教育要加强力度。古今中外的经验都表明,道德意识只有通过不间断的宣传和教育才能收到实效。

（原载于《解放日报》,2000 年 8 月 13 日）

在互补中走向均衡
——谈政府与市场

　　围绕政府与市场——政府行为，还是市场机制；政府干预，还是市场调节；政府管制，还是市场自由的论战，难解难分，成为现代经济学争论的主题之一。争论归争论，现实生活中的情形，是两者因主体不同的选择，以各种方式互补，总要达到某种均衡，并同时对经济运行与发展起作用。

　　在发达国家，市场发育先行，政府的经济行为及对经济的干预或管制在后，而且，政府行为、政府干预和政府管制的有效性集中体现在：其一，经济周期的某些阶段，如萧条阶段，政府通过刺激有效需求，即可收到明显效果；其二，经济活动的某些领域，如市场失效的领域，政府通过做市场主体做不了也做不好的事，即可体现其存在的价值。也就是说，在经济活动的过程中，政府与市场有了比较合理的分工，政府为市场的运行和效率的提高做了大量有效的工作，市场机制和"游戏"规则都已比较成熟，即使如此，关于政府与市场在特定客体上孰优孰劣，政府是否一定比市场做得更好的争论仍然不绝于耳，选择还是不那么容易。

在发展中国家，政府行为、政府干预和政府管制，并由政府引入和培育市场机制，往往成为早期发展的先决条件，依靠政府强有力的作用，市场逐渐发育起来，并提出政府与市场在不同客体间选择的问题。然而，到底政府做得好，还是市场做得好，对于尚无多少经验可言的主体来说，是很难做出准确判断的，再加上思维定式（现在主要是传统体制中形成的思维定式）的影响，选择总是两难的。发展中国家政府与市场关系的现状往往是：在市场发育不足的背景下开始工业化和现代化的进程，因此，政府既要作为市场的替代物起资源配置的作用，又要对市场发育起组织与推动的作用，还要负责制定市场运行与竞争的"游戏规则"。这一方面对政府提出了很高的要求，另一方面使政府在自己做和市场做之间难免做出失当的选择。尤其在转轨经济中，政府受行为惯性的影响，其选择倾向总是表现出过于相信自己，不那么相信市场，从而导致扭曲或延缓市场发育，或多或少影响新体制的建立，以及工业化与现代化的推进。

各国经济发展与改革的实践，从不同的角度已表明：政府扮演何种角色，政府与市场关系的格局，皆是发展阶段、现行体制和历史传统的产物。一般地讨论是否需要政府行为、政府干预和政府管制已经没有实际意义，因为这在现实中并不存在争议。对于我们来说，需要探讨的问题是：政府应当在哪些方面有所作为？在多大程度上有所作为？怎样改进政府行为和干预的方式，使之更加合理？这些问题在不同发展阶段和体制背景中，答案是不一样的，但有互相借鉴的价值。例如，美国政府在20世纪90年代的新经济中，为推动以信息产业为主导的高科技产业化的发展，所采取的反垄断、保护知识产权的做法，以及鼓励创新型企业发展的措施，都是值得借鉴的。又如，东亚国家在这次金融危机中暴露出来的，高速发展时期失当的政府行为，也值得认真分析和总结。

从比较一般的意义上来说，改革中的政府行为、政府干预和政府管制特别应当注意以下几个问题。其一，政府行为、政府干预和政府管制的基本内容是创造与提供公共物品（服务），这是政府的组织性质和职能定位的逻辑结论。政府是靠纳税人纳税生存的，纳税人纳税的目的，就是希望政府能够向他们提供其他主体不能提供的公共物品，譬如，良好的社会秩序和宏观经济环境等。与此同时，他们希望能够与政府成为法律上平等的交换者：以纳税换服务。一个政府的合法性就在于其提供公共物品的能力。与发达国家相比，发展中国家落后的一个重要表现，就是公共物品提供严重不足。这又与纳税人纳税意识和政府纳税人意识都欠缺有关。其二，政府行为、政府干预和政府管制的外在表现是行使公共权力，这是由政府在社会经济生活中的地位决定的。然而，对公共权力缺乏制约和监督机制，是发展中国家又一个比较普遍存在的问题。由于公共权力是通过政府官员的工作体现出来的，所以，对政府官员是不能没有规范和监督机制的。仅近年来揭露出来的数额巨大的腐败案件就足以说明这一点。其三，政府行为、政府干预和政府管制的最终目的是谋求公共利益最大化，这是政府理性的最高境界。这也同时给出了衡量政府行为、政府干预和政府管制效果的原则。政府行为、政府干预和政府管制直接或间接要达到的，就是公共利益最大化。政府官员尤其是政府高级官员必须切记这一原则。

（原载于《解放日报》，2000 年 9 月 3 日）

全球化浪潮中的一对伙伴
——谈国际化与本土化

　　国际化与本土化的两难选择，主要表现在公司产品营销策略或海外发展战略上。尽管国际化是全球经济融合的必然趋势，但是，就一个具体公司或产品而言，在它尚未做出向海外发展的决策前，是国际化扩张，还是本土化发展，需要做出科学的分析与判断；一旦开始向海外发展，也有国际化与本土化的碰撞。本土化应当是公司海外扩张发展的必然结果，但诸如员工本土化、管理层本土化和管理制度本土化，一方面都需要一个过程；另一方面，在此过程中同样需要权衡利弊，以做出正确的选择。

　　这里，本土化有两个层面的含义。其一，在本国的本土化。在任何国家或地区，并不是所有的企业和产品都要国际化扩张，总有相当一部分企业和产品是立足国内发展的。因此，不能简单地以一个企业的产品是否出口，公司是否向海外发展，来判断其是否实行了国际化扩张。企业和产品的国际化，有着更深层次的规定，即是否按照国际惯例运作，是否符合国际标准的要求。也就是说，本土化发展同样需要国际化。其二，在他国的本土化。如上所述，公司向海外发展后，就面临着员工、管理层和管理制度本土化的选择。显然，这里的本土化是建立在国际化基础上的，这并不意味着不要外籍人士的参与，不要用国际惯例和国际标准来整合公司的各项制度和标准。

国际化乃至全球化，是经济发展的大趋势。国际化的初级形态，是商品的出口或进口。国际化的进一步发展，是资本的输出或输入。国际化在当代的特征主要表现为：服务的出口与进口即服务贸易，呈现迅速发展的势头；跨国公司成为推动国际化、全球化的主导力量；以双边活动为主体的国际化，演变为以多边活动为主体的全球化，WTO 这一多边经济、贸易体制，逐步成为全球化的游戏规则。按照经济学的经典比较优势原理，各国参与、利用国际化、全球化，都将获得利益，求得发展。因此，对于各国政府以及那些具备海外发展实力的公司来说，国际化、全球化发展的战略思想和实施策略，就显得尤为重要。需要特别强调的是，发达国家与发展中国家之间存在的巨大落差，要求在国际化、全球化的进程中，做出更加有利于发展中国家的安排。这对于全球经济的健康发展是积极的、有益的。

认清国际化、全球化的走向，把握其深刻的内涵，并在这一过程中，处理好国际化与本土化的关系，是一国或一个企业适应当代经济发展潮流，应当做出的战略选择。尤其是在中国即将加入WTO 的新形势下，如何应对国际化与本土化，是值得深入思考的课题。

第一，在中国，本土化有着特殊的意义。这是因为中国本身是一个容量极大的市场，即使在开放的条件下，只要企业具有国际竞争力，都是可以赢得发展空间的。因此，竞争力始终是企业生存与发展的根本。

第二，国际化在中国同样有着特殊的意义。改革开放以来，中国无论在进出口还是在吸引外资等方面，都获得了举世瞩目的成就。但是，在经济运作规范和秩序的国际化方面，还存在很大的差距。因此，中国加入 WTO 后，运用国际化规范和秩序将有利于对中国经济的整合。这一整合的意义并不亚于吸引外资和发展出口。

第三，无论是本土化发展，还是国际化发展，都必须充分发挥自身的比较优势，都必须获得最大化的利润。因此，在发展高科技产业和其他新兴产业的同时，对于劳动密集型产业在未来较长时期对中国经济的贡献，对于如何运用现代科学技术改造传统产业，都必须给予极大的关注。

（原载于《解放日报》，2000 年 12 月 10 日）

慎舞共生与背离的"双刃剑"

——谈实质经济与虚拟经济

在货币出现以前，实质经济即实物经济。当实物经济以货币作为交换媒介和价值尺度，货币同时具有支付手段、储藏手段以后，货币经济成为与实物经济对应的形式，但两者的运动出现了背离的可能性与现实性。其可能性是指，货币运动和实物运动可以不同时发生；其现实性可以"三角债"作为最有力的例证。

当货币经济发展为信用经济，即出现借贷资本以后，债券、股票等虚拟资本形态开始产生，并成为借贷资本的一个特殊的投资领域。构成虚拟资本的有价证券，本身并没有任何价值，它们只是代表获得收入的权利，是一种所有权证书。虚拟资本形成后，一部分货币就会专门投放在这种生息、生利的有价证券上，以获取利息和红利。虚拟资本虽有价格，并能带来一定的收入，但它不是现实资本，只是"现实资本的纸制复本"，它与现实资本不仅有质上的区别，而且在量上也是不同的。虚拟资本的数量等于各种有价证券的发行量及其市场价格水平。在一般情况下，虚拟资本的市价总额，总是大于现实资本的价值总量。这个大于部分中就有我们今天常说的"泡沫"成分，其量的大小，取决于投机因素的大小。因此，虚拟资本的价格并不完全代表现实资本，也不能完全反映现实资本的价值变化。这种价格的独立化运动和独特决定方法，使它独立于现实资本运动之外。由此所决定的实质经济和虚拟经济的共生与背离，就成为现实经济生活的组成部分。

尽管债券、股票是虚拟资本，但在金融工具中属金融基础产品，在它们的基础上产生的金融衍生产品，即远期合约、期货、期权和互换等，在金融基础产品对实质经济"一次虚拟"的基础上，对实质经济进行了"二次虚拟"，使其"符号"化。这一方面是金融工具创新适应了进一步增强金融资产盈利性、流动性和安全性的需要；另一方面将实质经济与虚拟经济的背离推向了极端。

货币的出现，对经济发展的意义是不言而喻的；虚拟资本提供了筹集资金的广泛途径，为财产权的社会化和现代公司制度的形成，创造了具有决定意义的条件；金融衍生产品为实质经济提供了以下功能：增强流动性、发挥交易双方的比较优势和套期保值。与此同时，货币运动滞后于实物运动，可能产生拖欠和欺诈；虚拟资本的迅速增长，使资本所有权与资本职能进一步分离，导致企业出现"内部人控制"现象，也可能导致经济中的"泡沫"成分加大；金融衍生产品则为投机开了方便之门。由此可见，金融创新产品（货币、股票和债券等都是它们产生的那个时代的金融创新产品）总是金融深化和经济发展的"双刃剑"：一方面为金融深化和经济发展开辟道路；另一方面也可能"刺伤"金融深化和经济发展。

在现实经济中，如何把握两者的关系，既充分利用虚拟经济的功能，为实质经济的发展提供便利的条件，又注意控制虚拟经济可能产生的不良后果，是值得不断深入研究的课题。历次金融危机的教训告诉我们，实质经济的问题，如严重的贸易赤字、经济结构失衡等，都可能诱发并最终导致虚拟经济中的"泡沫"破灭，以致带来灾难性的后果。虚拟经济中的过度炒作，如由于某种不正常因素的扰动，导致虚拟经济的各种"符号"严重背离实质经济，也将导致"泡沫"破灭，使实质经济遭受重创的后果。因此，在现实经济中保持两者的良性互动，需要正确判断，并谨慎操作。

（原载于《解放日报》，2000 年 12 月 24 日）

从"团体操"到"足球赛"

——谈个人效率与团队精神

　　市场经济体制区别于计划经济体制的一个重要特征，是对个人效率的认可和推崇。几年前，笔者曾看到有人将计划经济体制比喻为"团体操"，意指计划经济体制强调团队整齐划一，全无个人效率可言。市场经济体制则被喻为"踢足球"，凸显个性和个人效率，在此基础上，也有团队的整体配合。因此，市场经济体制被公认为能够有效地配置资源。当然，个人效率与团队精神的兼顾，往往不是那么好把握的。例如，南美足球推崇个人技术，欧洲足球重视整体配合，都有各自的特点，但又存在各自的弱点。可见，个人效率与团队精神在一个组织内部经常会构成两难选择。

　　在计划经济体制中，团队精神被置于个人效率之上，个人效率总是被要求服从于团队精神。显然，两者关系被扭曲了。这也正是计划经济体制失败的原因之一。事实上，计划经济体制既无个人效率，又无现代社会意义上的团队精神。现代社会意义上的团队精神，是以对个人效率的承认和弘扬为前提的；团队精神则是对个人效率的凝聚和再弘扬。例如，一般认为，从市场经济体制中成长起来的私营企业和外资企业比较注重个人效率，但是，那些成功的私企和外企又都有着良好的团队精神，合作、协调尽在默契中，而不是在口号中。所以，尽管个人效率与团队精神有着不同的价值追求，会出现这样或那样的分歧，但两者在本质上是一致的，两难选择仅存在于操作层面，只要处理好与之相关的各种关系，就可以"熊掌"和"鱼"兼得。

组织的整体效率一般是通过两种途径实现的。其一，通过一系列制度规范和激励机制，极大地调动和刺激个体的积极性，提高每个个体的效率。其二，通过分工与协作，扬长避短，建立个体间的互补机制，使组织内的人力资源得到优化整合，达到 N 个 1 的和大于 N，即整体效率最大化。毋庸置疑，整体效率是建立在个人效率的基础上的。组织要充分尊重个人的积极性和创造性，促进个体的充分发展，把个人的劳动成果同物质的报酬和精神的奖励紧密联系在一起，以保证个人效率的持续提高。但是，整体效率又不是个人效率的简单相加。"自然界没有两片相同的树叶。"人类社会也没有两个完全相同的个人。个人在组织内活动，就有相互适应、相互理解的问题；就有彼此合作、统一意志的问题；就有个性发展与组织需要的问题。诸如此类的问题，都与组织是否能达到预期的整体效率有关。没有团队精神的组织，和没有个人效率的组织一样，是不堪设想的。

如上所述，在操作层面，组织对个人效率或团队精神做出倚轻或倚重的选择，经常是两难的。这是因为，对个人效率或团队精神的过分弘扬，抑或过分抑制，都会造成对另一方的侵害。然而，社会经济生活中表现出来的种种迹象，又使我们不能忽视团队精神在各类组织中的培育。思考再三，笔者觉得应当指出以下三点。第一，个人效率应当建立在个人能力的基础上，而不是建立在其他的基础上。第二，对个人效率的追求，应在法律、制度和道德规范的"鸟笼子"里进行，应尽可能保持与团队精神的一致。第三，团队精神首先应当重视个人效率，使体现团队精神的组织文化兼容个人效率，有助于提高个人效率。此外，还需要指出的是，站在组织管理者的角度，或员工的角度，对个人效率与团队精神的看法总是有差异的，简单地让谁服从谁，不仅不可能，而且不是好办法。唯有提高管理者的水准和员工的素质，才是化解这一两难选择的有效途径。

（原载于《解放日报》，2002 年 6 月 16 日）

还是稳健好

——谈主业化与多元化

近来，较多文章反思前些年企业颇为津津乐道的"多元化经营"。有专家以上市公司为例，发现50%左右的上市公司将从资本市场获得的第一笔投资用于发展多元化经营，其结果不是无功而返，就是背上了沉重的包袱。曾一度被誉为能够"东方不亮西方亮"的多元化经营思路亟待被重新认识。

一般来说，每个企业都有自己的主业，即在某个特定的行业从事生产经营活动，向市场提供一个或一个系列的产品或服务。所谓主业化，就是指大多数企业的生产经营活动经常处于一个行业的状态。部分企业在发展过程中，随着自身实力的壮大，经营经验的获得，为了做大企业，会产生向其他行业扩张的冲动。一旦这种冲动转变为行动，就形成所谓多元化经营。企业的多元化经营主要有两种情形：相关行业多元化，如从酒店业进入旅游业，从房地产开发进入物业管理；非相关行业多元化，如从零售商业进入房地产业，从家电制造业进入证券业。

　　企业生存与发展的基础是主业。只有主业稳固，才有进入其他行业的可能性。所谓主业稳固，最起码的标志是，所从事的主业有一定的差别性优势，市场份额稳定。现在企业进入另一行业大多有两种考虑。其一，所从事的主业已经不行，进入另一行业的目的是形成新的主业。严格地说，这并不是什么多元化经营。其二，企业现从事的主业已经稳固，为了迅速扩张，获得发展先机，进入另一行业。这就需要做出科学的决策。然而，企业的有限资源到底用于夯实主业，还是进入其他行业发展，这一选择总是两难的。

　　企业多元化经营不乏成功案例。在关心这些案例的成果时，不该忽略这些案例共同的前提条件：进入另一行业的资本、人才和经验的充分准备，以及对该行业市场需求的准确把握。综观现有企业多元化经营不成功的案例，往往有一些"通病"：过高估计自身实力；人才、经验准备不足；对新进入市场的供求及走势把握不准；产业政策、行业规划的信息了解不够；等等。在现阶段体制转轨和发展水平下，企业的"体制病"和"素质病"是造成自身多元化经营失败的特殊原因。例如，"体制病"使企业行为短期化，把从事多元化经营视为"捞一把就走"的权宜之计，结果大多是没有"捞到一把"，却"蚀了一把"；又如，企业现有资源难以胜任多元化经营的要求，仅凭"自我感觉好"是不可能持久的，不少企业的多元化经营"红火"一阵子就"熄火"，就是例证。

　　企业怎样才能处理好主业化与多元化的关系呢？第一，应当告诫企业，对多元化经营不要抱太多的奢望，因为大多数企业在高度专业化的社会分工格局中，都只从事一个行业的生产经营，并在这个行业中提高实力、积累经验、谋求发展。第二，即使那些有实力进入多元化经营的大企业或企业集团，也必须谨慎行事，最好先从相关行业多元化开始，把外部市场纳入内部市场，以求得企业规模扩大的同时，效益得到相应提高。对非相关行业多元化要慎之又慎，将风险和困难估计得充分一些，并考虑和制定各种应对之策。第三，在体制改革进一步深化，资本市场进一步发育的条件下，企业应当调整多元化经营的思路。例如，变多元化经营为多元化投资。多元化投资一方面给企业以进入或退出的灵活性，另一方面能够降低进入成本。当然，和多元化经营一样，多元化投资也有风险，甚至可能更大，因此，要建立相应的风险防范机制。

主业化无疑是稳健的经营策略。多元化难道不应当稳健操作？百年企业的成功秘诀多种多样，但都会有一条：稳健。因此，企业的经营之道还是以稳健为好。

（原载于《解放日报》，2002 年 7 月 14 日）

经济学的复杂与简单

每次"经济学人圆桌会议"召开前，承办方都要和郑红、马海邻商量会议的主题，使其既符合媒体报道的需要，又和经济学人的专业要求相契合。我也和她们二位讨论过两次会议的主题。讨论过后，我总是会想到"经济学的复杂与简单"这个问题。现在，郑红和马海邻要我们参会次数较多的几个人各写一篇与"经济学人圆桌会议"有关的文章，我马上就想到了这个题目。

当经济学者在办公室或书房里，思考怎样提出假说或问题，并试图建立或运用数学模型，对这一问题进行验证，或建构一个理论框架，进行逻辑推理的时候，他们的工作是复杂的。当经济学者在接受媒体的采访，或在公共场合谈论某个经济话题时，他们首先应当记住的是：经济学的道理是简单的。唯有如此，他们才能出色地完成某一次采访，或使听众清楚地理解他的观点。一个负责任的经济学者应当同时做到这两点。这两点是否能推及其他学科，我没有把握。然而，我深知，对于一位经济学者来说，做到这两点是不那么容易的。

一、复杂，是为了研究做得规范

经济学的复杂，是指经济学的研究过程复杂。这是为了让经济学研究做得规范。

第一，能否提出问题（或提出假说，问题有时也是以假说的形式提出来的），与一个人的知识、经验积累情况有关，还与一个人的洞察力有关。前些年，我们经常将研究生的论文质量不高，归咎于他们对数学方法的掌握不足上。因此，老师们加强了学生的计量经济学、统计学和运筹学的训练。过了些年，我们发现，学生们的数学水平明显提高了，但论文的质量并没有相应地提高。显然，能否提出像样的问题是第一位的，方法也很重要，但与提出问题相比，是第二位的。

第二，提出问题的过程是和阅读文献紧密联系的。提的问题是否有质量，能否做下去，需要提问者通过大量阅读文献来加以证明。如果看文献发现这个问题已经被人提出或相似的问题已被提出过，并得到了相应的解决，那再去提这个问题并做研究就没有太大意义了。读文献是一项耗时巨大的工作，极需要耐心。现在的学者们、研究生们在这个环节上做得普遍不够，是不争的事实。我每年也总要参加几次硕士生、博士生的答辩，发现现在有些论文的文献主要来自网络，这当然没有什么不对，但我们所说的文献，大多指的是经典的原著和重要期刊发表的论文。

第三，对问题做出假设。任何问题以及相关主体的行为都有边界，假设就是给定这个边界，使我们在一定范围和情境中讨论问题。如果日后也有人对这个问题感兴趣或提出质疑，那他们也必须在这些设定的条件下与我们进行讨论。如果他修改了我们的假设，那讨论及相关的结论就另当别论了。现在经常发生的情况是，对讨论的问题没有做出假设，或假设不严格、不合理。所谓理论，是"一系列假设以及根据这些假设推出的作为对某些现象进行解释的结论"。因此，在某些假设下得到的结论，一旦当假设被修改，或取消了其中的一个假设，结论就会发生变化。这也就是所谓理论能够被证伪的原因。怎样做出假设，并使其具有合理性，也有着很大的学问。这里所谓的合理性，往往是指其是否比较贴近现实，即现实的合理性。

第四，决定对该问题通过选择模型进行验证，还是进行逻辑推理。以前，我们对经济问题的大部分研究，都是在一个理论框架内进行逻辑推理，其结论是在定性的基础上做出的。一方面，仅仅定性的结论缺乏经验实证的基础，其解释力和说服力有一定的局限性；另一方面，大部分经济学的问题需要用数据来描述其状态，并进行定量的检验、分析，以得出在若干假设下的结论。否则，我们很难判断研究结论的科学性、可靠性和确定性。当然，这里随之产生的问题是数据的准确性。在做模型研究时容易一些，相关统计数据可以从各种统计年鉴中获取。但做行为研究时，如何控制问卷调查的质量，以获得尽可能准确的数据，就要复杂一些。

第五，我们会得到一些结论。假说（包括以假说形式提出的问题）被证实或证伪的结论。例如，问题与引起该问题的因素间的相关性的结论。通常，在这些结论中隐含着价值判断以及政策建议。当然，研究者也可以对此进行必要的阐发。

沿着这几个步骤做，过程和方法是比较复杂的，但这是经济学的科学研究所要求的。

二、简单，用常识解释现象和问题

与其他学科一样，经济学的道理，即原理（principles）是简单的，或者说，是以简单的结构表达出来的。初学者和非经济学专业的人士能够通过阅读，或稍加解释即可理解。一般来说，越是结构简单的原理，其解释力就越强。美国著名经济学家曼昆的《经济学原理》的第一章，就是"经济学十大原理"。这是一位大师对博大精深的经济学的精彩概括。例如，其中的原理二：某种东西的成本是为了得到它而放弃的东西。这就告诉人们，因为资源是稀缺的、有限的，当我们把一种资源用于某种东西的生产，就意味着放弃了它的另一种用途。因此，为了得到某种东西而必须放弃的东西，就是所谓机会成本。这里，稀缺性、机会成本有着很强的解释力。这些简单的经济学道理，是我们居家生活或从事生产经营活动必备的常识。

常识即普通、平常的知识。常识是科学发现的成果，是知识体系的基础，是人类实践的结晶。大学是发现常识、还原常识和传播常识的地方。发现常识、传播常识比较好理解，还原常识是指：其一，大学的教授们要从一个个学科体系中提炼出若干个知识点（常识），并做必要的证明或验证，使学子们在把握常识的基础上理解该学科体系；其二，由于种种原因，常识有时被曲解、被误读，因此，大学的教授们有义务以各种方式为常识正名。还原常识的第一层意思就是深入浅出。这对教授们的要求是很高的。教授们往往擅长将简单的问题复杂化，即证明或验证某个知识点，而并不擅长将复杂的问题简单化，即在一个学科体系中提炼出常识，并用以正确地解释现象和问题。还原常识的第二层意思就是科学精神。这对教授们有另一方面的要求。因为这不仅需要精准的专业知识，还需要不唯书、不唯上的勇气。

前些日子在《文汇读书周报》看到一篇文章，是格非先生的《我们缺乏文学的常识》。格非先生说："我在学校教书跟学生有很多交流，我突然发现这个社会经过这么多年的变化以后，一些做专业文学研究的人，对文学的常识十分缺乏。"将这篇文章中的"文学"改为"经济学"，情形几乎是一样的。沈从文曾说过一段话，"所谓专家跟非专家只有一个很简单的区别：专家有常识，一般人没有常识"。他还说，"不管什么问题，一定要在一个常识的基础上来讨论才有意义"。这些关于常识的命题，是从学科、学术的层面提出来的。即使在现实生活中，许多常识性的问题也经常被弄得面目全非，以至于我们不得不面对这样难堪的事实：在科学昌明的今天，因违背常识、反常识而导致的事件、争论依然在发生。

当代社会发展很快，我们需要不断学习，充实自我，才能适应社会的需要。当我们做出每一个具体的行为时，不要被那些虚幻的、故作深奥的、个人意志的东西所左右。常识是规律、常理的反映。我们要遵循规律、服从常理。教授们在慷慨陈词时，记者们在激扬文字时，企业家在大胆决策时，不要忘了常识。这样做，也许会不那么出挑，不那么精彩，不那么张扬，但会比较科学，比较可靠，比较经得起时间的考验。

做发现常识的工作并确实有所发现的经济学者总是少数。大部分经济学者都是在传播常识、还原常识。经济学者在课堂、媒体或其他地方传播常识和还原常识时，要准确地把握经济学的基本问题，把握经济学的基本常识，不要把简单的东西复杂化，也不要省略必要的证明或验证环节，更不要偏离常识、曲解常识，甚至置常识于不顾。

三、游走于复杂与简单之间

上述关于经济学复杂与简单的阐述，也是一个简单的道理。但据我观察，在我国将两者区分清楚并有所遵循地游走于两者之间的经济学者并不是很多。这首先说明，现代经济学在中国还很年轻，无论是它的博大精深，还是生动有趣，我们对此都缺乏深刻的体悟。当然，应当承认，近些年来的进步是比较快的，我的那些年轻的同事们就比较懂得运用经济学的研究规范了；媒体上既能准确运用经济学常识，又能用生动语言解释经济社会现象的好文章也日渐增多。

"经济学人圆桌会议"是介于简单与复杂之间的。其简单的要求，来自我们的每次讨论都通过《解放日报》作专题报道，要让读者分享我们的观点；然而，毕竟是一群经济学者坐在一起讨论问题，比较专业的词汇，比较艰深的分析是难免的。关键之处就在于，如何有所遵循地游走于复杂与简单之间。有所遵循的基础是，受过现代经济学的训练，无论是在课堂里，还是通过自学，这很重要。我们大多有这样的经历，在讨论问题时，某个人的发言属于突发奇想，看起来很有想法，但深究起来既无学理基础，也无经验支持。这时，场面就比较尴尬了，因为对于问题的讨论缺少了共同的基础。有所遵循的条件是，不管你是否用规范的方法做出过什么成果，但你是了解经济学研究方法的规范的。也就是说，你是懂得"深入"的；对经济学的基本常识有比较完整、准确的把握，当你"浅出"时不至于偏离方向。

　　这里举一个从常识出发分析现实问题的例子。近期，我们比较关注世界石油价格的走势，因为这对各国经济增长，以及是否会出现比较严重的通货膨胀有直接的影响。的确，影响油价走势的因素有很多。但是，当一个经济学者来进行分析时，尤其是做中长期分析时，常识告诉他／她，首先要分析石油供求关系的变化。这一轮油价的上涨，来自需求的主要原因，是美国、日本和中国经济均出现了较快的经济增长，它们对石油的需求出现了较大幅度的增长；来自供给的主要原因，这几天也比较明朗了，石油输出国组织（OPEC）代表说他们的石油产量已经到了极限。经济学供求原理的常识告诉我们，在短期，当一种商品需求增加时，其价格会上升；在中长期，当一种商品需求增加，但供给并不能相应地增加时，其价格会上升。因此，这一轮石油价格上涨，不仅是短期的，而且是中长期的。这个分析的重要性还在于，它告诉我们，建立在石油中长期供求关系变化上的价格上涨，将形成石油新的均衡价格。据此，我估计，40美元左右的价格将会成为未来石油均衡价格的底线。前些时候人们估计的，油价将会回落至28美元左右的判断，也许是无法实现了。所有与此有关的战略规划和战略设想，都将据此进行重大调整和修改。

一个时期以来，有人并不基于石油供求的中长期分析，而将伊拉克战争、恐怖主义和对冲基金等因素作为影响油价的主要因素，得出了各种关于油价涨落的分析。尽管这些因素影响了这个时期石油价格的走势，但是，如果这些分析不以供求分析为基础，或与之结合，那就违背了经济学的常识。经济学将供求分析视为基础，就是强调它是分析价格变动的基本方法和工具。这个例子再次告诉我们，分析问题从常识出发是至关重要的。

中国经济学目前不成熟的一个表现是："上不着天，下不着地。""上不着天"，即该复杂的没有复杂，提出像样的问题，用规范的方法做的高水平研究成果不多；"下不着地"，即该简单的没有简单，用常识分析经济现象和现实问题，写出通俗易懂的好文章的也不多。在我们大量的刊物上发表的文章，从一开始就不是为了"天"，也不是为了"地"，而是为了自己：自己的职称，自己的答辩，自己的考核，抑或别的个人需求。这一状况的改变尚需时日，需要同志们一起努力。

（2005年10月）

Part 5

经济战"疫"

以经济常态化、政策超常态化
对冲全球疫情

日前，就新冠疫情，中央和国家有关部门结合经济运行的形势，做出了新的判断和决策。

2020年3月27日召开的中央政治局会议指出，国内外疫情防控和经济形势正在发生新的重大变化，境外疫情呈加速扩散蔓延态势，世界经济贸易增长受到严重冲击，我国疫情输入压力持续加大，经济发展特别是产业链恢复面临新的挑战。要因应国内外疫情防控新形势，及时完善我国疫情防控策略和应对举措，把重点放在外防输入、内防反弹上来，保持我国疫情防控形势持续向好态势。

据国家卫健委通报，截至2020年3月31日24时，31个省（自治区、直辖市）和新疆生产建设兵团现有确诊病例2 004例（含重症病例466例），现有疑似病例172例。另据美国约翰·霍普金斯大学发布的实时统计数据，截至北京时间2020年4月1日上午11时，全球新冠肺炎累计确诊病例超过85万例，累计死亡超过4.2万例。

或可大致判断，新冠疫情在我国本土的大范围传播已基本阻断，国内疫情防控已取得阶段性成效，但境外疫情仍呈加速蔓延态势。为此，下一阶段的工作重点是在疫情防控常态化条件下，加快恢复生产生活秩序。

首先要让经济社会活动常态化，重新激活中国经济的内生动力。其次，面对疫情对经济社会发展的严重冲击，要加大宏观经济政策的对冲力度。

最新公布的今年 3 月中国制造业 PMI（采购经理人指数）为52.0，非制造业 PMI 为 52.3，综合 PMI 为 53.0，均回到荣枯线以上，大大超出市场预期。这说明，中国经济的基本面是健康的，中国经济内在地具有充分的活力和巨大的动力，只是在遭遇重大疫情这个非经济因素的影响下，出现了短时间的急剧下降，尤其是来自外部的冲击，加大了这一下降程度和过程的不确定性。从 3 月份的PMI 可见，如果加快恢复生产生活秩序，在二季度使经济社会活动常态化，同时不考虑全球经济冲击，中国经济在下半年仍可保持一定水平的增长。

然而，眼下最大的难题是，世界经济贸易活动受到疫情的严重冲击，将对我国的出口造成严重影响。根据国家统计局数据显示，我国今年 1 月和 2 月的出口同比下降 15.9%。已经看到的预测是，4 月出口同比将呈现负增长 30%；有关模型预测，仅出口，今年至少拉低 GDP 3 个百分点。

今年 1 月和 2 月，社会消费品零售总额和固定资产投资（不含农户）的增速分别下降 20.5% 和 24.5%。可以预期，今年一季度消费、投资增速的降幅会缩小，并在二季度回到弱增长，在全年达到正增长；但出口增速下降会扩大，并且将在一个时期里持续扩大。这意味着，在国内需求和境外需求同时出现缺口时，即便现有政策稳住了国内需求，还需要超常态的政策措施补上国外需求这个硬缺口。

首先，2020 年 3 月 27 日召开的中央政治局会议已经指出，要抓紧研究提出积极应对的一揽子宏观政策措施，积极的财政政策要更加积极有为，稳健的货币政策要更加灵活适度，适当提高财政赤字率，保持流动性合理充裕。

实施更加积极有为的财政政策，或将提高今年的财政赤字率。笔者建议，通过发行特别国债和增加地方政府专项债券规模，财政赤字率可以从 2019 年的 2.8% 提高至今年的 4% 左右，主要用于包括"新基建"（以 5G 设施、特高压、城际高速铁路和城际轨道交通、充电桩、大数据中心、人工智能、工业互联网为主要内容）在内的投资，以及向占总人口 30% 左右的低收入人群发放现金津贴。至于更加灵活适度的货币政策，应当尽快推出降息措施，并根据保持流动性合理充裕的要求，继续降低尚有空间的准备金率，以及相机操作逆回购。

其次，在"六稳"（稳就业、稳金融、稳外贸、稳外资、稳投资、稳预期）中，"稳投资"具有基础性地位，对其他的"稳"，尤其是"稳就业""稳预期"有着最为直接的作用。现在，扩大投资，首推"新基建"领域，这无疑是正确的。但是，如果面对全社会的投资需求，我们还可以看到，绿色基础设施和公共服务基础设施也有很大的投资需求。我国绿色基础设施建设总体滞后，致使环境和生态污染形势仍然严峻。可在今后一个时期加大对包括污水处理、垃圾处理、集中供热、燃气供应与环境绿化等在内的城乡环保基础设施的投资。

疫情暴露了公共卫生体系"软""硬"两个方面的短板。"软"的短板主要是应急反应滞后，这是一个深化改革的课题。"硬"的短板就是公共服务基础产业，尤其是其中的公共卫生基础设施。公共服务基础产业主要包括卫生、医疗、教育、文化、体育和社区服务设施等。从疫情暴露的问题中，可以发现其中诸多投资需求。通过发行特别国债和地方政府专项债券，拉动多方面的社会资金，扩大数字基础设施、绿色基础设施和公共服务基础设施的投资规模，将在对冲全球经济下行中起到至关重要的作用。

最后，在有着 14 亿人口的中国，保持消费需求的稳定增长，对经济增长有着全局性意义。消费是收入的函数。在新冠疫情的影响下，广大低收入和中低收入人口已经受到来自就业和收入下降的双重压力。为此，笔者呼吁，中央政府应通过特别国债募集的部分资金，向占总人口 30% 左右的低收入人群发放现金津贴。因为这个人群的边际消费倾向高，现金津贴既可纾解他们的生活困难，又能够显著拉动消费。已有多个城市的地方政府通过发放消费券拉动地方消费。同时，应鼓励更多的地方政府，根据当地经济的特点，合理设计消费券的券种和发放规则，以期产生积极的促进消费的作用。

对冲增长下行，包括全球疫情带来的增长下行，最终需要通过深化改革和创新驱动，激发市场主体的积极性和能动性。在深化改革方面，要继续完善和优化营商环境，进一步减税降负；在创新驱动方面，要从优化创新生态、产业生态和提高产业链水平等方面入手，以创新带动高质量发展，并通过有效的金融支持，提高创新的效率和质量。

唯有如此，中国的经济增长才能获得源源不断的内在动力。

（原载于澎湃新闻，2020 年 4 月 2 日）

疫情后,防范债务危机将成为要事

　　新冠疫情暴发生后,各国政府纷纷加大社会救助、经济刺激的力度,以保证民生和社会经济稳定。中国政府表示,积极的财政政策要更加积极有为,稳健的货币政策要更加灵活适度,适当提高财政赤字率,保持流动性合理充裕。因此,财政政策和货币政策协同并举,为社会救助、经济刺激以及防控疫情提供尽可能充足的"粮草"。

　　面对一个超大的"黑天鹅",这些措施的必要性毋庸置疑,哪怕有些用力过猛也情有可原。但接下来一个无法回避的问题是:赤字率、债务率超出警戒线该怎么办?

一、中国目前的债务水平、结构与特点

　　近日央行公布数据显示,截至 2020 年 3 月,我国的本外币贷款余额已达到 165.97 万亿元。贷款是社会各界最主要的负债,但并不是全部。我国社会各类主体的债务总额已超过 290 万亿元,是

2019 年 GDP 总量的 2.9 倍。这 296.12 万亿的债务，谁的负债最多，其结构如何，如表 1 所示。

表 1 中国各类主体的债务状况

主　体	金额（万亿元）/占比（%）	其中：	金额（万亿元）
政府	39.31/13.28	中央政府债券余额	16.65
		地方政府债券余额	22.66
企（事）业单位	152.81/51.60	债券余额	25.21
		贷款余额	124.23
		未贴现的银行承兑汇票	3.36
家庭（个人）	56.53/19.09	金融机构的个人贷款余额	56.53
		民间借贷	暂不计入
银行类金融机构	47.47/16.03	金融债券余额	36.67
		银行向央行的借款	10.8
合计	296.12/100		

注：政府、企（事）业单位和家庭部门债务为 2020 年 3 月份的数据，银行类金融机构债务为 2020 年 2 月份的数据，存款余额 206.42 万亿元暂未列入银行债务项目。

在我国各类负债来源中，以贷款和债券最为主要；负债主体则为政府、企（事）业单位和家庭。我国的政府负债基本上都是来自政府发行且尚未偿还的债券，包括国债和地方政府债券。

从央行公布的数据来看，2020 年 3 月，我国的政府债券余额为 39.31 万亿元，其中，中央政府债券为 16.65 万亿元左右，地方政府债券为 22.66 万亿元左右。与发达国家相比，我国政府的负债水平并不算高，不到 GDP 总量的 40%。所以，政府不是我国负债最高的部门，但未来数月政府负债会有较快的增长。

我国的企业债务除了未偿还债券外，主要是来自金融机构的贷款。截至 2020 年 3 月份，企业的债券余额为 25.21 万亿元，人民币贷款已超过 100 万亿元，达到 102.31 万亿元，还有非银行金融机构的贷款余额为 8 000 亿元左右。此外，还有外币贷款、委托贷款、信托贷款，这几类贷款加起来达到 21.12 万亿元；未贴现的银行承兑汇票也是企业债务之一，这部分的总额约为 3.36 万亿元。因此，企业总债务余额达到了 152.81 万亿元，是我国 GDP 总量的 1.5 倍左右，超过我国总债务的 50%。可见，我国欠债最多的主体是企（事）业单位。

我国的家庭债务基本来自金融机构的贷款。从央行公布的数据显示，2020 年 3 月份金融机构的家庭部门贷款余额为 56.53 万亿元左右，比企业债务要少很多，但高于政府债务总额。在个人的贷款余额中，有近一半是房贷。不过，家庭从金融机构的贷款只是其债务的一部分，还有来自民间信贷的债务。这部分债务就不好统计了。

除了以上三类主要的债务主体及它们的债务余额外，还有一类比较特殊的债务主体，那就是银行类金融机构。如果不把存款看作是银行的债务，那么，银行的债务就主要来自银行的金融债和向央行的借款。数据显示，2020 年 2 月份，我国的金融债券余额为 36.67 万亿元，银行向央行的借款在 10.8 万亿元左右，加起来为

47.47 万亿元。如果要把存款也看成银行的债务，那就多了，我国的存款余额已经达到 206.42 万亿元。

政府、企业和个人在银行的存款，本质上不是一种借贷关系。不过，有银行人士说，不同类型的存款，其属性还是有区别的。

在我国的债务结构中，债务余额最高的是企（事）业单位，其次为家庭部门债务，政府债务最低。不过，在中国有一个与政府债务有关的不能回避的问题，那就是政府对国有企业，尤其是融资平台公司债务的相关责任。从 2015 年 1 月 1 日起实施的新修订的《中华人民共和国预算法》明确，地方国有企业（包括融资平台公司）举借的债务依法不属于政府债务，其举借的债务由国有企业负责偿还，地方政府不承担偿还责任；地方政府作为出资人，在出资范围内承担有限责任。此前的问题怎么办，承担有限责任的具体情况又异常复杂，这些都正在实践中慢慢消化和解决。

美国疫情大流行造成的影响是多方面的，并将在未来逐步显现出来。目前可以明确的是：政府、企业和家庭部门将承受大量新增债务。飙涨的债务将长期影响政府和经济部门的运行方式，并给随后的经济扩张带来层层压力。就像在 2007 年的次贷危机，到 2008 年演变为金融危机，再到 2010 年欧洲爆发主权债务危机以后，深刻分析了美国及全球经济状况的经济学家们，都不无忧虑地指出，无论下一次金融危机何时爆发，它都将与债务（率）高企有关。

那么，与美国相比，中国各主体债务及结构有什么特点？

据美国财政部公布的数据显示，2019 财年，美国的国家债务新增 1.2 万亿美元，达到创纪录的 22.72 万亿美元，相当于本财年

GDP 的 106.5%。2020 年 3 月 1 日，美国的国家债务上升到 23.69 万亿美元。此后，特朗普宣布 2 万亿美元的经济救助计划，以及失业保险等支出的增加，个人收入和企业利润下降导致的税收下降，美国政府债务在未来几个月将猛增。《福布斯》数据显示，如果加上中小企业、家族企业和其他未上市企业的债务，截至 2019 年 9 月底，美国企业的债务总额为 15.5 万亿美元，占美国 GDP 的 74%，超过了美国家庭未偿还债务总额（13.95 万亿美元）。在美国家庭债务中，住房抵押贷款占到家庭总债务的 2/3，其次是学生贷款，占家庭总债务的 11%。

由此可见，中国债务的特点是：第一，企业债务居首，占社会全部债务总额的 51.6%，为 GDP 的 1.5 倍，高出美国的一倍。这一方面与中美金融结构的差异有关；另一方面也表明，中国企业的债务水平，尤其是部分国有企业的资产负债率已大大超过银行的警戒线，甚至达到破产的水平。这是值得高度关注的问题。第二，政府债务在社会全部债务中占比最低，为 13.08%；债务率（政府债务余额/GDP）为 40%，远低于 60% 的警戒线水平。与美国政府债务相当于 GDP 的近 1.1 倍相比，中国政府债务更是属于低水平。大家知道，美国政府的高负债是建立在美元主导世界货币体系基础上的，是其他任何国家都无法借鉴和比较的。因此，在疫情空前严重地冲击经济的背景下，我国中央政府还有一定的举债空间，这是很难得的。第三，家庭债务占社会全部债务总额的近 20%，占 GDP 的比重已超过 50%，已是一个不低的水平。近 10 年以来，这块债务增长较快，尤其是其中的消费贷。同时，借贷人年轻化，风险集聚较快。

二、疫情后防范发生债务危机的具体建议

到目前为止，中国并不存在系统性债务风险，也就不存在爆发全局性债务危机的可能。但是，受疫情后政府财政收入、企业营业收入和个人收入下降的影响，地方政府、企业和家庭债务发生违约的可能性大大增加，进而产生非系统性债务风险，甚至引发区域性债务危机的可能性是存在的。这是必须引起高度关注的。为此，笔者提出三个方面的建议。

第一，把钱用在刀刃上，以有限的资金保民生、保小微企业，进而保稳定。这样在疫情后，就有条件激发中国经济强大的内生动力，求得重回创新驱动、转型发展的正常轨道。

在现有的、可实施的多个政策选项中，首推社会救助政策。社会救助政策的目标是社会稳定和社会公平，这正是当下所迫切需要的。社会救助是国家社会保障体系的组成部分。在一般情况下，社会救助政策是国家和社会对由于各种原因陷入生存困境的公民，给予财物接济和生活扶助，以保障其最低生活需要的政策。在特殊情况下，如在当前遭受重大疫情冲击的情况下，社会救助政策中的"公民"，应包括企业公民。这里的企业主要指小微企业。除最低生活需要之外，还应包括最低生产需要。必须特别强调的是，这是非常时期的非常之举。社会救助运用精准"滴灌"的方法，用钱少、效果好、见效快；不同于货币政策的量化宽松和财政政策的政府举

债，社会救助资金来自国家财政预算，属转移支付性质，不存在回收问题，故基本没有后遗症。

特别需要指出的是，中国经济的基本面是健康的，我们对中国经济的未来是有信心的。因此，我们完全有理由相信，只要大批有发展潜力的小企业存活下来了，广大低收入和中低收入群体的信心稳住了，疫情后中国经济的元气会很快得到恢复，并继续向着高质量发展的目标前行。

第二，制度建设和深化改革。实施社会救助政策的资金来源是积极的财政政策，即通过提高赤字率，发行特别国债筹集资金。在既要常态化防控疫情，又要加快恢复生产生活秩序的情况下，需要花钱的地方很多，更需要强调政府过紧日子。实施社会救助政策和政府过紧日子，都涉及制度建设和深化改革。

人们不难理解，在收入财产申报制度缺位的情况下，实施大范围的以现金津贴为主要内容的社会救助，是有很大困难的，弄得不好，还会产生花钱反倒引起部分社会群体不满的问题。这也可能是政府目前对实施家庭现金津贴措施的忧虑。

要解决上述两个问题，一是要加快建立收入财产申报制度。在房屋、股票、债券和银行账户等均已基本实名制的情况下，在信息技术手段完全可以保障的前提下，推进建立收入财产申报制度应该是可以在较短时间内做到的。现在可以说是一个很好的时间窗口。二是要继续深化政府机构和职能转变的改革，同时，推出升级版的"八项规定"，进一步加大政府减少行政支出的力度，以提高实施积极的财政政策的效果。

第三，当然是开源的问题。在疫情防控常态化的同时，加快恢复正常的生产生活秩序，使经济活动常态化成为现阶段的主要矛盾。

今年第一季度，第二产业增加值下降 9.6%，在三大产业中居于首位，是超出市场预期的。由此说明，在高复工率的背后，复产情况不尽如人意，主要原因是订单量的急剧减少，尤其是疫情在全球蔓延后，出口订单瞬间消失。

疫情对经济的最主要影响是活动限制，进而导致经济停摆。疫情防控常态化后，如果说制造业主要通过复工复产，逐步恢复生产秩序，那么，服务业就需要居民生活和机构活动常态化，才能得以实现。

推动各行各业复苏，加快发展以数字产业为支撑的在线新经济，改变企业的现金流状况，在企业营业收入和利润实现增长的前提下，使社会整体税收收入得到增长，能够从根本上防范发生债务危机。

（原载于经济观察网，2020 年 4 月 18 日）

后疫情时期中国将出现的
三个重要"加快"

新冠疫情发生后，全球各国都会出现因疫情冲击引起的各种变化，有关的分析、预见的文章已经很多。笔者认为，疫情后，我国将出现三个"加快"：加快制度建设，加快深化改革，加快新经济发展。

一、加快收入财产申报制度的建设

在疫情全球蔓延、不确定性较大的情况下，党中央、国务院对当前经济提出的总体要求是，稳住经济基本盘，政策要以救助、纾困为主，以需求刺激为辅。

疫情暴发以来，党中央、国务院已经出台一系列与社会救助有关的政策，涉及疫情防控期间困难群众兜底保障、强化稳就业举措和阶段性价格临时补贴等措施，以及有关企业免征部分行政事业性收费和政府性基金、采取支持性两部制电价政策降低企业用电成本等措施。

必须看到，我们现在的社会救助政策及措施，普遍存在受救助面窄、救助标准低、发放周期长的现象。也许在常态条件下，这些问题并不是问题，或者不会造成太大影响。但在如此严重的疫情冲击下，进城务工人员和其他低收入群体暂时失去经济来源或收入锐减，需要社会救助加大力度、扩大外延时，矛盾和问题就凸显出来。因此，在正在执行的社会救助政策的基础上，根据疫情冲击的特点，研究实施更大范围、更大力度的社会救助政策，如发放现金津贴，几乎成为全社会的共识。

为什么这项在许多国家和地区都已经采取的措施，在我国却迟迟未见推出呢？一个很重要的直接原因是难以确定发放范围。当然，一如有专家建议的，也和其他国家和地区一样，人人（家庭）都有一份，或者像中国香港，18周岁以上的永久居民一人一份，就不存在发放范围的问题了。然而，要向14亿人口，4亿多个家庭逐一发放，这种方式的工作量确实太大。

笔者相信，中国政府肯定考虑过发放现金津贴这个政策选项。但一人一份、数额有限，解决不了特别困难人群的问题；专门给低收入和部分中低收入人群发，范围如何确定？有专家建议，给月工资8 000元以下，或个税起征点5 000元以下的人群发。但问题仍然没有解决。其一，广大农民月工资的统计数据难以获取；其二，自谋职业和"打零工"的人群的工资统计数据难以获取，弄得不好，会产生花钱反倒惹出麻烦，引起部分社会群体的不满。这可能就是中国政府未实施现金津贴的原因所在。

反过来问，在什么情况下可以确定发放范围？答案可能是唯一的，即建立收入财产申报制度。当前无法确定现金津贴发放范围的根本原因是我们还没有建立公民收入财产申报制度。尽管对现在发放社会救助的现金津贴，收入财产申报制度是远水不解近渴，但这个制度是现代国家必备的，而且已经到了不能再久拖不决的时候。

2013年，党的十八届三中全会提出全面深化改革的总目标，是完善和发展中国特色社会主义制度，推进国家治理体系和治理能力现代化。同时，全会还决定，到2020年，在重要领域和关键环节改革上取得决定性成果，完成本决定提出的改革任务，形成系统完备、科学规范、运行有效的制度体系，使各方面制度更加成熟、更加定型。

在这个作为国家治理基础的制度体系中，收入财产申报制度是一项不可或缺的制度。为此，全会后不久，国务院就着手制定《不动产登记暂行条例》，并在2014年11月发布，2015年3月起施行。

不动产登记再加上动产登记，大致就形成了收入财产申报制度的框架。在房屋实行不动产登记，股票、债券和银行账户等均已基本实名制的情况下，在信息技术手段完全可以保障的前提下，推进建立收入财产申报制度，可以在较短时间内做到。现在应该是一个很好的时间窗口。

必须指出的是，在坊间，对收入财产申报制度有误解和误读。例如，有人认为收入财产申报制度主要是针对反腐败的。这是很大的误解。收入财产申报制度是面向全体公民的，其主要作用是确保足额纳税和退税，确保公共服务的有效提供。就像要对低收入群体提供现金津贴的社会救助时，收入财产申报就会告诉我们，这个群体在哪里以及有多少人。至于其在反腐败方面的作用，在需要时可以提供当事人贪腐的线索或证据。又如，有不少人对我国建立收入财产申报制度比较悲观，甚至认为不可能。必须承认，建立这个制度的难度确实很大，但党中央、国务院一直在推进这项制度建设，疫情也在倒逼其适时出台。所以，发布并施行收入财产申报制度只是一个时间问题。

二、加快深化政府职能和机构改革

政府职能和机构改革，是全面深化改革的重要组成部分。疫情对政府职能和机构改革提出了两点要求。首先，从补公共卫生短板的角度，提出了政府职能如何进一步转变并准确到位的问题。其次，在政府财政收支压力加大的背景下，提出了政府运作成本和效率的问题。

2020 年 2 月 14 日，习近平总书记在主持召开中央深改委第十二次会议时强调，要放眼长远，总结经验、吸取教训，针对这次疫情暴露出来的短板和不足，抓紧补短板、堵漏洞、强弱项，该坚持的坚持，该完善的完善，该建立的建立，该落实的落实，完善重大疫情防控体制机制，健全国家公共卫生应急管理体系。

自新冠疫情发生以来，关于公共卫生体系的改革与重建，受到社会各界的高度关注。在中国工程院院士钟南山看来，"这次疫情暴露的短板就是疾控中心地位太低了，只是卫健委领导下的技术部门，疾控中心的特殊地位没有得到足够的重视"。

笔者也看到将各级疾控中心从事业单位改制为行政机构，以及有关加强包括疾控中心在内的公共卫生体系建设的很多建议。这就是政府职能的"加减法"，减少经济建设领域、行政管理领域的职能，加强社会、生态与公共领域的职能。这已经是一个基本方向，由此再进行政府机构的调整与改革。

日前，中共中央、国务院公布《关于构建更加完善的要素市场化配置体制机制的意见》。这个意见是在 2019 年 11 月中央深改委第十一次会议上讨论通过的，但在疫情期间向全社会公布，颇具深意。这再次彰显党中央、国务院深化以处理好政府与市场关系为主要内容的经济体制改革，坚持"使市场在资源配置中起决定性作用，更好发挥政府作用"重要原则的决心。从商品市场化到要素市场化，市场在资源配置中的决定性作用就将得到完整体现。这份文件从土地要素市场、劳动力（人力资本）要素市场、资本要素市场、技术要素市场、数据要素市场，以及要素价格市场化、运行机制和组织保障等方面，提出了构想和意见，对于完善社会主义市场经济体制，转变政府在经济领域的职能将起到关键性作用。

发生如此严重的疫情冲击，政府的财政收入受到影响，但各项支出却大幅增加。这就提出了上述第二个问题。到目前为止，中国并不存在系统性债务风险，也就不存在爆发全局性债务危机的可能。但受疫情后政府财政收入、企业营业收入和个人收入下降的影响，地方政府、企业和家庭债务发生违约的可能性大大增加，进而产生非系统性债务风险，甚至引发区域性债务危机的可能性是存在的。

我国政府债务占社会全部债务的比重为 13.08%，在三大债务主体中占比最低；债务率（政府债务余额 /GDP）为 40%，远低于 60% 的警戒线水平。与美国政府债务相当于 GDP 的近 1.1 倍相比，中国政府债务更是属于低水平。大家知道，美国政府的高负债是建立在美元主导世界货币体系基础上的，是其他任何国家都无法借鉴和比较的。

因此，在疫情空前严重地冲击经济的背景下，我国中央政府还有一定的举债空间。因此，一方面，我们要把钱用在刀刃上，以有限的资金保民生、保小微企业，进而保稳定。这样，在疫情后，就有条件激发中国经济强大的内生动力，求得重回创新驱动、转型发展的正常轨道。另一方面，通过继续深化政府机构和职能转变改革，找到更多政府减少支出的可能性。同时，推出升级版的"八项规定"，进一步加大政府减少行政支出的力度，以提高实施积极的财政政策的效果。

政府的主要职能是提供各种公共服务。在产生公共服务成本的同时，也会产生组织的费用。但如何尽可能降低组织自身的支出，将有限的资源更多地用于提供公共服务，就这个投入产出关系而言，政府和企业是一样的。

我们提出政府运作成本和效率的问题，就是设想在财政收支压力加大的背景下，以政府改革为契机，缓解这一压力。这也有着较大的空间。

三、加快战略性新兴产业的发展

所谓新经济，其内涵主要是指战略性新兴产业。在《国民经济和社会发展第十二个五年规划纲要》（简称"十二五"规划）中，正式出现了战略性新兴产业的提法。"十二五"规划指出："以重大技术突破和重大发展需求为基础，促进新兴科技与新兴产业深度融合，在继续做强做大高技术产业基础上，把战略性新兴产业培育发展成为先导性、支柱性产业。"可见，战略性新兴产业是继提出高技术产业后，对头部产业发展做出的新概括。"十二五"规划要求，"大力发展节能环保、新一代信息技术、生物、高端装备制造、新能源、新材料、新能源汽车等战略性新兴产业"。这7个产业系首次提出的战略性新兴产业。"十三五"规划在"十二五"规划的基础上，增加了数字创意产业，并将它们整合为新一代信息技术、新能源汽车、生物技术、绿色低碳（节能环保与新能源）、高端装备与材料（高端装备制造与新材料）、数字创意6个产业领域。

2018年，国家统计局发布《战略性新兴产业分类（2018）》，又加入了相关新兴服务业（领域），可称为九大战略性新兴产业，或七大战略性新兴产业领域。2020年是"十三五"规划的最后一年，2021年将开始国民经济和社会发展第十四个五年规划。可以肯定的是，在"十四五"规划中，战略性新兴产业将会增加新的内容，也可能有新的概括。

在中国经济创新驱动、转型发展的进程中，战略性新兴产业的提出具有里程碑意义。这些产业集中体现了如下四个特征：其一，高科技含量。战略性新兴产业在内涵上与高技术产业是一致的。其二，先导性、支柱性。战略性新兴产业对产业转型升级具有先导性；对经济社会发展具有支柱性。其三，能够满足重大需求。一如党的十九大报告对社会主要矛盾的概括，战略性新兴产业将通过改变产业发展不平衡不充分的现状，满足人民日益增长的美好生活需要。其四，高成长性。在"十二五"规划末期（2015 年），战略性新兴产业增加值占 GDP 的比重为 8%。2018 年，战略性新兴产业占规模以上工业增加值的比重超过 19%，占规模以上服务业主营收入的比重超过 25%，所以，九大战略性新兴产业占 GDP 的比重目前已超过 20%。2010—2018 年，全国战略性新兴产业增加值年均增长 17.1%，比规模以上工业增加值多 8.7 个百分点，比 GDP 增长率多 9.6 个百分点。

近 10 年来，中国经济能够保持年均 7.5% 的中高速增长，在很大程度上得益于九大战略性新兴产业年均 17.1% 的高速增长。正是这一高速增长在很大程度上对冲了增长整体下行的压力。

战略性新兴产业对国民经济的引领作用表现在以下四个方面：其一，做大经济增量，包括产出和就业。其二，推动产业转型升级，经济高质量发展。其三，延伸产业链和价值链。其四，产生新的科技研发需求。

需要特别指出的是，战略性新兴产业会在某个重大危机后得到爆发式发展，并在化危为机中起到积极作用。发生在我国的最近的例子，就是 2003 年"非典"后"互联网 +"产业的迅速发展。

到目前为止，几乎所有消费行业都加入互联网化。在新冠疫情发生后的 3 个多月中，我们看到，在 5G 技术的支持下，物联网、远程医疗、视频会议与在线办公等技术，已经并将继续得到迅速发展。从互联网化到数字化，其中蕴藏着化危为机的各种可能性。

（原载于经济观察网，2020 年 4 月 23 日）

决策思维中"最不坏的选择"

什么是最不坏的选择？说白了，就是没有比它更好的选择。在经济学或博弈论中，就是次优选择。为什么最优选择不存在？经济学的回答是，找最优选择太贵。也就是，成本太高，机会成本高，财务成本也很高，高到时间、人力和财力都耗不起。次优选择的经济学意义，在于以有限的资源获得次优但仍然让人满意的结果。博弈论中的"囚徒困境"表明，我们往往被迫做次优选择，以得到最佳结果，这时候的次优选择实际上是最优选择。博弈论还告诉我们，在不考虑对手策略的情况下，最优选择往往会导致最差的结果。

经济活动就是投入产出的活动，也就是资源配置的活动。迄今为止，人类社会有过两种资源配置方式，即市场经济和计划经济。计划经济体制以不承认、不允许商品交换为前提，实行集中决策的资源配置。在市场经济的实践中，人们也发现了诸多矛盾、问题，甚至危机。当然，有些危机是人的错误决策和市场经济矛盾交织在一起产生的。经济学理论上还概括了一个词，叫市场缺陷，指出市场在哪些情况下失去效率。但是，好坏都是比较出来的。"市场经济是最不坏的选择"，在绝大部分经济学家和政府部门那里，都坚定不移地相信了、实践了。就在全球新冠疫情蔓延的当口，中共中央、国务院发布《关于构建更加完善的要素市场化配置体制机制的意见》，彰显坚持完善社会主义市场经济体制的决心和信心。

自新冠疫情暴发以来，关于国际关系，尤其是中国和美国关系一直争议不断，可以说的事太多，笔者挑其中两件说。笔者基本同意《环球时报》一篇文章的观点："美国对华态度改变的最大推动力是中美实力格局的不断变化，美方不接受中国成为与之并驾齐驱平等力量的可能性，这是最根本的。"但是，接下来怎么办？对着干，不合作了？这完全不符合中国几代领导人关于中美关系的战略构想，也完全不符合中国人民一贯以来和平发展、构建人类命运共同体的愿望，更不符合实现中华民族伟大复兴的中国梦的现实需要。在处理国家间关系时，合作或许不是最好的选择，但一定是最不坏的选择。

大量的事实告诉我们，在中美共同抗"疫"的过程中，两国的专家、医院和民间组织进行了卓有成效的合作。中美关系是中美两国数代老百姓和领导人缔造起来的，它经历过历史的考验。在现实的国际关系中，"合作是最不坏的选择"。这是处理包括中美关系在内的国际关系的基本原则。崔天凯大使说，"我们要确保一个有利于两国合作的舆论民意氛围"。这就是以上原则的一个具体要求。

　　疫情发生后，难免发生国家间债务违约。有人借题发挥，质疑以前的国际合作，包括和非洲国家的合作。任何决策都要在某个时点做出，也都不可能没有风险。疫情后可能发生一些债务违约，那也不能说我们的国际合作战略错了。继续坚持构建人类命运共同体，推动和世界各国的紧密合作，是"最不坏的选择"，也是不二的选择。现在人们常说底线思维，"最不坏的选择"就是底线思维的方法论支持。

（原载于《南风窗》，2020 年第 9 期）

重思人与自然

人类和自然界是什么关系？2020 年的这场新冠疫情，把这个答案原本是常识的问题，再一次提了出来。现时，把常识搅得似是而非，甚至面目全非，已经不鲜见了。但正本清源始终不能缺席。这里有两个常识：人类是自然界的一部分；人类是自然进化的结果。由此可见，人类和自然界存在这样一种关系：自然界对于人类，永远存在没有被发现的东西；人类对于自然界，永远要有敬畏、遵从之心。

导致这场疫情的病毒源于哪里？需要运用科学技术手段，进行流行病学调查，进而追踪溯源，给我们一个答案。但现在基本可以排除的是，它不来自实验室，更不是阴谋论所说的，是人为的实验室泄漏。所以，在大的方向上，可以比较肯定地说，病毒的传播和人类没有处理好与自然界的关系有关。已经查明的 2003 年 SARS 病毒的源头就与此有关。人类为什么屡屡没有处理好与自然界的关系，原因是多方面的。但最为本质的可能是信息问题。本文从这个角度，做两点分析。

　　其一,"信息不对称"。信息不对称是一个经济学的专业术语,说的是交易中的各主体拥有的信息不同。在社会政治、经济等活动中,一些成员拥有其他成员无法拥有的信息,由此造成信息不对称。人类与自然界本不存在经济学意义上的信息不对称问题,但在唯意志论、唯科学主义的作用下,人类似乎成为信息优势的一方。这是不符合上述的人类与自然界关系的。

　　今天的人类,通过掌握的科学技术,"逢山开路、遇水搭桥",征服自然于股掌之间。工业革命以后的 200 多年,人类在取得生产力巨大进步的同时,对于自然界的破坏和伤害有目共睹。这无论如何与人类意志的膨胀,总是企图凌驾于自然界之上有关。唯科学主义的一个观念是,"科学可以用作一个全面的信仰系统,赋予生命意义,使人安宁,使人获得道德上的满足,甚至使人产生不朽的感觉"。事实果真如此吗?其实不然。唯科学主义最严重的后果,就是会纵容某些人以科学技术的名义做法律不允、道德不容的事情。例如,用技术编辑基因"造人",人类社会的伦理纲常将情何以堪?

　　其二,信息泛滥,常识失灵。新冠病毒疫情空前严重、空前复杂,因此,各方的关注度极高,各种相关信息不胫而走。这原本属于正常现象。但是,"信息失去效用之后就成了混乱之源,而不是秩序之源"。这句话是著名媒介理论家和批评家尼尔·波兹曼在他的《技术垄断:文化向技术投降》一书中说的,今天被不幸言中。该书译者何道宽先生在"译者前言"中解释了技术垄断的现实威胁,他说:"信息的失控、泛滥、委琐化和泡沫化使世界难以把握。人可能沦为信息的奴隶,可能会被无序信息的汪洋大海淹死。"这大致反映了我们今天的境况，也就出现了前面说到的，"把常识搅得似是而非，甚至面目全非"，进而颠倒人类与自然界的关系，造成包括瘟疫在内的各种社会灾难。

自然界是人类的始祖，人类的"上帝"。在自然界面前，人类需要秉持的基本态度是敬畏、谦卑。对于自然界，我们还有许多未知，即"信息不对称"——人类对自然界并不拥有信息优势。我们需要不断探索未知，但断不能在太多不确定性条件下，去做"人定胜天"的事情。这是要遭报应的，可能就在当下，有些说不准在什么时候就让我们付"学费"，一如公共卫生危机。所以，还是一句老话，"积跬步以至千里"，行稳才能致远。

（原载于《南风窗》，2020 年第 10 期）

中国经济"韧劲"的一次大考

2008年金融危机爆发，人们说，那是自20世纪30年代经济大萧条以来最大的危机。我们运用宏观经济政策加快转型发展，不仅安然渡过危机，而且使中国经济进入新常态，开启创新驱动发展的新模式。2018年4月，中美贸易摩擦来势汹汹，我们沉着应对，将它对中国经济的伤害降低到最低限度。

2020年一开年，新冠疫情突如其来。尽管我国的疫情防控已经取得阶段性胜利，但是，疫情仍然在全球蔓延，它对中国经济、全球经济的影响到底有多大，尚难预料。不过，从今年3月份以来的经济数据和活动恢复情况看，中国经济正在重现生机与活力，长期向好的趋势未有改变。由此，人们常用"韧劲"来概括中国经济的一大特点。

何谓韧劲？韧劲是物理学概念，表示材料在塑性变形和破裂过程中吸收能量的能力。韧性越好，则发生脆性断裂的可能性越小。将这个概念用于经济活动，通常是用来衡量经济体抗波动、抗风险和抗危机的能力。在风险和危机的冲击下，经济仍然能够逆势增长和发展，就被认为有韧劲。

中国经济的韧劲源于哪里？以往看到一些关于这个问题的讨论，集中在关于中国国情讨论的方面。例如，人口多、市场大，潜力无穷；地域辽阔，且发展不平衡，常常会"东方不亮西方亮"等。这些看法都有一定的道理。本文侧重于讨论体制和政策，讨论改革开放以来，中国经济的韧劲是怎样产生并起作用的。

其一，中国经济的韧劲源于中国特有的体制优势。在经济或非经济因素的影响下，经济运行发生较大的波动，甚至遭遇系统性风险，此时，非常考验一国政府的应对能力。这种能力是建立在现有体制基础上的。以这次疫情冲击为例。从防治、防控疫情的全局来看，充分彰显了我国的体制优势。党和政府集中统一领导，有效动员和组织资源；政令畅通，集中优势"兵力"围剿疫情；部门联动，对口支援，高效执行。当经济、社会受到严重冲击时，党和政府能够"挽狂澜于既倒"，是体制优势的集中表现。一旦波动回稳，风险淡去，危机化解，经济社会就会回到正常状态并蓄势前行。

其二，中国经济的韧劲源于坚持市场化改革。始于1978年末的改革，尽管到1992年党的十四大，才确立建立社会主义市场经济体制的改革目标，但从改革肇始，就以逐步引入市场和市场机制为主线，奠定了市场化改革的导向。在这40多年中，市场化的进程不是一帆风顺的，其间遇到过风风雨雨，但我们坚持了这个改革方向。走到今天，我们发现，这是中国这40多年经济发展的最大动力源之一。就在疫情全面暴发的这段日子，中共中央、国务院先后发布《关于构建更加完善的要素市场化配置体制机制的意见》《关于新时代加快完善社会主义市场经济体制的意见》，再次表明了中国共产党和中国政府坚持市场化改革的坚定决心。

其三，中国经济的韧劲源于坚持高水平开放。从中国先后建立7个经济特区，确定14个沿海开放城市，到始于浦东新区的19个国家级新区，再到已经成立的18个自由贸易试验区，开放的空间不断扩大；从贸易、投资到金融，开放的领域不断扩大。开放伊始，我们就站在高起点上。2018年，习近平总书记在首届进博会上指出："中国推动更高水平开放的脚步不会停滞！中国推动建设开放型世界经济的脚步不会停滞！中国推动构建人类命运共同体的脚步不会停滞！"他指出："举办中国国际进口博览会，是中国着眼于推动新一轮高水平对外开放作出的重大决策，是中国主动向世界开放市场的重大举措。"开放是我们获得增量，并为世界作出贡献的主要途径；高水平开放，我们能够获得高质量的增量，同时为世界作出更大的贡献。以开放促改革，是40多年来，我们的一条基本经验。

其四，中国经济的韧劲源于坚持内生化发展。改革是从计划经济体制向市场经济体制的转型，其中一个最为深刻、最为重要的改变，就是激励机制。在计划经济体制下，国家的动员和组织能够产生集中力量办大事的激励，这方面的事例很多。但是，在信息不对称条件下，对大量分散的资源配置活动进行集中决策，势必导致企业和家庭缺乏有效的激励，进而导致经济活动的低效率甚至是无效率。社会主义市场经济体制形成了广泛的微观激励机制，内生化的自主发展成为保证中国经济平稳运行的主导力量。尤其是近十多年来，广泛的创业创新活动正在重构中国经济的微观基础，中国经济的内源性动力越来越充足，抵御波动、风险和危机的能力越来越强大。

其五，中国经济的韧劲源于不断优化的宏观调控。由于外部冲击造成较为严重的经济波动，就必须进行必要的逆周期调节，以防范风险和危机的发生。这里，逆周期调节是由一系列宏观调控政策措施组成的。改革开放以来，我国的宏观调控在经历了多次经济波动，尤其是亚洲金融危机、美国金融危机，以及价格改革、经济过热等数次大的冲击后，在实践、总结和再实践的过程中，已经比较成熟，表现出了足够的定力。就像此次疫情，它所造成的影响和冲击是前所未有的，并将长期持续，这是各方面专家的一致共识。而且，以往在应对总需求、总供给冲击方面的经验，在这一次疫情冲击面前，要么失效了，要么难以发挥实效。但是，我们仍然正确地把握住了宏观调控的大方向，在一系列具体操作上灵活调整，不仅在短时间内使经济出现了回暖态势，而且有力地加快了创新驱动、转型发展。

当然，我们在肯定中国经济的韧劲以及体制优势、市场化改革、高水平开放和内生化发展，以及宏观调控对韧劲形成的作用的同时，也要充分认识到，我国作为最大的发展中国家，经济实力、科技水平与发达国家相比，仍然存在较大差距；我们在治理、体制和政策方面，还有诸多短板和瓶颈。我们要充分利用中国经济的韧劲，在遇到外部冲击时，能够较快地扭转局势，回到常态化发展的轨道；在正常时期继续保持经济的中高速增长和高质量发展，以进一步补齐短板、打破瓶颈，缩小与发达国家之间的差距。

（原载于《南风窗》，2020 年第 15 期）

后　记

在临近退休时，我萌生再编一次自选集的想法。同时，也写一篇回顾性的文章，一并出版。

自 2004 年我在广东经济出版社出版第一本随笔集《跷跷板上看天下》以来，我陆续出过几本类似的集子。最近几年没有再出。这次选编时，先确定了几个主题，再从以前的集子和发表的文章里挑选，就有了现在这两本自选集。在第二本的最后，我写了《我的"闭环"人生》。

写随笔、时评，大多是个人爱好。要是从专业角度看，就有点"不务正业"。我的这些文章，部分和我这些年关心的服务经济、区域经济、创业创新和企业家精神等研究领域有关，还有一部分就是公共话题了，汇集在一起，难免显得杂乱。

本书的责任编辑徐唯，做了大量的编选、编辑加工工作，很是辛苦。上海交通大学出版社的资深编辑汪俪，参与多次讨论，负责选题把关。上海交通大学出版社负责电子出版的编辑仇芳芳，这些年帮助我在"今日头条"开辟专栏，每当我有了文章，她都及时地将它们"挂"出来。这些文章部分编进了这两本自选集。在此，向她们表示衷心的感谢。

陈　宪

2020 年 9 月